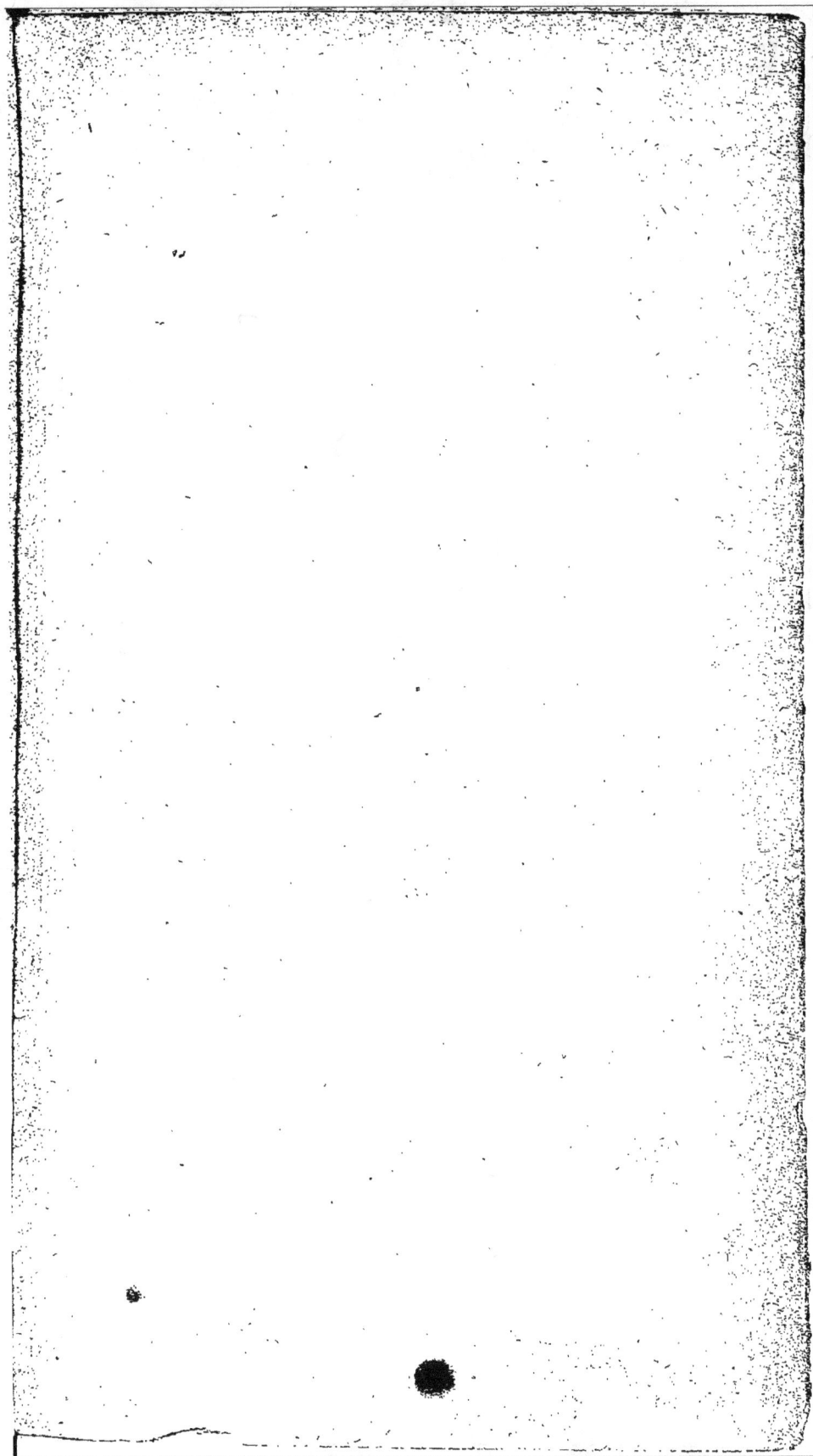

R

anc.
Z... 2 500.
3.

REFLEXIONS

POLITIQUES

SUR

LES FINANCES

ET

LE COMMERCE.

REFLEXIONS
POLITIQUES

SUR

LES FINANCES,

ET

LE COMMERCE.

OÙ L'ON EXAMINE
quelles ont été fur les Revenus,
les Denrées, le Change étranger,
& conféquemment fur notre Commerce, les influences des Augmentations & des Diminutions
des valeurs numéraires des Monnoyes *par* DUTOT

TOME II.

A LA HAYE,

Chez les freres VAILLANT & NICOLAS PREVOST.

M. DCCXXXVIII.

TABLE

DES CHAPITRE

ET ARTICLES.

TABLE. v

Tome II. ē

Fin de la Table du Tome II.

Errata du Tome Second.

Page   17. lig.   6. & 7. commence ent,
         lifez commencerent.
       23. lig.   17. & 18. Amftelredam,
         lifez Amfterdam.
       132. Note (*c*) 1. $38\frac{1}{4}$. *lifez* 1. à $38\frac{1}{4}$.
       307. lig. 9. qui ne pouvent, *lifez*
         qui ne peuvent être.
       456. à la Note, & de ce Com-
         merce, *lifez* & du Commerce.

Dans *l'Errata du premier Tome*, ligne 19
lifez page 331. *lifez* page 371.

REFLEXIONS

REFLEXIONS
POLITIQUES
SUR
LES FINANCES
ET LE COMMERCE.

CHAPITRE III.

Dans lequel on examine si le sur-
haussement des monnoyes, est
avantageux ou contraire à no-
tre Commerce, en suivant le
cours du change étranger, qui
en est LE VERITABLE BA-
ROMETRE, *& la seule route qui*
puisse nous le montrer avec cer-
titude & avec clarté,

Tome II,   A

ARTICLE I.

Contenant les explications néceſſai-
res pour l'intelligence de ce que
j'ai à dire, avec l'état des
Monnoyes & du Change en
Janvier 1709.

POUR concevoir ce que j'ai à dire dans ce Chapitre, il eſt à pro-pos d'expliquer ici ce que c'eſt que le Change.

On entend par change la negociation que font enſemble deux Marchands qui ſe trouvent en même lieu, par laquelle l'un des deux ſe charge à un certain prix des fonds que l'autre a dans un pays étranger quelconque, ou bien autrement.

On entend encore par change la remiſe reciproque que ſe font deux negocians , l'un François par exemple & l'autre Hollandois, des fommes qui leur font dûes, au François en Hollande pour le prix des marchandifes qu'il y a tranfportées au de-là de la valeur de celles qu'il en rapporte, & au Hollandois en France pour la même chofe, afin d'eviter l'un & l'autre la peine, les rifques, & les depenfes du tranfport de l'argent. D'où je tire ces principes fondamentaux.

I.

Le change n'eft qu'une compenfation de valeur d'un païs à un autre.

II.

Si notre Commerce & notre depenfe chez les Etrangers font égaux à leur Commerce & à leur

depenſe chez nous , la compen-
ſation eſt égale : alors on dit
que *la balance de ce Commer-*
ce eſt égale , & le change au
PAIR ; c'eſt'à dire , qu'on recevra
dans le lieu du payement autant
d'argent en poids & en titre
qu'on en a donné. Ainſi , ſi le
François pour chacun de ſes
écus actuels de 3. liv. qu'il donne à Paris en eſpeces nouvelles ,
reçoit 54 $\frac{1}{23}$ deniers de gros argent courant , ou 52 deniers de
gros argent de Banque en Hol-
lande & 29 $\frac{1}{2}$ deniers ſterlins à
Londres,& ſi le Hollandois pour
ſes 54 $\frac{1}{23}$ deniers de gros argent
courant , ou peur ſes 52 deniers
de gros argent de Banque , reçoit un écu de 3. livres à Paris ,
ils reçoivent exactement autant
qu'ils donnent l'un & l'autre ;
s'ils reçoivent plus , ils gagnent ,
& s'ils reçoivent moins ils per-

dent. Qu'il me soit permis de faire ici une remarque à l'occasion de cette Parité.

Deux sortes de Monnoyes sont l'ame & le mobile du Commerce, l'une REELLE, & l'autre IDEALE.

La Monnoye REELLE est d'or & d'argent : elle fut introduite pour la facilité du Commerce ; elle fit succeder les ventes aux échanges, en devenant le prix & la mesure de tout ce qui entre en Commerce parmi les hommes. Mais comme le transport embarassant de ces especes faisoit encore un obstacle au Commerce, on eut recours aux Lettres de change d'un Pays ou d'une Place sur une autre ; & pour rendre les negociations & les calculs plus faciles, on imagina des Monnoyes de compte ou de change, comme les livres, les sols, & les écus en France, les deniers, les sols & les Livres sterlins en Angleterre, les deniers, les sols, & les livres de gros en Hollande &c. Cette derniere sorte de Monnoye *Idéale*, ou imaginaire, & qui, à proprement parler, consiste en des noms Collectifs, qui comprennent sous eux un certain nombre de Monnoyes *Réelles*, sera nommée Monnoye POLITIQUE.

Ces deux sortes de Monnoyes nous fournissent deux sortes de comparaisons à faire, ou d'égalités & de rapports à confiderer. La premiere , entre le poids, le titre, & la valeur des Monnoyes *réelles* d'un pays , & le poids , le titre , & la valeur des Monnoyes *réelles* d'un autre Pays : cette forte d'égalité fera nommée LE PAIR REEL.

Le Pair *réel*, ou cette exacte égalité, entre les Monnoyes courantes eft le point le plus delicat, le plus eſſentiel, & le plus inconnu du Commerce de change : il eſt auſſi le point le plus fixe d'où l'on puiſſe partir ; car le poids & le titre des Monnoyes font par tout plus conſtants que leurs valeurs numeraires. La feconde égalité que l'on doit confiderer, eſt celle qui fe trouve entre les Monnoyes de change d'un pays , & les Monnoyes de change d'un autre pays , lesquelles reçoivent de frequens changemens dans ce qu'il faut de l'une pour égaler l'autre. Ces variations , qui proviennent de la valeur arbitraire que les Souverains donnent aux Monnoyes *Réelles* dans leurs Etats , & de l'abondance ou de la rareté des Lettres de change d'une Place fur une autre, font préciſément ce qu'on appelle les Changes. Leur égalité conſiſte à trouver le rapport d'un change à deux ou pluſieurs changes donnez : elle fait ce que nous appellerons le PAIR POLITIQUE.

Ce Pair eſt donc une exacte égalité entre les prix des changes de differentes Places , comparez entre eux. Il eſt l'objet de l'attention la plus importante que doit avoir un Negociant. Ce Negociant doit fuivre les differences de ces changes. Il en doit faire d'exactes & de frequentes comparaifons ; il doit examiner chaque jour ce qui refulte des changemens combinez entre eux. C'eft par cet examen fcrupuleux & détaillé qu'il decouvre les routes qu'il doit fuivre , & les circuits qu'il peut ou qu'il doit faire de place en place , afin de fe mettre en etat de profiter de tout l'avantage que lui prefente chaque change en particulier, & d'éviter de remettre directement fur une place dont le change ne lui paroîtra pas favorable.

Voila donc deux fortes de Parités qu'il ne faut pas confondre : le PAIR REEL , & le PAIR POLITIQUE. Perfonne n'a encore traité du Pair réel ; pour le faire d'une façon fatisfaifante & utile, il faut être parfaitement inftruit des poids , des titres & des valeurs des Monnoyes réelles de tous les Etats de l'Europe. Il faut être au deffus de la difficulté des calculs qu'il exige , afin qu'aucun ne puiffe arrêter. Il faut auffi connoître neceffairement,& avec la derniere précifion, le raport le plus exact qui foit poffible, entre les poids avec lefquels on pefe l'or & l'argent dans l'Etat où l'on eft , & ceux avec lefquels on pefe ces mêmes métaux dans tous les autres Etats ; car c'eft du raport ou de la connoiffance exacte de tous ces differens poids , que depend abfolument toute comparaifon de la Monnoye d'un Etat, avec celle d'un autre Etat.

On trouve dans les Livres de Commerce , ou de Changes étrangers , faits par nos

Arithmeticiens, des rapports de poids & de mesures; mais ce sont des rapports pris sans exactitude entre les poids avec lesquels on pese les marchandises dans ces Etats; outre que ces poids ne sont pas partout ceux avec lesquels on pese l'or & l'argent, l'importance de ces metaux demande bien plus d'exactitude & de précision que les marchandises n'en exigent, & qu'on ne leur en donne réellement; ainsi celui qui suivroit ces rapports, se tromperoit bien lourdement.

Quant à la maniere de trouver le pair *réel* entre les Monnoyes réelles de deux Etats, ou le Pair *Politique* entre les Monnoyes de Change de deux ou de plusieurs Etats, j'en donnerai cy-après, à la fin de cet article, pag. 25. une formule genérale, dont je me sers il y a plus de vingt ans, par le moyen de laquelle on trouvera toutes ces Parités : elle suppose une connoissance exacte de toutes les Monnoyes réelles, de leurs poids, de leurs titres, & de leurs valeurs en chaque Etat ; mais comme ce detail n'est pas de mon sujet, je ne m'y arrêterai pas davantage. Je reprends la suite des Principes du Change & du Commerce.

III.

Si une Nation nous fournit plus qu'elle ne reçoit de nous,

ou fi nous faifons chez elle
plus de depenfe qu'elle n'en
fait chez nous, il faut neceffairement lui payer cet exce-
dent, qui eft appellé LA BALAN-
CE DU COMMERCE entre ces
deux Nations, foit en argent
monnoyé, foit en lingots.

Or pour payer cette balance
dûe à l'Etranger, la demande
ou la recherche de fon argent,
ou de fes Lettres de Change
devient chez nous plus grande
que leur quantité : c'eft ce qui
l'enchérit, & ce qui fait baiffer le Change au-deffous (a) du
Pair, parce qu'alors les Hollandois nous donnent moins

---

[a] Je dis que le Change *baiffe*, quand
il tombe au-deffous du Pair : c'eft ce qu'il
faut entendre tant ici que dans la fuite.
Bien des gens difent qu'il *hauffe*, parce
qu'ils entendent qu'il nous faut donner une
plus grande quantité de livres ou d'Ecus
pour une certaine quantité de Monnoye
étrangere.

A v

que 54 $\frac{1}{23}$ deniers de gros, argent courant, ou que 52 deniers, argent de Banque, & l'Anglois moins que 29 $\frac{1}{2}$ deniers fterlins pour notre Ecu de 60 fols : alors nous recevons moins, ou nous donnons plus d'argent que nous n'en avons reçû ; ce qui nous rend le change défavantageux. Il baiffe au-deffous du Pair ou de fa véritable valeur. C'eft ainfi qu'il eft devenu un trafic ; & cette différence du Pair à ce que l'on donne, fait le cours du Change. En ce cas il nous montre que la France eft débitrice envers l'Etranger, & conféquemment que le Commerce qu'elle fait avec lui eft onéreux & à charge.

De même, toutes les fois que la France fournira à l'Etranger plus qu'elle ne recevra de lui, l'Etranger lui fera débiteur, &

le Change a son avantage ;
parce que le besoin que cet
Etranger aura de notre argent,
ou de nos lettres pour nous
payer cette balance , en aug-
mentera chez lui la recherche,
& la demande , & c'est lui alors
qui sera obligé de nous donner
plus qu'il ne nous doit réellement ; ce qui fait monter le
Change au-dessus du pair ; parce que pour notre Ecu de 60
sols , le Hollandois nous donne plus de 54 deniers de gros
courans, ou plus de 52 deniers de
Banque , & l'Anglois plus de
29 $\frac{1}{2}$ deniers sterlins : alors le
Change est à notre avantage.

Selon ces Principes, le Change , qui est au-dessus du pair ,
nous est avantageux , & nous
montre que le Commerce que
nous faisons avec cette Nation ,
nous est favorable , puisqu'elle
nous redoit.　　A vj

Et le Change, qui eſt au-deſſous du pair, nous eſt déſavantageux, & nous apprend que notre Commerce nous eſt onéreux & à charge, puiſque nous redevons à l'Etranger : d'où je conclus trois choſes.

La premiere, que *le Change nous montre journellement laquelle des deux Nations redoit à l'autre, & qu'il eſt par conſéquent le véritable* BAROMETRE DU COMMERCE.

La ſeconde, que *la nation qui redoit, a le deſavantage du Commerce, & que celle à laquelle il eſt dû, a l'avantage.*

Et la troiſiéme, que *le Commerce avantageux attire néceſſairement les matieres d'or & d'argent dans l'Etat qui a l'avantage, ou auquel il eſt dû, & qu'elles ſortent de l'Etat qui a le deſavantage ou qui redoit.*

Il y a cependant des cas , qui peuvent apporter quelqu'exception à cette regle. Il arrive de tems à autre des mouvemens extraordinaires dans les changes. Ceux qui font caufés par un fait de Commerce, ne font pas ordinairement de durée, ni d'une fenfibilité confidérable aux Négocians : les chofes fe remettent promptement dans leur fituation naturelle , & la balance panche tantôt d'un côté , tantôt de l'autre. Mais il n'en eft pas de même, lorfque ces mouvemens font occafionnez par des caufes Supérieures & indépendantes du Commerce. Par exemple une refonte de Monnoye trop avantageufe au Roy,& par conféquent trop onereufe à fes Sujets , une Chambre de Juftice , un Vifa &c , engagent les peuples à remettre leurs fonds à l'Etranger , afin de fauver une partie de

leur perte : alors fans être débiteurs, le Change baiſſe tout d'un
coup. Il en eſt de même , lorſqu'un Etat par politique ſe trouve obligé à payer de groſſes ſommes dans les pays Etrangers ,
ſans qu'il ait reçû de compen-
ſation : alors ce mouvement eſt
la perte du Change ; il eſt beaucoup plus ſenſible & de plus
longue durée. En pareil cas , &
avant de paſſer par le Change ,
il faut l'étudier finement , &
l'examiner de bien près ; & ſi on
ne le trouve pas capable de ſoutenir des remiſes conſiderables ,
il vaut beaucoup mieux tranſporter l'argent en nature, que
d'abîmer le Commerce.

Moyen ſûr & prompt , de con-noître l'état du Commerce.

Quoiqu'il en ſoit, il eſt certain que des yeux attentifs ſur

le cours journalier de ce Change, en voyant laquelle des deux nations redoit à l'autre, ou laquelle a l'avantage ou le defavantage du Commerce, verroient aussi ce qu'il conviendroit de faire, pour foutenir ce Change ou pour bonnifier le Commerce. Ce moyen de connoître la Balance du Commerce est infiniment plus prompt & plus sûr, que celui d'examiner l'entrée & la sortie des Marchandises : car il met journellement le législateur en état d'agir, soit pour soutenir & conserver l'avantage, si on l'a, soit pour le rappeller, si on ne l'a pas ; au lieu que celui qui résulte de l'examen des denrées, qui entrent & qui sortent du Royaume, ne peut se connoître que long-tems après, & alors il n'est plus tems d'agir. Peut-être faut-il se servir de l'un & de l'autre.

Voyez ci-après Art. 7. de ce
Chap. ce qui y eſt dit à ce ſujet.

Par la même, raiſon ſi nous ſui-
vons de près le cours de ce
Change, pendant une eſpace de
tems où il y ait eu de ces variations de Monnoyes dans le
haut & dans le bas, nous ver-
rons également qu'elles ont été
leurs influences ſur le Change,
& conſéquemment ſur notre
Commerce, & par là, lequel
eſt le plus avantageux à ce même Commerce, ou de l'Eſpece
haute, ou de l'Eſpece baſſe.

A l'égard du tems qui nous
fournira ces variations de Monnoyes, il n'eſt pas néceſſaire
de remonter à ces ſiécles re-
culez de Philippe le Bel, ni de
ſes ſucceſſeurs immédiats. Il en
eſt arrivé ſous nos yeux & de
notre tems d'aſſez conſiderables, pour nous ſervir à décou-
vrir la vérité que nous cher-

chons. Ce tems fera celui qui s'eft écoulé depuis la refonte générale de nos Monnoyes, faite en vertu de l'Edit du mois de May 1709. jufqu'au mois d'Avril 1717. que commencerent les Billets de la Banque, et paffant par deffus le tems nébuleux du fifteme, nous reprendrons à la nouvelle fabrication d'Efpeces, ordonnée par l'Edit du Mois d'Août 1723 : & nous continuerons jufqu'à la fin de l'année 1734. Nous trouverons dans ces deux intervales de tems, des variations de Monnoyes dans le haut & dans le bas, très-propres à nous montrer fenfiblement quels ont été les effets des unes & des autres fur le Change, & confequemment fur notre Commerce.

Si cependant nous avions pû trouver le cours des Changes d'un tems plus éloigné de nous,

que celui-ci , nous l'aurions
préféré , parce que dans le
deſſein où nous ſommes de
montrer qu'il eſt infiniment plus
avantageux aux Peuples & au
Roy même , de prendre les
ſecours , dont Sa Majeſté peut
avoir beſoin , par tout ailleurs
que dans une mutation de
Monnoye quelconque , nous
ſommes obligez de parler de
toutes les operations qui ont
été faites ſur nos eſpeces , & d'en
faire voir les bons ou les mauvais effets ſur le Change, &
par conſequent ſur notre Commerce. On pouroit peut-être
penſer que dans l'examen que
nous nous propoſons de faire ,
nous apportons un eſprit de cri-
tique : mais nous declarons que
nous en ſommes fort éloignez ,
que notre examen eſt un examen d'inſtruction , nous n'a-

vons aucune envie de blâmer les auteurs de ces operations : les befoins de l'Etat & les circonftances dans lesquelles ils fe font trouvez, les ont peut-être obligez malgré eux à recourir à ces expediens onereux.

Dans l'efpace du temps que nous allons parcourir, on verra arriver plufieurs fois les mêmes operations d'augmentation, de diminution, de refontes, ou de fabrications d'efpeces : ainfi qu'on ne foit pas furpris d'y trouver auffi des reflexions à peu près femblables. On eft obligé de fuivre l'ordre des temps, & par confequent de repeter, fur une opération femblable à une précédente, à peu près le même raifonnement qui aura déja été fait fur la premiere.

Etat dans lequel étoient nos Mon-
noyes & les Changes en 1709.
avant & lors de la refonte.

La quantité de matieres d'or
& d'argent , & entre autres , de
Piastres, qui arriverent dans nos
Ports par le Commerce de mer
fut ce qui occasionna la refonte ordonnée par l'Edit du
mois d'Avril 1709. des Louis
d'or de 32 au marc fixez à 16.
livres 10. fols , & des Ecus de
8. au marc à 4. livres 8. fols.

Avant cet Edit , la Monnoye
qui couroit,étoit des Louis d'or
de 36 $\frac{1}{4}$ au marc. & des Ecus
de 9 au marc. L'arrêt du Confeil du 20. Novembre , registré le 10 Decembre 1708. fixe
cet ancien Louis d'or au premier Janvier 1709. à 12. livres 15. fols chacun , & l'Ecu
à 3. livres 8. fols. La proportion

entre l'or & l'argent étoit alors
de 15. à 1. Et par les prix que
donne l'Edit d'Avril aux nouvelles Monnoyes, dont il ordonne la fabrication , cette proportion est encore de 15 à 1. mais les
dispositions de cet Edit ne durerent pas longtems ; la multi-
plicité des reformes & des fabrications de Monnoyes ayant
produit dans le public un grand
nombre d'Especes à des titres
differens , il parut important
d'y remedier par une nouvelle
refonte , qui fut ordonnée par
l'Edit du mois de May 1709.
regiftré le 14.

   Cet Edit ordonne que les
Louis d'or, fabriquez en vertu de
l'Edit du mois d'Avril prece-
dent de 32 au marc , auront
cours pour 20. liv. au lieu de 16.
liv. 10. fols & les Ecus de 8 au
marc pour 5. livres, au lieu de
4. livres 8. fols.

C'eſt ici ſans doute l'augmentation du quart, dont notre
Auteur parle à la page 202. de
ſon livre, & à laquelle il attribue le ſalut de l'Etat. Elle de-
rangea la proportion entre l'or
& l'argent, qui étoit 15ᵉ en 16ᵉ :
ce qui enchériſſoit l'or , & diminuoit l'argent. On ne repetera
point ici ce qui en a été dit ci-
devant. (*a*) Elle n'eſt pas d'un
quart , elle eſt d'un huitieme
ſur l'argent , & d'un cinquiéme
ſur l'or.

Les nouvelles Eſpeces , dont
la fabrication fut ordonnée par
cet Edit du mois de May furent des Louis d'or de 30 au
marc , plus peſans que les precedens , & fixez cependant à 20
livres , & des Ecus de 8 au
marc , eſtimez 5 livres. Ce qui
fit l'effet d'une diminution ſur

[*a*] Chap. 1. art. 4. pag. 56. & ſuiv.

l'or d'un 16e. & retablit la proportion 15e. entre l'or & l'argent, que l'augmentation des
Efpeces ordonnée au mois
d'Avril avoit derangée.

Ces valeurs numeraires du
Louis d'or à 20. livres, & de
l'Ecu à 5. livres, durerent
tout le refte de cette année
1709. & pendant les fuivantes
1710. 1711. 1712. jufqu'au
premier Decembre 1713 : ainfi
elles furent conftantes & fixes
pendant plus de quatre ans &
demi.

Le 28. Janvier 1709, le
Change de Paris fur Amfterdam étoit à 87. deniers de
gros pour notre Ecu de Change, qui eft toujours de trois de
nos livres ; & le premier Fevrier il étoit à 88, & notre
Ecu de 9. au marc paffoit pour
3. livres 8. fols

Voilà l'état dans lequel
étoient nos Monnoyes & les
Changes au commencement de
1709 : il ne s'agit plus que de
voir, fi ce Change nous étoit
avantageux, ou contraire. Pour
le connoître, il faut fçavoir quel
étoit alors le Pair réel de notre Ecu de Change contre les
deniers de gros en Hollande,
eu égard aux titres, aux poids
& aux valeurs numéraires des
Monnoyes qui avoient cours en
France & en Hollande, en
Janvier & Fevrier 1709. C'eft
ce que va nous donner, dans la
derniere précifion, la folution
du problême fuivant.

Les Ecus qui avoient cours en France
étoient à 10. d. 22. grains de fin à la taille
de neuf au marc & valoient 3.l.8.f. chacun.
Les Ecus, ou Reichfthallers de Hollande
a 10. 5 g. de fin, à la taille de 8 $\frac{8}{19}$ à
notre marc valoient 100. d. de gros argent
courant, ou 96. argent de Banque.

Quel

Quel étoit le pair de l'Ecu de Change de France, qui est toujours de 3. livres, contre des deniers de gros, suivant ces deux Hipotheses?

PREMIER CALCUL pour l'arg. Courant.	SECOND CALCUL pour l'arg. de Banque.
x den. $= \cancel{3}$ liv.	x den. $= \cancel{3}$ liv.
$3\frac{2}{5}$ liv. $= 1$ Ecu	$3\frac{2}{5}$ liv. $= 1$ Ecu
$\cancel{12}$ Ecus $= \cancel{10}\frac{11}{12}$ de fin	$\cancel{12}$ Ecus $= \cancel{10}\frac{11}{12}$
$\cancel{9} = 1$ marc	$\cancel{9} = 1$ m.
1 marc $= \cancel{8}\frac{8}{19}$ r.	1 m $= \cancel{8}\frac{8}{19}$
$\cancel{10}\frac{5}{24}$ r. $= \cancel{12}$.	$\cancel{10}\frac{5}{24} = \cancel{12}$
$1 = 100$ d.	$1 = \cancel{96}$ d.

17	8	17	8	
$\cancel{245}$	$\cancel{24}$	$\cancel{245}$	$\cancel{24}$	
$\cancel{12}$	131	$\cancel{8}$	131	
19	160	$\cancel{12}$	160	
3	2	19	32	
49		49	2	

$$4748x = 4192000.$$
$$x = 88\frac{7}{25} \text{ den.}$$

$$15827x = 1341440$$
$$x = 8\ 4\frac{3}{4}$$

Suivant le premier Calcul cy dessus, le Pair demandé etoit $88\frac{7}{25}$ deniers de gros argent courant, en supposant, comme

Tome II.   B

tous les Auteurs qui ont traité des Changes étrangers , que les Rixdales valent 50 sols courant , ou 100. deniers de gros : mais comme ce rixdale n'est reçû à la Banque d'Amsterdam que pour 48 sols , ou 96. deniers de gros argent de Banque , & que par les Ordonnances de cette ville pour le Change, faites le 11. Decembre 1643. part. 3. liv. 1. tit. 8. & 9. *toutes les lettres de Change de la somme de trois cens florins & au dessus se doivent payer en Banque , sur peine de vingt cinq florins d'amende & d'être tenues pour mal payées , quelques conditions, clauses & stipulations qu'elles puissent contenir, ou que l'accepteur y ait pû inserer ,* il faut chercher la parité en deniers de gros argent de Banque, laquelle étoit 84$\frac{3}{4}$ suivant le second calcul cy-dessus. Cette parité, argent de Banque, sera celle que nous suivrons toujours dans la suite de ce Chapitre.

ARTICLE II.

Examen du cours des Changes depuis le premier Janvier 1709 jusqu'à la fin du mois de Septembre 1713.

SUivant ces calculs, celui qui donnoit 3. livres à Paris & qui recevoit 88 $\frac{7}{2}$, deniers de gros argent courant en Hollande, ou 84 $\frac{3}{4}$ deniers de gros argent de Banque, recevoit poids pour poids, & titre pour titre, précisément autant qu'il avoit donné. S'il recevoit plus il gagnoit, & s'il recevoit moins il perdoit.

B ij

Or en Janvier 1709. le Change étoit à 87 deniers de gros & le premier Fevrier à 88. C'eſt à dire 2 $\frac{1}{4}$ & 3 $\frac{1}{4}$ deniers de gros au deſſus du Pair 84 $\frac{3}{4}$ argent de Banque : c'étoit depuis 2$\frac{11}{20}$. juſques à 3.$\frac{83}{100}$. pour cent, que recevoit le François de plus qu'il ne donnoit. Ce qui nous montre que le Commerce, que nous faiſions alors avec cette nation en argent de Banque, nous étoit avantageux depuis 2 $\frac{65}{100}$. juſqu'à 3 $\frac{83}{100}$. pour cent.

Diminution d'Eſpeces.

L'Arrêt du Conſeil du 19. Fevrier 1709. regiſtré le 4. Mars, & publié le 26, reduit l'ancien Louis d'or à 12. livres 10. ſols & l'ancien Ecu à 3. livres 7. ſols, C'eſt une dimi-

nution de 5. fols par Louis &
d'un fol par Ecu.

Le 8. Mars le Change étoit
à 85. deniers de gros & comme cette diminution porta le
pair à 86. deniers de gros argent
de Banque, le Change étoit au
deſſous de cette parité, d'un
denier de gros, & à nôtre desavantage de 1 $\frac{7}{43}$. pour cent.
Ainſi cette diminution, nous fit
perdre non ſeulement l'avantage
dans lequel nous étions aupa-
ravant, de 2 $\frac{65}{100}$. à 3 $\frac{83}{100}$. pour
cent, mais encore 1 $\frac{7}{43}$. pour cent
de plus; ce qui fait une différen-
ce à notre prejudice de 4. à
5. pour cent.

L'Edit du mois d'Avril regiſtré le 22. portant une nouvelle fabrication de Louis d'or
de 32. au marc & d'Ecus de
8. au marc, donne à ces Eſpeces le même cours dans le

public, que celui porté par l'Arrêt du 19 Fevrier ; mais il fixe le marc de ces Ecus porté aux Monnoyes à 32. livers 10. fols : c'étoit comme si on les eût reçus sur le pied de 3. livres 12. fols $2\frac{2}{3}$. den. chacun ; ce qui produisoit une augmentation de 5. fols par Ecus : mais cet Edit n'eut pas une grande execution ; elle fut derangée par celui du mois de May suivant. Ainsi le cours de ces Especes porté par l'Arrêt du 19 Fevrier, publié le 26. Mars, avoit encore lieu, & par consequent le pair 86. en argent de Banque.

Or le 25. Avril 1709 le Change étoit à 84. den. de gros. Il étoit donc au dessous du pair de 2. d. ce qui faisoit encore contre nous une perte de $2.\frac{14}{43}$. pour cent.

L'Edit du mois de May suivant regiftré le 14 & publié le 18 au matin , veut que cet Ecu de 9. au marc foit recû dans les Bureaux & Recettes Royales , à raifon de 3. livres 10. fols , & le marc aux hôtels des Monnoyes à 32. livres 10. fols

Augmentation d'un $\frac{1}{5}$ fur l'or &
d'un $\frac{1}{8}$ fur l'argent.

Cet Edit ordonne une nouvelle fabrication de Louis d'or de 30 au marc, fixés à 20. livres. & d'Ecus de 8 au marc à 5. livres. Il met le Louis d'or de 32. au marc de 16. livres 10. fols à 20. livres comme le nouveau Louis d'or , & l'Ecu de 8. au marc à 5. livres au lieu de 4. livres 8. fols. Par là il porte le prix du marc d'or en œuvre à 640. livres , & celui

d'argent à 40 livres. Et en
fixant le marc des anciens Louis
d'or à 487. livres 10. fols , &
celui des anciens Ecus à 32.
livres 10. fols , il laiffe entre
l'or ancien & l'or nouveau ,
une difference de 152. livres
10. fols ou de $31\frac{7}{25}$. pour cent,
& entre l'argent ancien & l'argent nouveau une difference
de 7. livres 10. fols, ou de
$23\frac{1}{13}$. pour cent.

Ces deux differences, qui devroient être égales , ne le font
point ; cette inégalité étoit un
défordre & une difproportion
dans la valeur numéraire donnée à ces Efpeces. Cette difproportion ou cette grande difference , entre le prix de ces
anciennes Efpeces & celui des
nouvelles , eft une exception à
la régle générale réfultant des
principes établis à l'Article pre-

mier du préfent Chapitre, laquelle difference a dû occafion-
ner la recherche & le tranfport
des anciennes en pays Etrangers ; d'où après les avoir refondues & remarquées aux coins
des nouvelles , on nous les ren-
voyoit: ce qui fait toujours baiffer le Change à notre défavantage. Et alors l'Etranger y gagne une bonne partie du bénéfice que le Roy y devoit faire :
c'eft une perte réelle pour l'E-
tat. Ce qu'il faut entendre dans
la fuite , toutes les fois qu'on
aura occafion de faire le même raifonnement.

Il eft vrai que cet Edit du
mois de May , en fixant à 20
livres les nouveaux Louis d'or
de 30 au marc, dont il ordonne
la fabrication , réduit le marc
de ces nouveaux Louis à 600
livres ; ce qui rétablit la pro-

portion 15e. entre l'or & l'argent, & ne laisse plus entre l'or ancien & l'or nouveau, qu'une difference de 112 livres dix sols, ou de 23 $\frac{1}{13}$ pour cent, comme elle est de l'argent ancien à l'argent nouveau ; mais en égalisant cette difference ruineuse, on ne l'ôte pas : par conséquent le désordre d'une Monnoye forte & d'une Monnoye foible subsiste toujours. Il n'est pas difficile de concevoir que ces sortes d'opérations ne sçauroient être favorables à notre commerce, & que cette augmentation d'un cinquiéme sur l'or, & d'un huitiéme sur l'argent, n'a jamais pû, ni dû être le salut de l'Etat, comme le dit notre Auteur à la page 202 de son Livre.

Cet Edit & l'Arrêt du 14 May publié le 20, rapprochent

le prix des anciennes Especes
de celui des nouvelles , en mettant l'Ecu ancien de 9 au marc
à 3 livres 10 fols ; ce qui ré-
duit le pair à $82\frac{1}{3}$ d. de gros argent de Banque. Or le 25 du
même mois de May, le Change
étoit à $84\frac{1}{2}$ d. de gros , c'étoit
$2\frac{1}{8}$ d. au deſſus du pair , & à notre profit , par conféquent , de
$2\frac{31}{50}$ pour cent ; ce qui nous
montre la néceſſité qu'il y avoit
d'augmenter les anciennes Eſpeces pour les rapprocher des
nouvelles , ou bien de diminuer les nouvelles pour les rapprocher des anciennes.

L'Arrêt du 4 Juin 1709 , publié le 7 , rapproche encore l'ancienne Eſpece de la nouvelle ,
en fixant l'Ecu à 3 livres 12
fols ; mais l'Arrêt du 25 du
même mois publié le premier
Juillet , le remet à 3 livres dix

fols. Ceux du 20 Juillet , & du
13 Août confirment ce prix.
Au premier Octobre ils demeurent réduits à 3 livres 7 fols : &
ils feront hors de tout cours &
mife au premier Janvier 1710,
fuivant les Arrêts des 7 & 28
Decembre 1709. Voilà des mutations qui ne favorifent point
le Change.

   Ce Change étoit le 12 Juillet
à 86 den. de gros; c'étoit $3\frac{2}{3}$ au
deffus du pair $82\frac{1}{3}$ argent de
Banque , qui font $4\frac{45}{100}$. pour
cent en notre faveur : cepen-
dant on recevoit toujours le
marc de ces Ecus aux Hôtels
des Monnoyes , fur le pied de
32 livres 10 fols ; ce qui étoit
la même chofe, que fi on eût
reçû ces Ecus à raifon de 3 livres 12 fols chacun ; à ce prix
le pair étoit $80\frac{1}{25}$ d. de Banco :
& le Change pendant tout le

refte de cette année 1709, a
roulé de 86 à 83$\frac{1}{2}$. Il a donc
toujours été au deffus du pair
depuis 5$\frac{24}{25}$ jufqu'à 3$\frac{24}{25}$ deniers
de gros : ce qui nous faifoit
un avantage de 7$\frac{44}{100}$ à 4$\frac{94}{100}$ pour
cent, malgré toutes ces varia-
tions arrivées fur les anciennes
Efpeces. Ces mutations fur les
Efpeces dérangent extrêmement notre Commerce ; & en
le dérangeant, on dérange auffi
les revenus de l'Etat & des particuliers, ce qui nous rend
évidente l'utilité d'une Monnoye fixe.

A N N E' E 1710.

Au premier Janvier de cette
année 1710. les anciennes Efpeces furent décriées ; elles n'eu-
rent plus aucun cours dans le
Public, en vertu des Arrêts

du Conseil d'Etat du Roy, des
7 & 28 Décembre 1709 : on
les recevoit seulement dans les
Bureaux & Recettes Royales,
à raison de 13 livres 10 sols le
Louis d'or, & de 3 livres 13 s.
l'Ecu. Cependant ces mêmes
Arrêts veulent que les Especes
& matieres d'or & d'argent, qui
seront portées aux Hôtels des
Monnoyes sans Billets de Monnoyes, y soient payées sur le
pied de 508 livres 15 sols le
marc de vieux Louis d'or, de
Pistoles d'Espagne, & de Léo-
polds d'or de Lorraine ; & de
33 livres 18 sols 4 deniers le
marc des Ecus, des Piastres &
des Léopolds d'argent de Lorraine. Ce qui étoit la même
chose que si on eût reçû ces
Ecus à la Monnoye, sur le pied
de 3 livres 15 sols 4 deniers
chacun. Cela est clair.

Augmentation des anciennes Especes.

Cette augmentation des anciennes Especes rapproche encore leur prix de celui fixé pour les nouvelles ; elle réduit le pair à $76\frac{4}{100}$ den. de Banco, l'Ecu compté à 3 livres 15 sols, comme ci-dessus. Or le Change a roulé pendant cette année 1710. à ces prix, 80, $80\frac{3}{4}$, 81 & $81\frac{1}{4}$; c'est-à-dire, qu'il a toujours été au dessus du pair depuis $3\frac{16}{100}$. jusqu'à $4\frac{41}{100}$ deniers de gros ; & à notre profit depuis $4\frac{11}{100}$, jusqu'à $5\frac{73}{100}$ pour cent : ce qui nous montre bien clairement la nécessité d'aneantir la différence qui se trouve encore entre l'ancienne & la nouvelle Espece, qui formoit le bénéfice du Roy & du Billonneur.

Diminution des anciennes Especes.

La Déclaration du 7 Octobre 1710, regiſtrée en Parlement le 14, & en la Cour des Monnoyes le 22 du même mois, rétablit le cours des anciennes Eſpeces ſur le pied de 13 livres le Louis, & de 3 livres 10 ſols l'Ecu à la piece, & le marc de ces Ecus 32 livres 10 ſols ; c'eſt à raiſon de 3 livres 12 ſols chacun. Cette diminution de 5 ſols par Ecu remet le pair de notre Ecu de Change à $82\frac{1}{3}$ den. de Banco. Or le 16 Novembre le Change étoit à 81 : c'étoit $1\frac{1}{3}$ den. au deſſous du pair, ou $1\frac{6}{100}$ pour cent à notre perte. La ſuppreſſion des anciennes Eſpeces, nous mettoit dans un avantage de $4\frac{11}{100}$ à $5\frac{73}{100}$ pour cent, & leur rétabliffement nous met en perte de 1 $\frac{61}{100}$ pour cent, cela fait une difference à notre préjudice de 5 $\frac{72}{100}$ à 7 $\frac{38}{100}$ pour cent, dont la Commune étoit 6 $\frac{55}{100}$ pour cent.

ANNE'E 1711.

Pendant les dix premiers mois de 1711 que les chofes reftérent en cet état, le Change roûla de 77 $\frac{1}{4}$ à 77, 74, 74 $\frac{1}{4}$ 71 $\frac{3}{4}$, 71 $\frac{1}{4}$ & 72. Or l'ancien Ecu compté à 3 livres 12 fols, le pair de l'Ecu de Change étoit 80 $\frac{1}{25}$ deniers de Banco: le Change étoit donc au deffous du pair de 2 $\frac{79}{100}$ à 8 $\frac{4}{100}$ den. ce qui nous faifoit une perte depuis 3 $\frac{48}{100}$ jufqu'à 10 pour cent.

Il eft donc clair que le décri de ces anciennes Efpeces nous

avoit été avantageux , & que
leur rétabliſſement dans le Public , à un prix encore auſſi éloigné de celui des nouvelles , que
l'eſt celui , ſur le pied duquel
cette Déclaration les rétablit ,
nous fait perdre non-ſeulement
l'avantage où nous étions pendant leur ſuppreſſion ; mais il
nous fait auſſi retomber dans
un deſavantage prodigieux. C'eſt
l'effet de la diſproportion entre l'ancienne & la nouvelle Eſpece. N'eſt-il pas honteux que
nous travaillions nous-mêmes à
ruiner notre Commerce en faveur de nos voiſins, qui ne ſont
occupez qu'à ſoutenir & à augmenter le leur ?

On fut un an à s'appercevoir
de ce déſordre ; mais à la fin
on le ſentit. Pour y remédier
entierement , il falloit ou ſup-
primer totalement le cours de

ces anciennes Efpeces, ou leur donner une valeur proportionnée à celle des nouvelles , en les augmentant ; ou bien diminuer le prix des nouvelles, pour les aprocher des anciennes : mais aucun de ces moyens n'auroit fatisfait aux befoins dans lefquels on étoit. On fe contenta donc de diminuer le mal, & d'y remédier en partie , en donnant à ces vieilles Efpeces une valeur moins éloignée de celle des nouvelles.

Augmentation des anciennes Efpeces.

Par la Déclaration du Roy du 24 Octobre 1711 , regiftrée le 27 & publiée le 29 ; laquelle fixe le marc des anciens Louis d'or à 561 livres , & celui des anciens Ecus à 37 livres 8 fols :

c'étoit comme si on les avoit reçûs à raison de 4 livres 3 s. chacun.

Cette augmentation des anciennes Especes réduisit le pair de leur écu de Change à 69 $\frac{44}{100}$ den. de gros argent de Banque. Or dès le lendemain de la publication de cette Déclaration, c'est-à-dire dès le 30 Octobre, le Change étoit à 71$\frac{1}{4}$, le 5 Novembre à 75$\frac{1}{2}$, le 12 à 71$\frac{3}{4}$, le 16 à 71, le 27 à 71$\frac{1}{4}$ & le 30 Décembre à 71$\frac{1}{2}$. Il étoit donc au dessus du pair de 2$\frac{31}{100}$ à 1$\frac{56}{100}$; ce qui faisoit depuis 3$\frac{32}{100}$ jusqu'à 2$\frac{1}{4}$ pour cent en notre faveur; & le 5 Novembre notre avantage étoit de 8 $\frac{72}{100}$ pour cent. Cette Déclaration nous fit donc regagner le desavantage dans lequel nous étions, qui étoit de 3 $\frac{48}{100}$ à 10 pour cens

& encore les 3 $\frac{82}{100}$ & 2 $\frac{1}{4}$ pour cent ci-deffus : ce qui fit une différence en notre faveur de 6 $\frac{72}{100}$ à 12 $\frac{1}{4}$ pour cent. Cela prouve que *hauffer les vieilles Efpeces pour les rapprocher des nouvelles*, eft une bonne opéra-tion.

ANNE'E 1712.

Selon la Déclaration du 24 Octobre 1711, le marc des vieux Louis d'or, des piftoles d'Ef-pagne, & des Léopolds d'or de Lorraine, eft réduit à 540 livres au premier Janvier de cette an-née 1712, & celui des vieux Ecus, des Piaftres, & des Léo-polds d'argent de Lorraine, à 36 livres : c'étoit comme fi on avoit reçû ces Ecus fur le pied de 4 livres chacun. Et dans la vûe de les faire fortir, cette

Déclaration annonçoit une diminution fur ces Efpeces & matieres pour le premier Février fuivant : mais comme ces Efpeces & matieres n'arrivoient point aux Monnoyes où elles étoient attenduës, on prorogea cette diminution plufieurs fois. L'Arrêt du Confeil du 29 Novembre indique la derniere prorogation & cette diminution au premier Janvier 1713.

Diminution *fur les anciennes Efpeces.*

Cet ancien Ecu de 9 au marc, qui étoit reçû ci-devant dans les Monnoyes fur le pied de 4 livres 3 fols, ne l'étant aujourd'hui que fur le pied de 4 liv. fe trouve diminué de 3 fols, & par cette opération qui éloigne leur prix de celui des nouvelles,

le pair fur Amfterdam eft por-
té à $72\frac{1}{25}$ d. de gros argent de
Banque , & celui fur Londres à
$40\frac{5}{8}$ den. Sterlins.

Or pendant les onze premiers
mois de cette année 1712 , le
Change de Paris fur Amfter-
dam roûla à ces prix , 71 , $70\frac{3}{4}$,
$70\frac{1}{2}$, $70\frac{1}{4}$, 70, $69\frac{3}{4}$ & $69\frac{1}{2}$ toujours
au deffous du pair de $1\frac{1}{25}$ à $2\frac{54}{100}$d,
de gros ; ce qui faifoit une perte
pour notre Commerce depuis
$2\frac{8}{100}$ & jufqu'à $3\frac{52}{100}$ pour cent.
Si à cette perte on joint l'avan-
tage dans lequel nous étions à
la fin de 1711. qui étoit de
$3\frac{32}{100}$ à $2\frac{1}{4}$ pour cent, on verra
que cette diminution fur les
anciennes Efpeces , éloignant
leur prix de celui des nouvelles,
au lieu de les rapprocher , nous
caufa une perte de $5\frac{40}{100}$ à $5\frac{77}{100}$
pour cent. Ainfi *diminuer les*
anciennes Efpeces pour les éloigner

du prix des nouvelles , c'eſt aug-
menter la diſproportion & faire
une très-mauvaiſe opération.

Le Change de Paris ſur Londres étoit le 22 Novembre 1712 : à 42 $\frac{1}{2}$ & le 24 à 41 $\frac{1}{4}$ d. Sterlins ; il étoit donc au deſſus du pair 40 $\frac{5}{8}$ depuis 1 $\frac{7}{8}$ juſqu'à $\frac{5}{8}$ d. Sterlins : ce qui faiſoit un bénéfice de 4 $\frac{61}{100}$ à 1 $\frac{53}{100}$ pour cent en notre faveur , dont le commun étoit 3 $\frac{7}{100}$ pour cent.

La ſituation que nous préſentent ces opérations , nous paroît ſinguliere & mériter quelqu'attention. On vient de voir que nous étions en perte avec la Hollande de 2 $\frac{8}{100}$ à 3 $\frac{25}{100}$ pour cent. Et dans le même tems nous avons l'avantage ſur l'Angleterre de 4 $\frac{61}{100}$ à 1 $\frac{53}{100}$: pour cent : voilà donc entre ces deux places une différence à notre égard

égard de 6 $\frac{69}{100}$ à $\frac{5}{100}$ auffi pour
cent. Cette inégalité ne doit
jamais fe rencontrer dans le
Change, ou fi elle fe rencon-
tre elle ne fçauroit durer. Un
Etat peut tirer de nous beaucoup plus qu'un autre Etat, &
que nous ne tirons de lui, &
par là devenir notre débiteur ;
ce qui feroit hauffer le Change
en notre faveur, pendant qu'il
peut être égal, ou à notre perte,
avec un autre Etat; mais cette
fituation ne dure que jufqu'à la
folde qui ne tarde pas, parce
que ce retard feroit défavantageux à l'Etat débiteur. D'un autre côté, le paffage de nos vieilles Efpeces, qui fe faifoit peut-
être plus volontiers & plus aifément en Hollande qu'en Angleterre, pouvoit bien encore
nous caufer quelque défavantage avec la Hollande. Quoi-

Tome II.   C

qu'il en foit, il réfulte toujours
de ces opérations, que *nos mu-*
tations de Monnoyes nous font
onereufes & que plus on éloigne
le prix des anciennes Efpeces de
celui des nouvelles, plus on affoi-
blit leur circulation & le Com-
merce par conféquent; parce que
celle de laquelle on donne le
moins en France, y refte cachée, où elle paffe chez l'E-
tranger; ce qui nous fait tomber dans les cas dangereux expliquez ci-devant (a), que l'on
va répéter ici.

Si l'Efpece refte cachée, c'eft
un fond qui devient inutile à
l'Etat & même à celui auquel il
appartient; ce qui augmente la
méfiance, altére la circulation,
& le Commerce par confé-
quent. (b)

[a] Chap. 1. Art. 6. pag. 119. 120. 121.
& 122 de ces remarques.
[b] Ibidem pag. 121. jufqu'à 131.

Si elle paffe chez l'Etranger,
il la refond & la remarque aux
coins des nouvelles : il gagne
une partie du bénéfice que le
Roy y auroit dû faire , ce qui
fait une perte réelle pour l'E-
tat ; & de plus cet argent tranf-
porté met hors de travail tous
ceux qu'il auroit pû occuper ,
ce qui diminue le revenu & la
valeur du pays, auffi-bien que
fes Manufactures & le nombre de
fes Habitans (a).

D'où il fuit évidemment ,
qu'il ne faut jamais dans un Etat
deux Efpeces en difproportions en-
tr'elles. Ces opérations font
contraires à nos propres intérêts.

Indépendamment de la diminution du premier Janvier de
cette année , on peut dire que
la Déclaration du 24 Octobre

[a] Comme on la dit ci-devant Tom. 1
Chap. 1. Art. 6 pag. 121.

1711 laiſſoit encore entre le prix des anciennes Eſpeces & celui des nouvelles, une différence trop conſidérable, pour que le Public ſe déterminât, comme on le déſiroit, à porter ſes anciennes Eſpeces & matieres d'or & d'argent aux Hôtels des Monnoyes.

En effet, elles n'y arrivoient pas auſſi promptement, & en auſſi grande quantité qu'on l'auroit ſouhaité. Pour les faire avancer, on avoit fait par les Arrêts du Conſeil, des 5 Avril 28 May, 30 Août, 29 Octobre, 29 Novembre de cette même année 1712, des tentatives & des menaces de les diminuer, qui furent inutiles. On fut obligé pour les faire ſortir, & pour donner, non-ſeulement le mouvement à cette partie, qui par le défaut de circulation devenoit un fond inutile au Public & même à ceux ausquels il appartenoit , mais aussi pour rétablir l'uniformité dans les Monnoyes si nécessaire pour le bien du Commerce , d'abandonner entiérement le bénéfice de la conversion de ces Especes & matieres portées aux Monnoyes jusqu'au premier Février prochain 1713. Ce font les termes de la Déclaration du Roy du 10 Decembre 1712 regiftrée & publiée le 16 , par laquelle Sa Majefté ordonne que *du jour de la publication de cette Déclaration & jusqu'au premier Février prochain les anciennes Especes & matieres d'or & d'argent seront reçues dans les Monnoyes & par les Changeurs établis dans les Villes du Royaume & payées comptant à raison de 585 livres le marc de vieux Louis & de 39 livres celui des anciens Ecus.*

C iij

Augmentation des anciennes Especes.

Pour faire fortir ces vieilles Especes, cette Déclaration annonçoit une diminution pour le premier Février 1713 : & voyant qu'elles ne venoient pas comme on fe l'étoit promis, cette diminution fut prorogée jufqu'au premier Avril fuivant, par les Arrêts des 31 Janvier & 21 Février.

L'augmentation de ces anciennes Especes ayant rapproché leur prix de celui des nouvelles, réduifit le pair de cet ancien Ecu de Change à $66\frac{1}{2}$. Or pendant le refte du mois de Décembre 1712 : le Change fut à 70 & à $69\frac{3}{4}$. den. c'étoit $3\frac{1}{2}$ & $3\frac{1}{4}$ d. de gros, au deffus du pair $66\frac{1}{2}$ argent de Banque ou $5\frac{26}{100}$ à $4\frac{8\frac{8}{8}}{100}$

pour cent à notre faveur.

Sur Londres le pair de l'ancien Ecu de Change étoit $37\frac{1}{2}$ deniers Sterlins. Le Change de Paris fur Londres étoit le 27 Décembre même année 1712 : à $41\frac{7}{8}$. C'étoit $4\frac{3}{8}$ d. Sterlins au deffus du pair, ou $11\frac{2}{3}$ pour cent à notre profit.

Ces opérations nous montrent fenfiblement que ces anciennes Efpeces ne furent pas plûtôt mifes à-peu-près à leur valeur, par rapport au prix des nouvelles, que notre Commerce reprit le deffus, comme on vient de le voir avec la derniere évidence; & c'eft une preuve manifefte qu'il n'a eu le deffous, que parce que ces anciennes & ces nouvelles Efpeces étoient difproportionnées entr'elles, & que celles qui étoient le moins prifées, ou les

C iiij

moins cheres , reſtoient dans l'inaction, ou qu'elles paſſoient chez l'Etranger. (*a*) C'eſt ce qui arrivera toujours, toutes les fois que le Roy laiſſera entr'elles des valeurs auſſi diſproportionnées que l'ont été très longtems ces anciennes & ces nouvelles Eſpeces.

NEUF PREMIERS MOIS 1713.

Pendant le mois de Janvier 1713 le Change fut de 69 $\frac{3}{4}$ à 69 $\frac{1}{2}$ c'étoit encore au deſſus du pair 66 $\frac{1}{2}$ de 3 $\frac{1}{4}$ à 3 d. de gros ; ce qui faiſoit 4 $\frac{88}{100}$ à 4 $\frac{1}{2}$ pour cent à l'avantage de notre Commerce.

Le Change de Paris ſur Londres étoit le 9 Janvier 1713 : à 39 $\frac{1}{4}$ d. Sterlins. Il étoit donc

[*a*] Voyez ce qui en réſulte , ci-devant Ch. I. Art. 6. pag. 120. & ſuiv. juſques à la pag. 130.

au deſſus du pair $37\frac{1}{2}$ de $1\frac{3}{4}$ d.
Sterlins, faiſant $4\frac{2}{3}$ pour cent
à notre profit.

Voilà les changes d'Amſ-
terdam & de Londres de niveau, tous les deux à notre
avantage de $4\frac{2}{3}$ pour cent: ainſi
l'inégalité trouvée entr'eux au
mois de Décembre de l'année
derniere (*a*) n'a pas ſubſiſté long-
rems; elle ne devoit, ni ne
pouvoit pas non plus durer.

Et pendant le mois de Fé-
vrier, Mars, Avril, Mai, Juin,
Juillet, Août, & Septembre
1713 le Change roula entre 68
$68\frac{1}{4}$ & $67\frac{1}{2}$ C'étoit $1\frac{3}{4}$, & $1\frac{1}{2}$
& 1 denier au deſſus du pair
argent de Banque: à notre avantage par conſéquent de $2\frac{63}{100}$ à
$2\frac{1}{4}$ & $1\frac{2}{3}$ pour cent; lequel avantage diminua par le bruit des
diminutions indiquées par l'Ar-

(*a*) Ci-devant pag. 48 & 49.

C v

rêt du 30 Septembre dont on va parler.

Le premier Septembre 1713 le Change de Paris sur Londres étoit à 38 den. Sterlins, c'étoit $\frac{1}{2}$ den. au dessus du pair, ou $1\frac{1}{3}$ pour cent en notre faveur.

Voilà les diminutions qui se font sentir d'avance : elles ont diminué notre avantage sur Amsterdam & sur Londres de plus de 3 pour cent.

Avant que de parler de ces diminutions indiquées par l'Arrêt du Conseil du 30 Septembre, voici en peu de mots, une récapitulation des avantages de notre Commerce, depuis le mois de Janvier 1709 jusqu'à la fin de Septembre 1713. *

Malgré les fréquentes variations arrivées sur les anciennes Especes, & la prodigieuse diffé-

* Voyez le Tableau *in*-4°. cotté pag. 58.

Doit regarder la page 58 du Tome II.

	Avec la Hollande.		Avec l'Angleterre.	
	Avantage.	Défavantage.	Avantage.	Défavantage.
En Janvier & Février 1709	$2\frac{65}{100}$ à $3\frac{63}{100}$			
En Mars		$1\frac{16}{100}$ à $1\frac{16}{100}$		
En Avril		$2\frac{32}{100}$ à $2\frac{32}{100}$		
En May	$2\frac{62}{100}$ à $2\frac{62}{100}$			
Reste de l'année	$7\frac{44}{100}$ à $4\frac{94}{100}$			
Dix premiers mois 1710	$4\frac{11}{100}$ à $5\frac{73}{100}$			
Deux derniers mois		$1\frac{61}{100}$ à $1\frac{61}{100}$		
Dix premiers mois 1711		$3\frac{48}{100}$ à $10\ldots$		
Deux derniers mois	$3\frac{22}{100}$ à $2\frac{25}{100}$			
Onze premiers mois 1712		$2\frac{8}{100}$ à $3\frac{52}{100}$	$4\frac{61}{100}$ à $1\frac{53}{100}$	
Decembre	$5\frac{26}{100}$ à $4\frac{88}{100}$		$11\frac{66}{100}$ à $11\frac{66}{100}$	
Janvier 1713	$4\frac{88}{100}$ à $4\frac{50}{100}$		$4\frac{66}{100}$ à $4\frac{66}{100}$	
Les huit mois suivans	$2\frac{63}{100}$ à $1\frac{66}{100}$		$1\frac{33}{100}$ à $1\frac{33}{100}$	
	$32\frac{81}{100}$ à $30\frac{41}{100}$	$10\frac{65}{100}$ à $18\frac{61}{100}$	$22\frac{26}{100}$ à $19\frac{18}{100}$	
	$30\frac{41}{100}$	$18\frac{61}{100}$	$19\frac{18}{100}$	
Totaux	$63\frac{32}{100}$	$29\frac{36}{100}$	$41\frac{44}{100}$	
Avantages & défavantages communs.	$31\frac{66}{100}$	$14\frac{68}{100}$	$20\frac{72}{100}$	

rence qui à toujours regné entre leur prix & celui des nouvelles, on voit par ce Tableau
que notre Commerce nous a
été plus avantageux que contraire, puiſque notre avantage
commun, pris entre le plus haut
& le plus bas, eſt ici repréſen-
té pour la Hollande par $31\frac{66}{100}$
& que notre déſavantage com-
mun, pris auſſi entre le plus haut
& le plus bas, n'eſt que $14\frac{68}{100}$:
ainſi l'avantage commun, eſt
au déſavantage commun, comme 3166 eſt à 1468, ou comme $2\frac{3}{20}$ eſt à 1.

Et avec l'Angleterre notre
avantage commun, depuis le
commencement de 1712. eſt
repréſenté par $20\frac{72}{100}$ ſans aucun déſavantage. Cet Etat a
donc plus tiré de nos Denrées,
Arts, & Fabriques, que nous
n'en avons tiré de lui : c'eſt

C vj

là ce qui rend notre Commerce avantageux.

Que n'auroit-il donc pas été ce même Commerce , s'il n'eût pas été traversé ou dérangé par toutes ces mutations de nos anciennes Efpeces , & encore plus par la différence confidérable qui a toujours été entre leur prix & celui des nouvelles? Car il n'a été en défavantage que par l'un de ces deux cas , ou par tous les deux. Il eft bon de remarquer que ces faits arrivent fur de la Monnoye forte , que notre Auteur prétend être contraire à notre Commerce. Cette ancienne Monnoye ne valut que 32 livres 10 fols le marc jufqu'au 24 Octobre 1711 qu'elle fut mife à 37 livres 8 fols , le premier Janvier 1712 à 36 livres , & le 10 Décembre fuivant à 39 livres. La nouvelle qui fut faite en 1709 ne valoit que 40 livres. L'une & l'autre étoient forte Monnoye en comparaison de la nôtre actuelle, qui vaut 49 livres 16 s. le marc, laquelle par conséquent est plus foible que celle de 1709. de $24\frac{1}{2}$ c'est près d'un quart, & de $27\frac{9}{13}$ pour cent que l'ancienne. Nous allons cependant voir encore diminuer celle de 1709.

L'Arrêt du Conseil du 30 Septembre 1713, annonce huit diminutions sur ces mêmes Especes de 1709, distribuées de deux en deux mois, chacune de dix sols par Louis d'or, & de deux sols & demi par Ecu. La premiere pour le premier Décembre suivant : Elle réduit le Louis d'or de 20 livres à 19 livres 10 sols, & l'Ecu de 5 liv. à 4 livres 17 s. 6 den.

Nous n'entrons point dans les raisons que l'on eut pour fai-

re ces diminutions ; elles furent
peut-être arrêtées par un article secret de la Paix conclue le
11. Avril de la même année
1713 , avec l'Angleterre , la
Hollande, la Prusse , & le Roy
de Sicile : car celle avec l'Empereur ne fut signée que le 7 de
Septembre 1714. Nous allons
voir dans l'Article suivant, quelles furent les influences de ces diminutions sur le Change Etranger , & par conséquent sur notre Commerce.

ARTICLE III.

Où l'on continue à examiner les
effets de nos mutations de Mon-
noyes sur le Change , depuis
le premier Octobre 1713 , juf-
qu'à la fin de Septembre 1715.

LE Ministre des Finances ne
dit rien des diminutions indiquées par l'Arrêt du 30 Septem-

bre 1713., dans le Mémoire qu'il
a donné de son administration;
mais en voici le prétexte, tel
qu'on le trouve dans cet Arrêt.

*Sa Majesté ayant consideré que
les motifs qui l'ont engagée à augmenter pendant la guerre le prix
des Especes & matieres, cessent
aujourd'hui par la Paix qui vient
d'être conclue entre Sa Majesté
& la plus grande partie des Princes & Etats de l'Europe; &
que pour le bien du Commerce &
l'avantage de ses Sujets, il est
absolument nécessaire de remettre
lesdites Especes le plûtôt qu'il sera possible, sur un pied proportionné à celui pour lequel elles
ont cours dans les Pays Etrangers : Elle a crû qu'il étoit tems
de commencer à les rapprocher de
leur juste valeur, & de marquer
dès à présent le prix auquel elles
doivent être réduites. Mais pour*

rendre les diminutions plus insen-
sibles, Sa Majesté a jugé à pro-
pos de les partager, & de met-
tre par-là ses Sujets en état d'en
éviter la perte, en faisant dans
les differens intervalles des em-
plois convenables à leurs interêts
& à leur commerce.

Suivant cet exposé, le prétexte
fut le bien Public, ou plûtôt celui du Commerce, & l'avantage
des Sujets. On vouloit sans doute rendre l'argent plus commun
& moins cher aux Négocians &
aux gens d'affaires. Le Change
va nous montrer si les effets
répondirent à l'intention : mais
on peut dire d'avance que quelqu'avantage qu'on ait pû se promettre de cette opération, il
ne pouvoit jamais compenser
la perte que causoit à l'Etat l'argent qu'elle devoit nécessairement faire sortir du Royaume.

D'ailleurs, ne fçait-on pas que les Ordonnances que l'on publie avant le temps, pour annoncer l'augmentation ou la diminution des Monnoyes, & les Arrêts de prorogation d'un terme fixé par les précédens, rebuttent tout le monde. Le Sujét, aussi-bien que l'Etranger, cherche à dégager son Commerce & son bien du Pays, où l'argent, dont la valeur numéraire doit être ftable, eft dans une continuelle agitation. Ils ceffent l'un & l'autre d'y remettre leur fonds ; ils aiment mieux le laiffer repofer dans ces Pays Etrangers, ou l'y placer à un foible intérêt, que d'être obligez d'effuyer les pertes qu'il faut fouffrir. A la fin de chaque terme chacun veut payer, & perfonne ne veut recevoir : l'argent eft alors dans un grand mouvement, & il

difparoît auffi-tôt que le terme
eft paffé. Si le deffein que ces
Arrêts femblent fe propofer,
a réuffi quelquefois, on ne fçauroit fe promettre toujours un
égal fuccès. L'expérience rafine,
& l'avantage que l'on peut tirer
d'une maxime fi extraordinaire,
n'eft pas comparable au dommage que tout le Commerce du
Royaume en fouffre. D'un autre côté, la peur agiffant toujours avec beaucoup plus d'im-
preffion que l'efperance, chacun préfere la garde de fa marchandife, dans la crainte de
perdre fur l'argent plus qu'il ne
gagneroit à la vendre à un prix
raifonnable ; ce qui fait augmenter le prix des denrées, lors même qu'elles doivent diminuer
comme l'Efpece. *

* Voyez le Tableau *in*-4. cotté p. 66.

Diminutions des Especes, annoncées par l'Arrêt du 30 Septembre 1713.

Les Especes fabriquées en vertu de l'Edit du mois de Juy 1709, furent réduites comme il suit, sçavoir :

	Louis de 30 au marc de 20. liv.	Ecus de 8 au marc de 5 liv.	Pair de change p. Holl.	Pair de l'Ecu de Change pour Lond.
Le premier de Decembre 1713. réduit à	19 l. 10 f...	4 l. 17 f. 6. d.	$66\frac{1}{2}$ Bar.	$37\frac{1}{2}$ . . . . . .
Le premier Février 1714.	19	4. 15	$68\frac{1}{4}$	$38\frac{48}{100}$ . . . .
Le premier Avril	18 10 . . .	4. 12. 6. .	$70\frac{9}{100}$ . . .	$39\frac{52}{100}$ . . . .
Le premier Juin	18	4. 10	$72\frac{4}{100}$ . . .	$40\frac{5}{8}$ . . . .
Le premier Septembre	17	4. 5 . . , . .	$76\frac{28}{100}$ . . .	43 . . . . , . .

Le premier Décembre le Louis d'or devoit être réduit à 16 liv. & l'Ecu à 4 livais l'Arrêt du Conseil du 25 Août 1714, partage ainsi cette diminution. SÇAVOIR ,

Au quinziéme Octobre le Louis d'or à . . .	16. 10. . .	4. 2., . 6. .	$78\frac{19}{100}$ . . , .	$44\frac{12}{100}$ . . .
Au premier Decembre. . . . . . , . , .	16 . . . . . ,	4	$81\frac{4}{100}$ . . .	$45\frac{70}{100}$ . . . .

Et l'Arrêt du Conseil du 8. Décembre 1714. régle les diminutions qui ret à faire ainsi :

Au premier Février 1715.	15. 10 . . .	3. 17. 6.	$83\frac{66}{100}$ . . .	$47\frac{17}{100}$. , .
Au premier Avril . . . . , . . .	15	3. 15	$86\frac{41}{100}$ . . .	$48\frac{1}{4}$ . . . .
Au premier Juin . . . . , . , .	14. 10	3. 12. 6. . .	$89\frac{41}{100}$ . . .	$50\frac{43}{100}$ . . . .

Et le premier Août le Louis à 14 livres & l'Ecu 3 10 f. Mais l'Arrêt du 23 Jui 1715, ordonne que pendant le mois d'Août prochain, & jusqu'au premier Septembre aussi prochaine les Louis d'or auront cours pour 14 liv. 10 f. les Ecus pour 3 liv. 12 f. Et qu'audit jour

Premier Septembre 1715. le Louis sera à	14 . . , . ,	3. 10 . , , ,	$92\frac{62}{100}$ . .	$52\frac{33}{100}$ . . ,

Doit regarder la page 67 du Tome II.

	Sur Amsterdam.	Sur Londres.
Les 2, 18, 25 & 30 Septembre 1713, le Change a roulé de ...	68 à 68¼ ...	38 den. Sterlins
Les 7, 14, 16 & 25 Octobre....	67 ¼	37 ⅝ ....
Les 9 16, 22 & 24 Novembre..	67¼ à 65....	37 ¼ à 37 ...
En Décembre	65½ à	36... à 35½
En Janvier 1714............	63½, 68¼, 64.	36... à 35½
En Février	65¼ à 64¼...	36.....
En Mars....................	64¼ à 64.....	....
En Avril...................	65¼, 67 à 64½	36... à 36¼
En May	65	36⅞ ....
En Juin	68½	....
En Juillet.................	69 à 71½ ...	39¾ à 41¼
En Août	70¼ à 75½...	40½ ....
En Septembre	79 à 80	44½ à 44¾ ...
En Octobre	78¼ à 80 ...	....
En Novembre	78 à 79	....
En Février 1715...........	78½ à 81½ ...	43½ ....
En Mars....................	79¼	43⅝ ....
En Avril	78 à 81½ ...	44½ à 45¼ ...
En May	84	45¾ à 46½ ...
En Juin	83 à 84½ ..	46½ à 47 ....
En Juillet	84½ à 84½ ...	47.. à 47....
En Août	84 à 84½ ...	47.. à 47½ ...
En Septembre	85½ à 96	48... à 53 ....
En Octobre	96 à 101....	53½ à 55 ....
9 Octobre	100 à 101....	53½ à 57 .....

Voilà quelles furent les diminutions fur nos Efpèces, & les parités de notre Ecu de Change, fur la Hollande & fur l'Angleterre après chaque diminution, & voici quels furent les Changes de ces tems-là fur ces deux Etats, lefquels nous montrent l'effet que firent ces diminutions fur ce Change, & conféquemment fur notre Commerce. Les parités fur Hollande font argent de Banque. *

Avant le bruit des diminutions, le Change fur Hollande nous étoit avantageux de $4\frac{2}{3}$ pour cent, & celui fur l'Angleterre d'autant.

On voit par cet Etat du cours des Changes, qu'au mois d'Octobre il étoit fur Hollande à $67\frac{1}{4}$ den. de gros. C'étoit $\frac{3}{4}$ au deffus du pair $66\frac{1}{2}$ & à no-

* Voyez le Tableau *in*-4. cotté p. 67.

tre avantage de $1\frac{1}{8}$ pour cent;
ainsi le bruit seul de ces diminutions nous fit perdre plus de
$3\frac{1}{2}$ pour cent de notre avantage avec cet Etat.

Sur Londres le Change étoit
le 14 Octobre à $37\frac{5}{8}$ deniers
Sterlins ; c'étoit $\frac{1}{8}$ au deſſus du
pair $37\frac{1}{2}$ ou $\frac{1}{3}$ pour cent en
notre faveur. Il étoit à notre
avantage de $4\frac{2}{3}$ pour cent,
donc le feul bruit des diminutions l'a diminué de $4\frac{2}{3}$ pour
cent à notre préjudice.

Le 24 Novembre ce Change
étoit ſur Amſterdam à 65 den.
C'étoit $1\frac{1}{2}$ au deſſous du pair,
& $2\frac{1}{4}$ pour cent à notre perte.
Or nous gagnions $4\frac{2}{3}$ pour
cent ; le bruit des diminutions
nous coûte donc $6\frac{11}{12}$ pour
cent.

Sur Londres le Change étoit
le 16 Novembre à 37 den. c'é-

toit $\frac{1}{2}$ au deſſous du pair, $37\frac{1}{2}$, ou $1\frac{1}{3}$ pour cent à notre perte. Nous gagnions $4\frac{2}{3}$ pour cent ; le bruit des diminutions nous fait donc perdre 6 pour cent avec l'Angleterre, & près de 7 avec la Hollande.

PREMIERE DIMINUTION. En Décembre 1713, le Change ſur Amſterdam étoit à $65\frac{1}{2}$ den. de gros, un denier au deſſous du pair, ou $1\frac{2}{3}$ pour cent à notre perte.

En Décembre le Change étoit ſur Londres à 36 deniers ſterlins ; c'étoit $1\frac{1}{2}$ denier au deſſous du pair, ou $2\frac{1}{4}$ pour cent à notre déſavantage.

Cette diminution avoit fait ſon effet dès le mois de Novembre : on la comptoit comme faite.

A N N E' E 1714.

En Janvier 1714 le Change ſur Hollande étoit de $63\frac{1}{2}$, $68\frac{3}{4}$ à 64 den. de gros, c'étoit 3 à $2\frac{1}{4}$ den. de gros au deſſous du pair, ou de $4\frac{51}{100}$ à $3\frac{76}{100}$ pour cent à no- tre déſavantage.

Sur Londres le Change & le pair étant les mêmes que le mois précédent, le déſavantage eſt auſſi le même.

La seconde diminution ar- rivée le premier Février porta le pair ſur Amſterdam à $68\frac{1}{4}$, & ſur Londres à $38\frac{12}{25}$; pendant ce mois le Change ſur Hollan- de fut de $65\frac{3}{4}$ à $64\frac{3}{4}$, c'étoit au deſſous du pair $2\frac{1}{2}$ à $3\frac{1}{2}$ den. & à notre perte de 4 à $5\frac{1}{8}$ pour cent.

Sur Londres le Change étoit à 36 den. Sterlins, c'étoit $2\frac{1}{2}$ d.

au deſſous du pair, & au déſavantage de notre Commerce de $6\frac{1}{2}$
pour cent.

Pendant le mois de Mars ce
Change ſur la Hollande, a rou-
lé de $64\frac{1}{4}$ à 64, au deſſous du
pair de $4\frac{1}{4}$ à 4 deniers & de
$6\frac{22}{100}$ à $5\frac{86}{100}$ pour cent contre
nous.

La troiſieme diminution
arrivée le premier Avril, porta
la parité de notre Ecu de Chan-
ge ſur Hollande à $70\frac{9}{100}$, & ſur
Londres à $39\frac{52}{100}$. Le Change
ſur Amſterdam roula pendant
ce mois de $65\frac{1}{2}$ à 67 & $64\frac{1}{2}$,
c'étoit de $4\frac{1}{2}$ à 3 & $5\frac{1}{2}$ den.
au deſſous du pair, & conſé-
quemment de $6\frac{3}{7}$ à $4\frac{2}{7}$, & $7\frac{6}{7}$
pour cent, au déſavantage de
notre Commerce.

Sur Londres le Change étoit
à 36 & $36\frac{1}{2}$., c'étoit $3\frac{1}{2}$, & $3\frac{1}{4}$
deniers Sterlins au deſſous du

pair, ou $8\frac{86}{100}$ à $8\frac{22}{100}$, pour cent contre nous.

Les 3, 15 & 19 May, le Change étoit à 65 den. de gros fur Hollande ; c'étoit 5 den. au deſſous du pair, ou $7\frac{1}{7}$ pour cent de perte, fur le Commerce que nous faiſions alors avec la Hollande.

Le 25 May le Change fur Londres étoit à $36\frac{7}{8}$ den. Sterlins ; c'étoit $2\frac{5}{8}$ den. au deſſous du pair, & au déſavantage de notre Commerce de $6\frac{3}{5}$ pour cent.

La quatrieme diminution du premier Juin porta le pair fur Amſterdam à $72\frac{4}{100}$, & fur Londres à $40\frac{5}{8}$. Or le 22 Juin le Change étoit à $68\frac{5}{8}$ den. de gros, c'étoit $3\frac{1}{2}$ au deſſous du pair, & $4\frac{84}{100}$ pour cent contre nous.

En Juillet le Change roûla
de

de 69 à 71 $\frac{1}{2}$ den. de gros, c'étoit 3 $\frac{1}{2}$ den. de gros au desfous du pair, & 4 $\frac{1}{6}$ à $\frac{25}{36}$ pour cent à notre perte.

Pendant ce mois le Change fur Londres roûla de 39 $\frac{3}{4}$ à 41 $\frac{1}{4}$. C'étoit $\frac{7}{8}$ au desfous du pair, ou 2 $\frac{1}{6}$ pour cent à notre préjudice, & $\frac{5}{8}$ au desfus du pair, ou 1 $\frac{53}{100}$ en notre faveur.

En Août le change fut de 71 $\frac{3}{4}$. à 75 $\frac{1}{2}$. deniers de gros. C'étoit $\frac{1}{4}$. au desfous du pair & 3 $\frac{1}{2}$. den. au desfus ou $\frac{1}{3}$. pour cent à notre perte & 4 $\frac{84}{100}$. à notre avantage. On commençoit à s'accoutumer aux diminutions.

Sur Londres le Change étoit le 8. Août à 40 $\frac{1}{2}$. c'étoit $\frac{1}{8}$ au desfous du pair & contre nous environ $\frac{1}{3}$. pour cent.

La CINQUIEME DIMINUTION arrivée le premier Septembre,

Tome II, D

porta le pair sur Amsterdam à 76$\frac{28}{100}$ den. & sur Londres à 43 den. sterlins.

Le Change sur Amsterdam fut de 79. à 80 deniers de gros, au dessus du pair de 2$\frac{3}{4}$ à 3$\frac{3}{4}$ d. ou 3$\frac{3}{5}$ à 4$\frac{91}{100}$ pour cent à notre avantage.

Sur Londres le Change roûla pendant ce mois de 44$\frac{1}{2}$. à 44$\frac{3}{4}$. au dessous du Pair de 1$\frac{1}{2}$. à 1$\frac{3}{4}$. den. sterlins, ce qui nous faisoit un avantage de 3$\frac{48}{100}$. à 4. pour cent.

En Octobre le Change fut de 78$\frac{1}{2}$. à 80. den. de gros c'étoit 2$\frac{1}{4}$. & 3$\frac{3}{4}$. den. au dessus du pair ou 2$\frac{95}{100}$. à 4 $\frac{91}{100}$. pour cent en notre faveur. Mais la diminution qui suit y fit du changement.

La sixieme diminution qui se fit le 15. Octobre porta le

pair fur Amfterdam à 78 $\frac{59}{100}$.
den. de gros argent de Ban-
que & fur Londres à 44 $\frac{32}{100}$.
den. fterlins. Or depuis le 17.
jufqu'à la fin du mois le Change fut à 80. den. de gros.
C'étoit donc 1 $\frac{41}{100}$. den. au deffus du Pair & par confequent
à notre avantage de 1 $\frac{79}{100}$. pour
cent.

Pendant le mois de Novem-
bre le Change roûla de 78. à
79. c'eft à dire aux environs
du pair, à peu près autant au
deffous qu'au deffus.

La septieme diminution
fe fit le premier jour de Decembre : mais nous n'avons pû
trouver le cours du Change
pendant ce mois, ni celui du
mois de Janvier 1715.

D ij

ANNE'E 1715.

LA HUITIEME DIMINUTION arrivée le premier Fevrier 1715. porta le pair fur Hollande à 83 $\frac{66}{100}$. den. de gros & fur Londres à 47 $\frac{17}{100}$. den. fterlins. Or pendant ce mois le Change fur Amfterdam roûla de 78 $\frac{1}{2}$. à 81 $\frac{1}{2}$. c'étoit de 5 $\frac{16}{100}$. à 2 $\frac{16}{100}$, den. de gros au deffous du pair ou de 6 $\frac{17}{100}$. à 2 $\frac{58}{100}$. pour cent à notre perte. Ce qui nous montre que nous redevions à la Hollande, qui nous fourniffoit plus de fes denrées, arts & fabriques, ou de celles des autres, qu'elle n'en recevoit des nôtres: ainfi le Commerce que nous faifions alors avec cette Nation, nous étoit onereux & à charge; ou bien cela nous dit que nos Efpeces paffoient

en Hollande pour eviter les diminutions , ce qui ne valoit
pas mieux pour nous.

Le Change étoit fur Lon-
dres pendant ce mois de Fe-
vrier à 43 $\frac{1}{2}$. c'étoit 3 $\frac{67}{100}$. den.
au deffous du pair ou 7 $\frac{78}{100}$.
pour cent contre nous.

Le 12. Mars le Change étoit
à 79 $\frac{1}{4}$. den. de gros , c'étoit
4 $\frac{41}{100}$. den. au deffous du pair
& 5 $\frac{27}{100}$. pour cent à notre
perte.

Le même jour le Change
étoit fur Londres à 43 $\frac{5}{8}$ den.
c'étoit 3 $\frac{55}{100}$ den. au deffous du
pair & 7 $\frac{52}{100}$ pour cent contre
nous.

La neuvième diminution
fe fit le premier Avril : elle
porta le pair de notre Ecu de
Change à 86 $\frac{45}{100}$ den. de gros
fur Amfterdam & à 48 $\frac{3}{4}$ den.
fterlins fur Londres.

D iij

Le Change étoit fur Am-
fterdam à 78 le 12. Avril &
à 81 $\frac{1}{2}$ le 22. c'étoit 8 $\frac{45}{100}$ à
4 $\frac{95}{100}$ den. de gros au deſſous
du pair & à notre déſavan-
tage de 9 $\frac{77}{100}$ à 4 $\frac{72}{100}$ pour
cent.

Sur Londres le Change étoit
le 12. Avril à 44 $\frac{1}{2}$ & le 22. à
45 $\frac{1}{4}$ den. fterlins. C'étoit de 4 $\frac{1}{4}$
à 3 $\frac{1}{2}$ den. fterlins au deſſous du
pair & au préjudice de notre
Commerce de 9 $\frac{71}{100}$ à 8. pour
cent.

Le 13. May le Change étoit
à 84. den. de gros, 2 $\frac{45}{100}$ den.
au deſſous du pair, ou 2 $\frac{83}{100}$ pour
cent contre nous.

Le Change fur Londres
étoit le 2 May à 45 $\frac{3}{4}$ den.
fterlins, 3. den. au deſſous du
pair, ou 6 $\frac{15}{100}$ pour cent à notre perte.

LA DIXIEME DIMINUTION

arrivée le premier Juin, porta
le pair fur Amfterdam à 89
$\frac{45}{100}$ & fur Londres à 50 $\frac{43}{100}$.

Le Change fur Amfter-
dam étoit le 8. Juin à 84.,
le 12. à 83, le 17. à 83 $\frac{1}{2}$ &
le 29. à 84 $\frac{1}{2}$ ainfi on peut dire
qu'il a roûlé, de 83 à 84 $\frac{1}{2}$ c'étoit
6 $\frac{45}{100}$ & 4 $\frac{95}{100}$ au deſſous du
pair & 7 $\frac{21}{100}$ à 5 $\frac{53}{100}$ pour cent
au défavantage de notre Com-
merce.

Sur Londres le Change étoit
le 8. Juin à 46 $\frac{1}{2}$ & les 12,
17. & 29. à 47. den. c'étoit
donc 3 $\frac{93}{100}$ & 3 $\frac{43}{100}$ den. au
deſſous du pair & à notre déf-
avantage de 7 $\frac{79}{100}$ à 6 $\frac{86}{100}$ pour
cent.

Pendant les mois de Juillet
& d'Août, le Change fur Amfterdam fut conftamment à
84 $\frac{1}{2}$, c'étoit 4 $\frac{95}{100}$ den. au deffous du pair & 5 $\frac{53}{100}$ pour cent
contre nous.

Le Change fur Londres, fut pendant ces deux mois de 47 à 47 $\frac{1}{2}$ c'étoit 3 $\frac{46}{100}$ & 2 $\frac{93}{100}$ den. au deffous du pair, & 6 $\frac{80}{100}$ à 5 $\frac{81}{100}$ pour cent de perte pour nous. Ainfi le Commerce que nous faifions alors avec ces deux Nations nous étoit très à charge.

L'ONZIEME ET DERNIERE DIMINUTION qui arriva enfin le premier Septembre, porta le pair de notre Ecu de Change fur Amfterdam à 92 $\frac{62}{100}$ den. de gros, toujours argent de Banque, & fur Londres à 52 $\frac{23}{100}$ den. fterlins.

Le Change fur Amfterdam étoit le 2. à 85 $\frac{1}{2}$ le 9 à 87, les 16 & 21 à 90, le 27 à 91 $\frac{1}{2}$ & le 30 à 96. c'étoit donc au deffous du pair jufqu'au 27. de 7 $\frac{12}{100}$ à 1 $\frac{12}{100}$ den. qui faifoient une perte de 7 $\frac{68}{100}$ à 1 $\frac{26}{100}$ pour cent. La mort du Roy eut quelque part à cette perte, mais le Change étoit le 30 au deſſus du pair de 3 $\frac{38}{100}$ deniers, qui faiſoient 3 $\frac{64}{100}$ pour cent en notre faveur.

Sur Londres le Change étoit le 2 à 48, le 9 à 49, les 16 21 & 27 à 50 & le 30 à 53 d. ſterlins. Il a donc été au deſſous du pair juſqu'au 30. depuis 4 $\frac{23}{100}$ juſques à 2 $\frac{23}{100}$ & conſequemment contre nous de 8 $\frac{9}{100}$ à 4 $\frac{27}{100}$ pour cent : mais le 30 ce Change a ſurpaſſé le pair de $\frac{77}{100}$, qui nous font un avantage de 1 $\frac{47}{100}$ pour cent.

On remarquera ici qu'après toutes ces diminutions on avoit lieu d'eſperer de la ſtabilité dans nos Monnoyes. Ce fut cette eſperance qui reta-

D v

blit tout d'un coup la confiance dans les esprits : auffi voit-
on ici cette confiance repren-
dre vigueur , par la gradation
des Changes fur Amfterdam
& fur Londres , qui font les
villes de l'Europe avec lefquelles nous faifons le plus de Commerce. En effet , cette derniere
diminution ne fut pas plûtôt paffée , que les Changes fur l'une
& fur l'autre de ces deux villes fe rapprocherent très vîte de
leur parité ; ils la furpafferent
même à notre avantage en très
peu de jours. Rien ne fauroit
nous marquer plus fenfiblement
le progrez de notre Commerce. Il nous fut onereux & à
charge , pendant tout le long
paffage de ces diminutions: mais
elles ne furent pas plûtôt revo-
lues , que ce Commerce reprit
la fuperiorité fur celui de ces

Doit regarder la page 83 du Tome II

Diminutions.	Leurs dates.		Avec la Hollande.		Avec l'Angleterre.	
			Avantageux.	Désavantageux.	Avantageux.	Désavantageux.
		En Octobre 1713	$1\frac{12}{100}$ à $1\frac{12}{100}$	....	$0\frac{13}{100}$ à $0\frac{3\,2}{100}$	....
		En Novembre		$2\frac{25}{100}$ à $2\frac{25}{100}$	....	$1\frac{33}{100}$ à $1\frac{33}{100}$
1	1	Decembre		$1\frac{66}{100}$ à $1\frac{66}{100}$	....	$2\frac{25}{100}$ à $2\frac{25}{100}$
		En Janvier. 1714		$4\frac{51}{100}$ à $3\frac{76}{100}$	....	$2\frac{25}{100}$ à $2\frac{25}{100}$
2	1	Fevrier		4.. à $5\frac{13}{100}$	....	$6\frac{50}{100}$ à $6\frac{50}{100}$
		En Mars		$6\frac{22}{100}$ à $5\frac{86}{100}$		
3	1	Avril		$4\frac{28}{100}$ à $7\frac{85}{100}$	....	$8\frac{86}{100}$ à $8\frac{22}{100}$
		En May		$7\frac{33}{100}$ à $7\frac{33}{100}$	....	$6\frac{60}{100}$ à $6\frac{60}{100}$
4	1	Juin		$4\frac{84}{100}$ à $4\frac{84}{100}$		
		En Juillet		$4\frac{16}{100}$ à $0\frac{69}{100}$	$1\frac{53}{100}$ à $1\frac{53}{100}$	$2\frac{16}{100}$ à $2\frac{16}{100}$
		En Août	$4\frac{84}{100}$ à $4\frac{84}{100}$	$0\frac{33}{100}$ à $0\frac{33}{100}$		$0\frac{33}{100}$ à $0\frac{33}{100}$
5	1	Septembre	$3\frac{60}{100}$ à $4\frac{91}{100}$	....	$3\frac{48}{100}$ à 4..	....
		Les 8, & 10 Octobre	$2\frac{95}{100}$ à $4\frac{91}{100}$	....	....	....
6	15	Octobre jusqu'à la fin	$1\frac{79}{100}$ à $1\frac{79}{100}$	....	....	....
		En Novembre, au Pair	Au Pair	....	....	....
7	1	Decembre on n'a point eu le cours du Change		....	....	....
8	1	Février 1715		$6\frac{17}{100}$ à $2\frac{58}{100}$	....	$7\frac{78}{100}$ à $7\frac{78}{100}$
		En Mars 1710		$5\frac{27}{100}$ à $5\frac{27}{100}$	....	$7\frac{52}{100}$ à $7\frac{52}{100}$
9	1	Avril		$9\frac{27}{100}$ à $5\frac{72}{100}$	....	$9\frac{71}{100}$ à 8..
		En May		$2\frac{83}{100}$ à $2\frac{83}{100}$	....	$6\frac{15}{100}$ à $6\frac{15}{100}$
10	1	Juin		$7\frac{21}{100}$ à $5\frac{53}{100}$	....	$7\frac{79}{100}$ à $6\frac{80}{100}$
		En Juillet & Août		$5\frac{51}{100}$ à $5\frac{51}{100}$	....	$6\frac{80}{100}$ à $5\frac{81}{100}$
11	1	Septembre jusques au 30		$7\frac{68}{100}$ à $1\frac{20}{100}$	....	$8\frac{9}{100}$ à $4\frac{27}{100}$
		Le 30 Septembre	$3\frac{64}{100}$ à $3\frac{64}{100}$	....	$1\frac{47}{100}$ à $1\frac{47}{100}$	....
			$17\frac{94}{100}$ à $21\frac{37}{100}$	$84\frac{4}{100}$ à $68\frac{95}{100}$	$6\frac{81}{100}$ à $7\frac{31}{100}$	$84\frac{12}{100}$ à $76\frac{27}{100}$
			$21\frac{37}{100}$ à	$68\frac{95}{100}$	$7\frac{31}{100}$	$76\frac{27}{100}$
		TOTAUX	$39\frac{15}{100}$	$152\frac{99}{100}$	$14\frac{12}{100}$	$160\frac{19}{100}$ ....
		Avantages & désavantages communs	$18\frac{115}{200}$	$76\frac{99}{200}$	$7\frac{12}{200}$	$80\frac{39}{200}$.

deux Nations , malgré la force de notre argent , dont le marc ne valoit plus que 28 francs. Cet avantage doit aller en augmentant, s'il n'eſt pas troublé par quelque nouvelle mutation dans nos Monnoyes.

Pour nous reſumer , rapprochons ici ſous nos yeux nos avantages & nos déſavantages avec ces deux Nations , depuis le premier Octobre 1713. juſqu'à la fin de Decembre 1715.*

Cette recapitulation nous montre clairement le déſavantage conſiderable dans lequel nous avons été avec la Hollande & avec l'Angleterre , pendant tout le tems du paſſage de ces diminutions , & même depuis le commencement du mois de Novembre 1713 juſqu'au 30 Septembre 1715, & ſi on en

* C'eſt ici que doit-être le tableau cotté
pag. 83.   D vj

fait l'analife exactement, on trouvera qu'elle nous montre aufli:

1° Qu'avec la Hollande nous
avons été en avantage pendant
les mois d'Octobre 1713, Août,
Septembre & Octobre 1714, &
à la fin de Septembre 1715,
en fix articles contenus en cette recapitulation, dont l'avantage commun pris entre le plus
haut & le plus bas eft reprefen-
té par 18 $\frac{115}{200}$, c'eft à peu près
3 $\frac{1}{19}$ pour 100 par mois.

Et que notre défavantage
avec cet Etat, contenu ici en
17 articles, y eft reprefenté
par 76 $\frac{99}{200}$ pris aufli entre le plus
haut & le plus bas : c'eft 4 $\frac{1}{2}$ pour
cent par mois que nous perdions,
au moins, fur le Commerce
que nous faifions alors avec cette Nation. Or notre avantage
commun étant reprefenté par
18 $\frac{115}{200}$ & notre défavantage

auffi commun par 76 $\frac{99}{200}$ il s'en fuit que notre avantage eft à notre défavantage, comme 1 eft à 4 $\frac{1}{9}$, ainfi notre défavantage eft 4 $\frac{1}{9}$ fois plus fort que notre avantage: donc ces diminutions nous ont été funeftes.

2° qu'avec l'Angleterre notre avantage commun contenu en 4 articles eft ici reprefenté par 7 $\frac{6}{100}$ pris comme deffus entre le plus haut & le plus bas ; c'eft 1 $\frac{3}{4}$ pour cent par mois.

Et que notre défavantage avec cet Etat, contenu en 15. articles pris auffi entre le plus haut & le plus bas eft repréfenté par 80 $\frac{39}{200}$; c'eft environ 5 $\frac{7}{20}$ pour cent par mois que nous perdions fur le Commerce que nous faifions alors avec cette Nation. Et notre avantage com-

mun étant représenté par $7\frac{6}{100}$ &
notre désavantage auffi commun
par $80\frac{39}{200}$, il s'enfuit que notre
avantage eft à notre défavan-
tage, comme $7\frac{6}{100}$ eft à $80\frac{39}{200}$,
ou comme 1 eft à $11\frac{9}{25}$; donc
notre défavantage eft $11\frac{9}{25}$ fois
plus fort que notre avantage.
Donc ces diminutions nous font
contraires.

On voit encore par cette recapitulation que la derniere des
diminutions ne fut pas plûtôt
paffée, que le Change nous
devint avantageux & par confequent le Commerce que nous
faifions avec ces deux nations.
Car le 2 Septembre 1715, lendemain de cette derniere diminution, ce Change nous étoit
défavantageux avec la Hol-
lande de $7\frac{68}{100}$ pour cent, auquel défavantage la mort du Roy
arrivée le premier Septembre

avoit auffi contribué. Mais les efprits, fe rémirent, enforte que le 30 du même mois ce même Change nous étoit favorable de $3\frac{64}{100}$ pour cent : voila donc en très peu de jours une difference en notre faveur de $11\frac{32}{100}$ pour cent.

De même avec l'Angleterre, nous perdions au commencement du mois de Septembre $8\frac{9}{100}$ pour cent, & à la fin nous gagnions $1\frac{47}{100}$ pour cent ; cela fait encore une difference en notre faveur de $9\frac{56}{100}$ pour cent : ce qui nous prouve invinciblement, que l'efperance dans laquelle on étoit, qu'après tant de diminutions & un fi long defordre dans nos Monnoyes, on alloit les laiffer tranquiles & fixes, cette idée remit la confiance dans les efprits. D'où il fuit.

Qu'auffi tôt que *nos Monnoyes feront ftables & tranquilles dans leur valeur numeraire*, notre Commerce prendra le deffus fur celui de nos voifins, parce qu'il n'y en a aucun qui ne tire de nous beaucoup plus que nous ne tirons de lui.

Le paffage de ces diminutions a duré plus de deux ans. Pendant ce paffage notre perte avec la Hollande eft de $4\frac{1}{2}$ pour cent & avec l'Angleterre de $5\frac{7}{20}$ auffi pour cent : la perte commune entre ces deux eft $4\frac{17}{40}$ pour cent. Or à ce prix feulement nous perdions 4,425,000 livres fur un Commerce étranger de 100. millions : d'ou il fuit, que *plus le paffage de ces diminutions fera long, plus nous perdrons*. Si on avoit fait ces onze diminutions en une feule

fois, l'Etat y auroit certainement moins perdu , & l'Etranger moins gagné , parce qu'il
auroit eû moins de moyens
d'en profiter. Il eſt vrai qu'une
diminution qui reduiroit tout
d'un coup le marc d'argent de
40 à 28 livres , comme on a
fait ici par ces onze diminutions , paroîtroit très-dur aux
particuliers : cependant ils ne
perdroient pas davantage en la
faiſant tout d'un coup , qu'en la
faiſant à differentes fois.

A R T I C L E I V.

Où l'on continue le même examen
qu'au précédent Article , &
cela depuis le commencement
du mois d'Octobre 1715 *, juſ-*
qu'à la fin d'Avril 1717.

P ENDANT le mois d'Oc-
tobre 1715 le Change ſur
Amſterdam étoit à 100, 101,

& 102 deniers de gros , & le pair à 92 $\frac{62}{100}$ argent de Banque, ainsi le Change étoit au dessus du pair de 7 $\frac{38}{100}$ à 9 $\frac{38}{100}$ deniers, qui font 7 $\frac{96}{100}$ à 10 $\frac{11}{100}$ pour cent , à notre avantage , dont le commun est 9 pour cent.

Pendant ce même mois le Change étoit sur Londres à 56 & 57 $\frac{1}{2}$ deniers Sterlins, & le pair à 52 $\frac{23}{100}$. C'étoit donc 3 $\frac{77}{100}$, & 5 $\frac{27}{100}$ den. au dessus du pair, ou 7 $\frac{21}{100}$, à 10 $\frac{9}{100}$ pour cent, en notre faveur ; l'avantage commun étoit 8 $\frac{65}{100}$ pour cent.

Cet avantage considérable sur Hollande & sur Londres prouve encore invinciblement qu'aussi-tôt que le passage des diminutions des Monnoyes est révolu , & qu'il y a quelques apparences que ces Monnoyes vont être tranquilles , notre Commerce reprend aussi-tôt la

supériorité sur celui de nos voisins, & cela, quoique notre
Monnoye soit très-forte, ou que
sa valeur numéraire soit dimi-
nuée des $\frac{3}{10}$ de sa premiere valeur, puisque le Louis d'or
de 30 au marc qui valoit 20
livres, n'en vaut plus que 14,
& que l'Ecu de 8 au marc qui
valoit 5 livres, ne vaut plus
que 3 livres 10 sols; c'est-à-dire que le marc d'or monnoyé qui
valoit 600 livres, n'en vaut que
420 : & le marc d'argent aussi
monnoyé qui valoit 40 livres,
n'en vaut plus que 28. C'est
la même chose que si nos Louis
d'or actuels étoient réduits
de 24. à 14. livres, & nos
Ecus de 6 à 3 livres 10 sols.
De-là ne s'ensuit-il pas évidemment que l'espece basse ou forte n'est pas un obstacle à notre
Commerce ? Nous pouvons di-

re au moins que les diminutions
d'Especes ne lui font nuisibles
que pendant leur passage, &
qu'il n'y a pas plus de raison ni
d'avantage à favoriser le Débi-
teur en haussant la valeur numé-
raire de nos Monnoyes, qu'il y en
a à favoriser le Créancier en la
diminuant. Ce fait est diamétralement opposé aux maximes
que donne l'Auteur aux pages
174, 198, 237, N°. 2, 3 &
4, & page 270 du Livre qui fait
le sujet de nos remarques.

Le 16 Novembre 1715. le
Change sur Hollande étoit encore à 100 deniers de gros,
7 $\frac{38}{100}$ den. au dessus du pair, &
par consequent à notre avantage
de 7 $\frac{96}{100}$ pour cent. Les 18 &
22 il étoit à 96 : c'étoit encore
3 $\frac{38}{100}$ den. au dessus du pair, &
3 $\frac{64}{100}$ pour cent en notre faveur.

Le même jour 16 Novembre

le Change fur Londres étoit à 54 & 55 $\frac{1}{2}$, c'étoit encore depuis 1 $\frac{17}{100}$ à 3 $\frac{27}{100}$ den. au deſſus du pair , & depuis 3 $\frac{38}{100}$ juſqu'à 6 $\frac{26}{100}$ pour cent , à notre profit.

Pendant tout le mois de Decembre le Change fur Hollande roûla de 98 à 100 den. il étoit les 5 & 12 à 98 ; le 18. à 99, & le 23 à 100. C'étoit au deſſus du pair depuis 5 $\frac{38}{100}$, 6 $\frac{38}{100}$, juſqu'à 7 $\frac{38}{100}$, & conſéquemment à notre avantage de 5 $\frac{80}{100}$, 6 $\frac{80}{100}$, & 7 $\frac{96}{100}$ pour cent.

Sur Londres le Change étoit les 14 & 23 Décembre à 54 $\frac{1}{2}$, c'étoit 2 $\frac{27}{100}$ den. au deſſus du pair & 4 $\frac{34}{100}$ pour cent en notre faveur.

La continuité de cet avantage fur ces deux Nations prouve très-bien encore ce que nous venons de dire à la fin du mois

d'Octobre précédent. Cet avantage auroit été plus confidérable
encore, fi le *Vifa* des Effets
Royaux, ordonné par Arrêt
du 28 Septembre dernier, &
par la Déclaration du Roy du
7 du préfent mois de Décembre, n'avoit entretenu le difcrédit & la méfiance, grands
obftacles à la circulation, &
par conféquent au Change &
au Commerce. Mais on ne joüit
pas long-tems de ces avantages,
l'Edit du préfent mois de Décembre 1715, regiftré le 23, &
publié au commencement de
1716, nous le fit non-feulement
perdre, mais encore tomber
dans le défavantage, en augmentant la valeur numéraire de
nos Monnoyes. Effet bien oppofé à celui que lui attribue
l'Auteur de *l'Effai Politique*, p.
205, où il dit, que *cette aug-*

mentation , *foutint les Finances
en* 1716 & 1717, *malgré le dif-
srédit que la Chambre de Juftice
entretenoit.* Le cours du Change va nous montrer fi cet Auteur a raifon, ou s'il ne l'a pas.

ANNE'E 1716.

Il eft ordonné par cet Edit,
publié aux environs du 1. Janvier 1716 , qu'il fera fabriqué
de nouveaux Louis d'or de 30
au marc , qui vaudront 20 liv.
& des Ecus de 8 au marc , qui
vaudront 5 liv. c'eft-à-dire, que
cet Edit hauffe tout d'un coup
nos Monnoyes de $\frac{3}{7}$ en les re-
mettant dans le même Etat où
elles étoient avant les onze diminutions , dont il eft parlé dans
l'article précédent.

Les Efpeces de 1709 qui dé-
vinrent les anciennes , étoient

de même poids & de même titre que celles ordonnées par cet
Edit être fabriquées. C'eſt déja une faute capitale en fait de
Monnoye, que d'en faire de
nouvelles de même titre & de
même poids, & d'une valeur
plus haute que les anciennes;
car c'eſt donner à l'Etranger
les moyens de s'approprier le
bénéfice que le Roy veut y faire,
parce que, comme on l'a déja
dit ci-devant, (a) cet Etranger
ne manque jamais de remarquer
les anciennes au coin des nouvelles, & par-là Sa Majeſté ſe
trouve fruſtrée des ſecours qu'elle comptoit trouver dans cette
opération.

(a) Voyez ce qui eſt dit à ce ſujet Chap. I,
Art. 6. pag. 115. & ſuiv.

Augmentation

Augmentation , Réforme , &
Refonte.

Les Articles 6 , 8 , & 10 de
cet Edit , veulent que les Louis
d'or de 1709 , soient reçus à la
Monnoye & dans le Commer-
ce pour 16 livres , au lieu de
14 , & les Ecus pour 4 livres,
au lieu de 3 liv. 10 s. à commencer du jour de la publication
de cet Edit , & jusqu'au dernier Janvier 1716 , & qu'elles
seront réformées & converties
en nouvelles especes sans être
refondues , pour avoir cours
dans le Public sur le même pied
que les nouvelles , c'est-à-dire,
que le Louis réformé vaudra 20
livres , & l'Ecu réformé 5 liv.
Cette réforme est encore une
autre faute importante contre
nos intérêts.

Tome II.   E

Voilà donc une augmentation de la valeur numéraire des anciennes Espéces, malgré les assurances qu'on avoit données qu'il n'y en auroit point, tant par l'Arrêt du Conseil du 27 Juillet 1715, que par la Déclaration du Roy du 13 Août, regiſtrés le 19. & encore par l'Arrêt du 12 Octobre : car ces Arrêts & cette Déclaration vouloient qu'après la derniere diminution du premier Septembre, le prix des Eſpeces demeurât fixé pour toujours à 14 liv. le Louis d'or, & 3 liv. 10 ſols l'Ecu.

Cependant par cet Edit, on met le Louis d'or à 16 livres, & l'Ecu à 4 liv. C'eſt augmenter la valeur numéraire de ces anciennes Eſpeces, d'un ſeptiéme. Ces mêmes Eſpeces étant réformées valoient 20 livres le

Louis d'or, & 5 liv. l'Ecu : &
on en fabriqua de nouvelles de
même titre & de même poids
que l'on fit auſſi valoir 20 liv.
le Louis, & 5 liv. l'Ecu. Ces
anciennes & nouvelles Eſpeces
étoient donc exactement les
mêmes, & on leur donna néanmoins deux valeurs qui diffé-
roient entr'elles, comme 4
différe de 5 ; ce qui nous mit
dans le même déſordre où l'on
étoit ſous Philippe le Bel : ce
déſordre étoit de plus accom-
pagné d'une réforme, qui eſt
encore une opération très-nuiſi-
ble à notre Commerce.

On a vû ci-devant, depuis
1709, juſqu'en 1713, tous
les mauvais effets que fit à
notre Commerce un moindre
déſordre que celui-ci. Deux valeurs données ſi différemment à
deux Eſpeces exactement éga-

E ij

les en poids & en titre, &
même à la même Espece, ne
sçauroient produire un bon
effet : aussi vit-on baisser le
Change considérablement à la
publication de cet Edit. Il
étoit sur Amsterdam le 2 Janvier 1716, à 90 den. de gros,
& le 4 & le 6 à 82 deniers. Cet
Edit le fit donc tomber de 8
den. ou de $9\frac{80}{100}$ pour cent à
notre perte.

Sur Londres le Change étoit
à la fin de Decembre & au commencement de Janvier 1716,
à $54\frac{1}{2}$ den. Sterlins ; & le 6
Janvier il étoit à 50 den. Cet
Edit le fit donc tomber de $4\frac{1}{2}$ d.
qui faisoient $9\frac{84}{100}$ pour cent à
notre perte.

Cette augmentation des anciennes Especes réduisit le
pair de notre Ecu de Change
sur Hollande, à $81\frac{4}{100}$ denier

de gros argent de Banque, &
fur Londres à $45\frac{70}{100}$ den. Sterlins, comme il étoit après la
feptiéme diminution faite le 1.
Décembre 1714.

Pendant tout le refte du mois
de Janvier 1716, & à commencer du 10 jufqu'à la fin, le Change fur Amfterdam roûla de 80
à 77. C'étoit au deffous du pair
de 1 à 4 den. & à notre défa-
vantage de $1\frac{23}{100}$ à $4\frac{93}{100}$ pour cent.
Or à la fin de Décembre 1715,
notre avantage étoit de $5\frac{80}{100}$
à $7\frac{96}{100}$ pour cent ; la différence
étoit donc à notre préjudice de
$7\frac{3}{100}$ à $12\frac{99}{100}$ pour cent ; ce qui
faifoit une différence commune
de 10 pour cent à notre perte.
Celà cadre affez bien avec les
$9\frac{87}{100}$ pour cent, trouvés ci-deffus
par une autre route.

Sur Londres, pendant le
même tems, le Change roûla

E iij

de 45 à 42 den. Sterlins, qui faisoient $1\frac{53}{100}$ à $8\frac{2}{100}$ pour cent à notre perte. Or à la fin de Décembre 1715, notre avantage sur cette Nation étoit de $4\frac{34}{100}$ pour cent ; la différence est donc à notre préjudice depuis $5\frac{87}{100}$ jusqu'à $12\frac{43}{100}$, dont la différence commune est de 9 pour cent à notre perte : ce qui cadre encore assez bien avec les $9\frac{84}{100}$ pour cent, trouvés ci - dessus par une autre route.

Voilà quels furent les effets de cet Edit, & le fruit de l'augmentation de la réforme, & de la refonte qu'il annonçoit, laquelle augmentation, suivant l'Auteur de l'*Essai Politique*, pag. 205. *soutint les Finances pendant* 1716 & 1717. Cependant le cours des Changes nous présente ici des effets de cette opération, bien opposez à celui que lui attribue cet Auteur, puisqu'elle nous cause une perte réelle de 9 à 10 pour cent, avec la Hollande, & avec l'Angleterre.

Ces anciens Louis furent à 16 livres, & les anciens Ecus à 4 livres, jusqu'au premier Décembre 1716. Ils devoient être décriez au premier May ; mais les Arrêts des 21 Mars, 9 May, 9 Juin, 13 Juillet & 18 Septembre de la même année, en prorogerent le cours jusqu'audit jour premier Décembre, auquel jour, selon le dernier de ces Arrêts, les Louis ne devoient plus être reçus que pour 15 liv. 15 f. & les Ecus pour 3 liv. 18 f. 9 den. Et au premier Février 1717, ce Louis devoit être encore réduit à 14 liv. & cet Ecu à 3 liv. 10 f. comme ils étoient l'un & l'autre après la diminution du premier Septembre 1715.

Pendant tout le mois de Février 1716, le Change sur Amsterdam roûla de 77 à 81 den. de gros ; c'étoit 4 den. au deffous du pair 81, ou $4\frac{93}{100}$ pour cent au défavantage de notre Commerce ; & à 81 il étoit au pair.

Sur Londres, pendant le même mois, le Change roûla de 42 à 46 den. Sterlins, c'étoit $3\frac{70}{100}$ deniers au deffous du pair $45\frac{70}{100}$, ou $8\frac{9}{100}$ pour cent à notre perte, & $\frac{30}{100}$ den. au deffus de ce même pair, ou $\frac{65}{100}$ pour cent en notre faveur.

En Mars il roûla sur Amsterdam de 81 à $81\frac{1}{2}$, c'étoit au pair, & au deffus du pair de $\frac{1}{2}$ den. ou de $1\frac{9}{100}$ pour cent à notre avantage.

Sur Londres pendant le même mois, il fut de $45\frac{1}{2}$ deniers Sterlins, c'étoit $\frac{20}{100}$ den. au deſſous du pair, ou $\frac{43}{100}$ pour cent à notre perte.

En Avril il a été de $81\frac{1}{2}$ à 84 den. c'étoit $\frac{1}{2}$ & 3 deniers au deſſus du pair, ou $1\frac{9}{100}$ à $3\frac{70}{100}$ pour cent, en notre faveur.

Sur Londres pendant ce mois, le Change a roûlé de 46 à $47\frac{1}{2}$ deniers Sterlins, c'étoit $\frac{30}{100}$ à $1\frac{80}{100}$ den. au deſſus du pair, & à notre profit de $\frac{65}{100}$ à $3\frac{93}{100}$ pour cent.

Par Lettres Patentes des 2 & 20 May, on permit à M. Law d'établir une *Banque générale*.

Pendant tout ce mois le Change ſur Amſterdam fut de 85 à $84\frac{1}{4}$, c'étoit 4 & $3\frac{1}{4}$ den. au deſſus du pair & $4\frac{93}{100}$ à 4 pour cent à notre avantage.

E v

Celui fur Londres fut de 48 à 47$\frac{3}{4}$; c'étoit 2$\frac{30}{100}$ à 2$\frac{5}{100}$ d. fterlins au deffus du pair, & à notre avantage de 5 $\frac{3}{100}$ à 4 $\frac{48}{100}$ pour cent.

Pendant Juin 1716 ce Change fur Amfterdam roûla de 83 $\frac{1}{2}$ à 84 den. c'étoit 2 $\frac{1}{2}$ à 3 den. au deffus du pair, & par conféquent 3 $\frac{8}{100}$ à 3 $\frac{70}{100}$ pour cent en notre faveur.

Sur Londres il fut pendant ce même mois de 47 $\frac{1}{4}$ à 48, c'eft-à dire au deffus du pair, de 1 $\frac{55}{100}$ à 2 $\frac{30}{100}$, & par conféquent à notre profit de 3 $\frac{39}{100}$ à 5 $\frac{3}{100}$ pour cent.

En Juillet il fut de 84 à 81 $\frac{1}{2}$ fans Lettres fur Amfterdam ; c'étoit encore 3 $\frac{1}{2}$ den. de gros au deffus du pair & de 3 $\frac{70}{100}$ à $\frac{61}{100}$ pour cent à notre avantage.

Sur Londres le Change fut

pendant le même mois de 47 $\frac{3}{4}$ à 46 $\frac{1}{2}$ fans Lettres ; c'étoit 2 $\frac{5}{100}$ à $\frac{80}{100}$ deniers Sterlins au deffus du pair & 4 $\frac{48}{100}$ à 1 $\frac{75}{100}$ pour cent en notre faveur. La Banque générale foutenoit le Change. On achetoit les anciennes Efpeces à plus haut prix que l'on n'en donnoit dans les Monnoyes : ce ne pouvoit être que pour les reformer en fraude, ou pour les tranfporter hors du Royaume. L'Arrêt du Confeil du 1er. Août 1716 ordonna aux Officiers de la Cour des Monnoyes de Paris , d'aller dans les Provinces de fon reffort , pour informer de la fauffe fabrication & reformation des Efpeces & Billonnage d'icelles.

En Août le Change fur Amfterdam fut de 81 $\frac{3}{4}$ à 83 ; c'étoit $\frac{3}{4}$ & 2. den. au deffus du pair & $\frac{92}{100}$ à 2 $\frac{42}{100}$ pour cent à notre profit. E vj

Il fut fur Londres de 46 $\frac{3}{4}$
fans Lettres, à 47 $\frac{1}{2}$ c'étoit 1
$\frac{5}{100}$ à 1 $\frac{80}{100}$ den. Sterlins au deffus du pair, ou de 2 $\frac{29}{100}$ à 3
$\frac{93}{100}$ pour cent à notre avantage.

La Banque générale entre-
tenoit cet avantage, qui devoit
empecher la fortie de nos vieilles Efpeces; mais l'Edit du mois
de Decembre 1715 en avoit
tant fait fortir, que par la Declaration du Roy du 29. Août
1716, prefent mois, on *deffen-*
dit l'entrée dans le Royaume des
Efpeces nouvellement réformées,
afin d'arréter la fauffe reforma-
tion qui fe faifoit dans les païs
Etrangers, & de faire ceffer la
perte confiderable qu'elle faifoit
à notre Etat. C'eft ainfi que
parle Sa Majefté dans cette
Declaration. Son difcours nous
montre bien clairement que l'on

reconnut l'erreur & les mauvais effets des reformes des Monnoyes: elles faifoient, & elles feront toujours paffer nois vieille Efpeces en pays Etrangers, où on les achette à plus haut prix qu'on ne faifoit aux hôtels des Monnoyes, & où on les remarque aux coins des nouvelles (*a*); ce qui nous fait un préjudice notable.

Pendant les mois de Septembre, d'Octobre & de Novembre, le Change fur Amfterdam roûla de $82\frac{1}{2}$ à $83\frac{1}{2}$. C'étoit $1\frac{1}{2}$ à $2\frac{1}{2}$ den. de gros au deffus du pair 81, argent de Banque, & en notre faveur de $1\frac{85}{100}$ à $3\frac{8}{100}$ pour cent.

Pendant les mêmes mois il fut fur Londres de $47\frac{1}{2}$ à $47\frac{3}{4}$, c'étoit $1\frac{80}{100}$ à $2\frac{5}{100}$ den. Ster-

(*a*) Voyez ce qui a été di cy-devant à ce fujet chap. 1. Art 6. pag. 109. & fuivantes.

lins au deffus du pair & $3\frac{93}{100}$
à $4\frac{48}{100}$ pour cent à notre avantage.

La deffectuofité du poids & du
titre de beaucoup d'Efpeces d'or
fauffement reformées qui ont été
introduites dans notre Etat, cau-
fant un defordre auquel il eft important de remedier, nous avons
refolu d'ordonner une refonte de
tous les Louis nouvellement fabriquez ou réformez dans nos
Monnoyes du même titre, mais
d'un poids different. (a) Ce font
les termes de l'Edit du mois
de Novembre 1716, regiftré
le 18, par lequel il eft en
effet ordonné qu'il fera fabriqué, dans la Monnoye de Paris
feulement, de nouveaux Louis
d'or à la taille de 20 au marc,
qui auront cours pour 30 livres

(a) Edit du mois de Novembre 1716,
pag. 4.

chacun. On les appella des *Noailles*, parce que M. le Duc de Noailles étoit à la tête des Finances.

L'article 4 de cet Edit veut que les Louis fabriquez ou réformez en vertu de l'Edit du mois de Décembre 1715 foient reçûs dans les Monnoyes & dans le Commerce , fur le pied de 20 livres l'un.

L'article 6 entend que les Louis de 1709 foient reçus dans les Monnoyes , Bureaux & Recettes Royales & par les Changeurs dans les Provinces à raifon de 16 livres chacun, pendant le refte du préfent mois , & celui de Décembre prochain. La différence entre l'ancienne & la nouvelle Efpece eft donc encore de 25 pour cent. Cet Edit par conféquent ne rémedie pas au mal ; il nous laiffe dans le

défordre où nous avoit mis celui du mois de Décembre 1715 :
puifque le Louis d'or de 1709
non réformé y eft fixé à 16 livres
& l'Ecu de 8 au marc à 4 livres,
& que le même Louis réformé
vaut 20 livres & les Ecus 5
livres ; ainfi il y avoit encore 4
livres de perte fur chaque Louis
en les portant aux Monnoyes.
Cette difproportion dans la
valeur numéraire de deux Efpeces, qui font exactement les
mêmes, nous laiffe toujours
dans le défordre d'une Monnoye foible & d'une Monnoye
forte, comme l'on étoit fous
Philippe le Bel, où la difproportion étoit encore plus grande.

Suivant l'Article 7 de cet
Edit, ces Louis de 1709 ne feront plus reçus qu'au marc, au
premier Janvier 1717.

L'Article 8 veut que les Ecus de 1709 à réformer continuent d'être reçus, pendant le reſte de ce mois & celui de Décembre prochain, aux Monnoyes, Changes, & Bureaux Royaux, à 4 livres piece, & au premier Janvier 1717 à 3 livres 18 ſols 9 deniers, & au premier Février à 3 livres 15 ſols l'un, ſuivant l'Article 9 du même Edit.

On ſent à merveille que ces diminutions ne ſont indiquées que pour faire ſortir ces vieilles Eſpeces ; on eſpere que la crainte de perdre obligera le particulier qui les a, à les porter aux Monnoyes, où elles ſont attendües : mais cette crainte ne produit pas cet effet, par ce que le Public eſt aujourd'hui mieux inſtruit qu'il ne l'a jamais été ; il ſçait compter & peſer, & on ne peut pas eſperer qu'il

donne 20 livres pour n'en recevoir que 16. Au reste, ces
diminutions furent prorogées
jusqu'au premier Janvier 1718
par les Arrêts du Conseil des
30, Janvier 1717, des 5 &
24 Avril, 19 Juin, 31 Août,
27 Novembre & 22 Janvier
1718 : ainsi ces Ecus ont toujours valu 4. livres.

Independamment du mal que
fait cette difference ou cette
disproportion, tous ces Arrêts
de prorogation d'un terme fixé
par les precedens, aussi bien
que ceux qui annoncent avant
le tems ces diminutions, ou
ces augmentations, rebutent
tout le monde & fatiguent ex-
tremement le Commerce. Nous
l'avons déja dit cy devant (*a*);
mais ce font de ces choses
qu'on ne sçauroit trop dire.

(*a*) Chap. 3. Art. 3. pag. 65.

Pendant tout le mois de Decembre 1716, le Change fur Amfterdam fut de 83 $\frac{1}{2}$ à 83 $\frac{1}{4}$; c'étoit 2 $\frac{1}{2}$ & 2 $\frac{1}{4}$ den. de gros au deffus du pair 81 : & par confequent à notre avantage de 3 $\frac{8}{100}$ à 2 $\frac{77}{100}$ pour cent.

Sur Londres il étoit de 47 $\frac{1}{2}$ à 47 $\frac{3}{8}$ au deffus du pair, de 1 $\frac{80}{100}$ à 1 $\frac{68}{100}$ den. Sterlins, ou 3 $\frac{93}{100}$ à 3 $\frac{67}{100}$ pour cent en notre faveur.

QUATRE PREMIERS MOIS 1717.

En Janvier 1717, le Change fur Amfterdam roûla de 83 $\frac{1}{2}$ à 83 $\frac{3}{4}$; c'étoit 2 $\frac{1}{2}$ & 2 $\frac{3}{4}$ den. de gros au deffus du pair 81 & confequemment à notre avantage de 3 $\frac{8}{100}$ à 3 $\frac{39}{100}$ pour cent.

Sur Londres il fut conftament à 47 $\frac{3}{4}$ c'étoit 2 $\frac{5}{100}$ deniers

Sterlins au deſſus du Pair $45\frac{70}{100}$ & à notre profit de $4\frac{48}{100}$ pour cent.

L'Arrêt du Conſeil du 3 Janvier publié le 3 Fevrier nous apprend que la fauſſe reformation des Eſpeces continuoit de plus en plus dans les païs Etrangers.

En Fevrier il étoit de $83\frac{1}{2}$ à 84. c'étoit au deſſus du pair de $2\frac{1}{2}$ à 3 den. de gros, ou de $3\frac{8}{100}$ à $3\frac{70}{100}$ pour cent en notre faveur,

Sur Londres il fut de $47\frac{3}{4}$ à $48\frac{1}{2}$ au deſſus du pair de $2\frac{5}{100}$ à $2\frac{80}{100}$ den. Sterlins. Faiſant $4\frac{48}{100}$ à $6\frac{12}{100}$ pour cent de bénéfice pour nous.

En Mars par Arrêt du 5 les Louis d'or, dont la refonte eſt ordonnée, ſeront reçus à la Monnoye de Paris à 20 livres juſqu'au premier Avril, auquel jour ils ne ſeront reçus qu'au marc.

Pendant ce mois de Mars le Change fur Amfterdam fut de 85 à 82 $\frac{1}{2}$, c'étoit au deſſus du pair 81 de 3 à 1 $\frac{1}{2}$ den. de gros & à notre avantage de 4 $\frac{93}{100}$ à 1 $\frac{85}{100}$ pour cent.

Sur Londres il fut de 48 $\frac{3}{4}$ à 47 $\frac{1}{2}$ au deſſus du pair 45 $\frac{70}{100}$ de 6 $\frac{67}{100}$ à 3 $\frac{93}{100}$ pour cent en notre faveur ou de 3 $\frac{5}{100}$ à 1 $\frac{80}{100}$ den. Sterlins.

En Avril il a roûlé de 83 à 82; c'étoit 2 & 1 den. au deſſus du pair & à notre profit de 2 $\frac{47}{100}$ à 1 $\frac{27}{100}$ pour cent.

Sur Londres il fut de 47 $\frac{1}{2}$ à 47: au deſſus du pair de 1 $\frac{80}{100}$ à 1 $\frac{30}{100}$ den. Sterlins, faiſant 3 $\frac{93}{100}$ à 2 $\frac{84}{100}$ pour cent de benefice pour nous.

En May le Change fur Amfterdam fut de 82 à 83, c'eſt-à-dire 1 & 2 den. de gros au deſſus du pair, & à notre avantage de $1\frac{23}{100}$ à $2\frac{47}{100}$ pour cent.

Sur Londres il étoit de $47\frac{1}{2}$ à $48\frac{1}{4}$ c'étoit au deſſus du pair de $1\frac{80}{100}$ à $2\frac{55}{100}$ den. Sterlins faiſant $3\frac{93}{100}$ à $5\frac{58}{100}$ pour cent en notre faveur.

Le 2 Juin le Change étoit ſur Amſterdam à $83\frac{1}{4}$ & ſur Londres à $48\frac{1}{4}$ comme deſſus. *

Au premier coup d'œil, on voit par cette recapitulation que les diminutions de Monnoyes, dont il eſt parlé dans l'article précedent, ne furent pas plûtôt écoulez, que le Change & par conſequent le Commerce reprit le deſſus avec la Hollande & avec l'Angleterre, malgré la force de notre argent, dont le marc ne valoit que 28 francs & auſſi malgré le Viſa, ou la liquidation des effets

* C'eſt ici que doit être le tableau cotté p. 118.

RECAPITULATION des avantages & défavantages de notre Commerce, depuis le commencement du mois d'Octo-bre 1715, jufqu'à la fin du mois d'Avril 1717. Sçavoir,

	Avec la Hollande.		Avec l'Angleterre.	
	Avantages.	Défavantages	Avantages.	Défavantages.
En Octobre 1715	$7\frac{96}{100}$ à $10\frac{11}{100}$	. . . .	$7\frac{21}{100}$ à $10\frac{9}{100}$	
En Novembre	$3\frac{64}{100}$ à $3\frac{64}{100}$	. . . .	$3\frac{78}{100}$ à $6\frac{26}{100}$	
En Décembre	$5\frac{80}{100}$ à $7\frac{96}{100}$		$4\frac{14}{100}$ à $4\frac{34}{100}$	
	$17\frac{40}{100}$ à $21\frac{71}{100}$	. . . .	$15\frac{33}{100}$ à $20\frac{69}{100}$	

Augmentation d'un 7e. fur les anciennes: les mêmes réformées valent $\frac{1}{4}$ plus, ainfi que celles fabri-quées nouvellement en vertu de l'Edit du mois de Decembre 1715, de même titre & de même poids.

	Avantages.	Défavantages	Avantages.	Défavantages.
En Janvier 1716	. . . .	$1\frac{23}{100}$ à $4\frac{93}{100}$	. . . .	$1\frac{53}{100}$ à $8\frac{9}{100}$
En Février 1715	. . . .	$4\frac{93}{100}$ à $4\frac{93}{100}$	$\frac{65}{100}$ à $\frac{65}{100}$	$8\frac{9}{100}$ à $8\frac{9}{100}$
En Mars	$1\frac{9}{100}$ à $1\frac{9}{100}$	. . . .		$0\frac{43}{100}$ à $\frac{43}{100}$
En Avril	$1\frac{9}{100}$ à $3\frac{70}{100}$	. . . .	$\frac{65}{100}$ à $3\frac{93}{100}$	
En May BANQUE GENERALE	$4\frac{93}{100}$ à 4 . . .		$5\frac{3}{100}$ à $4\frac{48}{100}$	
En Juin	$3\frac{8}{100}$ à $3\frac{70}{100}$		$3\frac{39}{100}$ à $5\frac{3}{100}$	
En Juillet	$3\frac{70}{100}$ à $\frac{61}{100}$	. . . .	$4\frac{48}{100}$ à $1\frac{75}{100}$	
En Août	$\frac{92}{100}$ à $2\frac{47}{100}$		$2\frac{29}{100}$ à $3\frac{93}{100}$	
En Septembre, Octobre & Novembre	$1\frac{85}{100}$ à $3\frac{8}{100}$		$3\frac{93}{100}$ à $4\frac{46}{100}$	
En Decembre	$3\frac{8}{100}$ à $2\frac{77}{100}$		$3\frac{91}{100}$ à $3\frac{67}{100}$	
En Janvier 1717	$3\frac{8}{100}$ à $3\frac{39}{100}$		$4\frac{48}{100}$ à $4\frac{48}{100}$	
En Février	$3\frac{8}{100}$ à $3\frac{70}{100}$		$4\frac{48}{100}$ à $6\frac{12}{100}$	
En Mars	$4\frac{93}{100}$ à $1\frac{85}{100}$		$6\frac{67}{100}$ à $3\frac{93}{100}$	
En Avril	$2\frac{47}{100}$ à $2\frac{84}{100}$		$3\frac{91}{100}$ à $2\frac{84}{100}$	
	$50\frac{00}{100}$ à $54\frac{91}{100}$	$6\frac{20}{100}$ à $9\frac{86}{100}$	$59\frac{24}{100}$ à $65\frac{98}{100}$	$10\frac{5}{100}$ à $16\frac{61}{100}$
	$54\frac{91}{100}$	$9\frac{86}{100}$	$65\frac{98}{100}$	$16\frac{61}{100}$ . . . . .
TOTAUX . . .	$105\frac{81}{100}$	$16\frac{6}{100}$	$125\frac{22}{100}$	$26\frac{66}{100}$ . . . . .
Avantages & défavantages communs pris entre les plus hauts & les plus bas.	$52\frac{181}{200}$	$8\frac{6}{200}$	$62\frac{122}{200}$	$13\frac{66}{200}$ . . . . .
C'eft pour chaque mois	$3\frac{52}{100}$	$4\frac{3}{100}$	$4\frac{17}{100}$	$4\frac{44}{100}$ . . . .

Royaux, ordonnée par Arrêt du Conseil du 28 : Septembre & par la Declaration du Roy du 7 Decembre 1715, lequel Visa augmentoit encore la méfiance & le discrédit. Cet avantage auroit continué malgré ce Visa, si contre toute attente & malgré les assurances qu'on avoit données qu'il n'y auroit point de changement dans nos Monnoyes, (*a*) l'Edit du mois de Decembre 1715, registré le 23 & publié au commencement de Janvier 1716, n'avoit troublé & interrompu ce même Commerce, & converti tout d'un coup cet avantage en un désavantage réel, en nous annonçant en même tems une augmentation & une réforme des anciennes Especes, avec une fabrication de nouvelles.

(*a*) Voyez cy devant pag. 98. de ce chap.

En effet ce tableau nous montre qu'à la fin du mois de Decembre 1715 nous étions en avantage avec la Hollande de $5\frac{5}{100}$ à $7\frac{96}{100}$ pour cent, avec l'Angleterre de $4\frac{34}{100}$ à $4\frac{34}{100}$ aussi pour cent, & qu'au commencement de Janvier 1716 la publication de cet Edit de Decembre nous fit perdre tout d'un coup non seulement cet avantage, mais qu'elle nous fit de plus tomber dans un désavantage réel de $1\frac{23}{100}$ à $4\frac{93}{100}$ pour cent avec la Hollande, & de $1\frac{53}{100}$ à $8\frac{9}{100}$ pour cent avec l'Angleterre; ce qui faisoit une difference à notre préjudice avec la Hollande de $7\frac{3}{100}$ à $12\frac{89}{100}$, dont la difference commune prise entre la plus haute & la plus basse, est $9\frac{96}{100}$ pour cent & avec l'Angleterre de $5\frac{97}{100}$ à $12\frac{43}{100}$, dont la difference
commune

commune prife auffi entre la plus haute & la plus baffe eft $9\frac{20}{100}$ pour cent à notre perte; ce qui s'accorde affés avec un autre calcul fait cy-devant à la page 101; mais cherchons encore d'une autre façon une preuve plus générale de ce fait.

On voit par cette recapitulation que l'avantage dans lequel nous avons été avec la Hollande pendant les 3 derniers mois de 1715 eft de $17\frac{40}{100}$ à $21\frac{71}{100}$, dont le commun pris entre le plus haut & le plus bas eft $18\frac{55}{100}$, dont le tiers eft $6\frac{18}{100}$ pour cent à notre profit; cy . . . . $6\frac{18}{100}$

La publication de l'Edit du mois de Decembre 1715 nous fit perdre non feulement cet avantage confiderable; il nous fit de plus tomber dans une perte réelle de $6\frac{20}{100}$ à $9\frac{86}{100}$ pendant les 2 mois de Janvier & de Fevrier 1716 dont la perte commune prife entre la

Tome II. F

De l'autre part .... $6\frac{18}{100}$

plus haute & la plus baſſe eſt $8\frac{6}{100}$, dont la moitié eſt pour cha-que mois .... $4\frac{3}{100}$

Ainſi gagner réellement l'un & perdre l'autre, font à notre préju-dice une différence commune avec la Hollande de .... $10\frac{21}{100}$p$\frac{o}{o}$

Pour l'Angleterre on voit auſſi que pendant les mêmes trois derniers mois de 1715 notre avantage étoit de $15\frac{33}{100}$ à $20\frac{69}{100}$, dont le commun pris entre le plus haut & le plus bas eſt 18, dont le tiers eſt pour chaque mois .... 6 pour$\frac{o}{o}$

La publication du même Edit nous fit perdre cet avantage, & nous fit tomber dans une perte de $10\frac{5}{100}$ à $16\frac{61}{100}$ pendant les trois premiers mois de 1716, dont la perte commu-ne priſe entre la plus haute & la plus baſſe eſt $13\frac{66}{100}$: c'eſt pour chacun de ces trois mois $4\frac{44}{100}$ pour cent à notre perte ; cy .... $4\frac{44}{100}$

Ainſi gagner 6 pour cent & en perdre $4\frac{44}{100}$ nous fait une dif-férence à notre préjudice de ...... $10\frac{44}{100}$p$\frac{o}{o}$

Apres des faits aussi demon-
stratifs que ceux cy , ne peut-on
pas dire avec raison , que l'augmentation , la refonte , & la
réforme , portées par l'Edit du
mois de Decembre 1715 , nous
furent préjudiciables de plus de
10 pour cent sur tout le Commerce Etranger que nous faisions alors ? Ainsi , si ce Commerce montoit à 10 millions
par mois , la France en perdoit plus d'un : cela est clair.

M. l'Abbé de S. Pierre , ce
grand Citoyen , si connu dans
la republique des Lettres par
tous les differens ouvrages qu'il
a faits pour le soulagement &
le bien de sa patrie , dit dans
l'onziéme avantage du troisiéme Discours de son projet de
Paix perpétuelle. tom 1. p. 239.
que le seul Commerce Etranger

de la France va au moins à 150
millions de livres par an. Sur ce
pied là, celui d'un mois feroit de
12 millions 500 mille livres, &
notre perte de 1250 mille livres
aussi par mois & plus. On verra à la fin de cet article ce que
la refonte, la réforme & l'augmentation portées par l'Edit
du mois de Decembre 1715,
& par celui du mois de Novembre 1716, ont produit au
Roy. La refonte de 1709, qui
passe pour la plus forte qui ait
été faite, ne produifit à Sa Majefté que 11,370,773 livres en
Efpeces, & 43 millions de Billets de Monnoyes qui furent
retirez du public, fuivant le
Memoire de feu M. Defmarets
pag. 15, 18, & 19. En fuppofant pour un moment, que
ces operations ayent produit

üne pareille fomme de 1250 mille livres par mois, ou une plus forte, fi on le veut, falloit-il pour procurer au Roy un fecours de 8 à 10 millions, ou de plus grande fomme, abimer le Commerce du Royaume, & en faire perdre deux ou trois fois autant à la nation, & peut être plus. (*a*) Il eft donc evident qu'il vaut bien mieux pour les peuples & pour le Roy même, chercher ce fecours par tout ailleurs, où il ne fauroit jamais être auffi onereux à la nation, qu'il l'eft vifiblement fur les Monnoyes. Ce moyen ne doit jamais être tenté, qu'à-près avoir épuifé tous les autres.

La perte ou le dommage que caufa cet Edit du mois de De-

[*a*] Voyéz ce qui en dit cy devant au tom. & chap. 1. art 6. pag. 123. & fuiv. jufqu'a 130. Et cy après pag. 133. & fuivantes jufque a pag. 141. & fuivantes.　　F iij

cembre 1715, auroit été encore bien plus confiderable & de
plus longue durée, fi le Roy par
fes Lettres patentes des 2 & 20
May 1716, n'avoit pas permis
l'établiffement d'une Banque générale, qui foutint le Change
toujours à notre avantage jufqu'à la fin du mois d'Avril 1717,
comme on le voit par ce tableau. D'ailleurs, comme il n'y
a aucun de nos voifins qui ne
reçoive beaucoup plus de nos
denrées, arts & fabriques que
nous n'en recevons de lui, notre Commerce aura toujours
l'avantage fur le leur, fi nous con-
fervons inviolablement la tranquilité & la ftabilité dans notre Monnoye : elle eft l'inftrument neceffaire de nos Echanges reciproques, & la mefure
qui regle la valeur des biens
échangez. On ne peut donc pas

y toucher fans altérer l'échange
de ces biens. Dès là l'avantage
de notre Commerce eft en nos
mains ; il ne tient qu'à nous de
le rendre perpetuel. La fertilité de notre païs , la fituation
de nos Ports de mer , & l'activité de nos peuples , nous offrent & nous affurent un Commerce fuperieur.

    Après ce qu'on vient de voir,
il y a bien lieu de s'étonner ,
que contre notre propre interêt
il y ait-eu en France de fi frequentes variations dans nos
Monnoyes. Mais fi fur cela le
paffé nous fournit matiere à cet
etonnement , le prefent doit
nous engager à une reconnoif-
fance eternelle envers le Miniftere actuel. Il eft le premier
qui ait fenti l'importante neceffité de ne point toucher aux
Monnoyes. Il y a plus de cin-

quante ans qu'elles n'avoint été aussi long tems tranquilles en France qu'elles l'ont été depuis dix ans. On vient de voir le tort considerable que le Minis-tere auroit fait à la nation, si comme les autres, il avoit chan-gé cette mesure; & on verra cy après, en son tems, les avan-tages qui nous reviennent de la stabilité qu'il a si sagement con-servée dans la valeur de nos Monnoyes. Ce qui doit enga-ger les peuples à benir ce Mi-nistere, & à désirer qu'il dure. Fasse le ciel que pour une bonne fois on demeure persuadé, que toutes les fois qu'entre l'ancien-ne & la nouvelle Espece on laissera une difference trop grande, l'Espece la moins prisée passera chez l'Etranger, qui la remarquera au coin des nou-velles, à son profit, & au pro-

fit de celui qui la lui fait paſſer ,
Alors le profit , que le Roy ſe
propoſe de faire ſur de ſembla-
bles operations, ſe partage entre
l'Etranger qui les remarque , &
celui qui les lui envoye ; & par
là Sa Majeſté ne trouve plus
dans ces operations les ſecours
qu'elle comptoit y trouver. (*a*)

Outre l'evidence de cette
raiſon , la Declaration du Roy
du 29 Août 1716 & l'Edit du
mois de Novembre ſuivant, dont
on a vû les termes dans cet article (chacun en ſon mois , pages 108 & 110) en ſont encore
une autre , qui eſt ſans replique ,
ainſi que l'Arrêt du 3 Janvier
pag. 116 decet article.

Après ces faits ſoutenus de
leurs preuves, on laiſſe au lec-

____

(*a*) Voyez ce qui eſt dit cy devant chap.
I. art. 7. pag. 174. & cy après à la fin de
cet article. pag. 141. & ſuiv.

teur à juger, fi cette augmentation a pû foûtenir les Finances en 1716 & 1717, comme
notre auteur le dit a la page
205 de fon livre.

Il n'y a point d'operation
fur les Monnoyes, foit augmentation, foit diminution,
foit refonte, foit réforme, qui
n'altere la circulation des Efpeces, foit qu'on les refferre,
foit qu'on les faffe paffer en
pays é tranger. Or fuppofons
que la partie refferrée & paffée
en païs étranger foit à la partie reftante & circulante dans
le Royaume, comme 1 eft à 3.
Avant l'operation 4 reprefen-
toit par fuppofition toute la maffe de l'argent qui étoit en France : après l'operation 3 vaut
autant que valoit 4, par ce
qu'il acquiert $\frac{1}{4}$ de fa premiere valeur aux depens des biens,

arts & fabriques du Royaume, qui perdent toute la valeur acquife par l'argent. Ainfi
ce que l'on payoit $1\frac{1}{4}$ avant l'operation ne fe payoit plus que 1
après: l'argent gagne donc $\frac{1}{4}$ &
les biens mis en vente le per-
dent. Mais comme il y a 100.
fois plus de bien que d'argent,
(a) les biens, arts, & fabriques
mis en vente perdent 100.
pendant que l'argent gagne 1.
Dès là, quelles pertes immenfes ne caufons nous pas à l'Etat,
par nos frequentes variations
de Monnoyes? Les 353 mil-
lions 532 mille livres, levées
fur les peuples au profit du
Roy, par les differentes operations faites fur nos Monnoyes depuis l'année 1716 jufqu'à la fin du mois d'Août

(a) Voyez cy devant chap. 1. art. 6.
pag. 123. & fuivantes.

F vj

1723 (*a*) ne font pas com-
parables aux pertes quelles ont
caufées à l'Etat, non feulement
par les raifons fufdites, mais
encore par la fauffe remarque
faite dans les païs étrangers. (*b*)

Mais tous les biens ne font
pas à vendre, comme on la
fuppofé dans la recherche de ce
rapport de 1 à 100 : la perte
de l'Etat ne tombe que fur ceux
mis en vente feulement, & fur
nos denrées, arts & fabriques,
qui font journellemen à vendre,
ce qui change ce rapport. Ainfi
lors que l'argent acquiert 1. de
valeur, l'Etat peut perdre 30 à
40. (*c*) Cette perte eft encore prodigieufe ; elle furpaffe
infiniement tous les avantages

[*a*] Declaration du Roy pour la levée
du 50 d. du 5. Juin 1725 pag. 2. & 3.
(*b*) Voyés cy devant tom. & chap. 1.
art. 6. pag. 115. & 116.
[*c*] Voyés cy devant art. 6. pag. 123
& fuiv. ce rapport eft de 1738 $\frac{1}{4}$

que le Roy peut jamais retirer de ces ruineuses opérations.

Pour montrer d'une façon qui satisfasse un peu le lecteur, combien ces mutations de Monnoyes font onereuses à la nation & au Roy même, malgré les bénéfices confiderables que Sa Majesté y fait, ou les secours qu'elle y trouve, rappellons nous ce qui s'est fait dans les Monnoyes en France, depuis l'Edit du mois de Decembre 1715, jusqu'au dernier Juillet 1717.

On a vû cy devant, (*a*) que par cet Edit du mois de Decembre 1715 publié le 27, il est ordonné de fabriquer de nouveaux Louis d'or de 30 au marc fixez à 20 livres, & des Ecus de 8 au marc fixés à 5 livres.

[*a*] Article 4. de ce Chapitre, année 1716. pag. 95. & suiv.

Les Efpeces fabriquées en
1709 qui devinrent les anciennes, étoient exactement de
même titre & de même poids,
que celles ordonnées par l'Edit
de Decembre 1715. Avant fa
publication, le Louis d'or valoit
14 livres, & l'Ecu 3. livres
10 fols (*a*) : les nouvelles valoient donc $\frac{3}{7}$ de plus ; c'étoit
par confequent les hauffer de $\frac{3}{7}$
& les remettre comme elles
étoient avant les onze diminutions faites en 1714 & 1715.

Les articles 6, 8 & 10 de
cet Edit veulent que les Louis
d'or de 1709 foient reçus aux
Monnoyes & dans le Commerce, pour 16 livres au lieu de
14, & les écus pour 4 liv. au lieu
de 3 livres 10 fols ; ils ordonnent
qu'ils feront reformés & con-

[*a*] Comme on le voit cy devant article
3. Tableau cotté 66.

vertis en nouvelles Especes,
sans être refondus, pour avoir
cours dans le Public sur le même pied que les nouvelles Especes : ainsi ces anciennes furent augmentées d'un $\frac{1}{7}$ de leur
valeur. Malgré cette augmen-
tation des anciennes, il resta
encore une difference entre les
unes & les autres de 25. pour
cent : cette difference faisoit la
perte du Public, le bénéfice du
Roy, & celui des faux refor-
mateurs.

On a déja dit (*a*) qu'en fait
de Monnoye, c'étoit une faute capitale, que d'en fabriquer
de même poids que les precedentes, & que la reforme en
étoit une autre, parce que les
étrangers ne manquent jamais
de remarquer nos anciennes
aux coins des nouvelles & de

[*a*] Chap. 1. article 6. p. 114. & 115.

nous les renvoyer. On s'apperçut de cette faute, mais trop tard; cependant on n'y remedia point.

Le Roy par l'Arrêt de son Conseil du premier Août 1716 regiſtré le 12 dit : » qu'étant » informé qu'en quelques en- » droits on ramaſſoit ſecrete- » ment les anciennes Eſpeces, » qu'on achetoit à plus haut » prix que celui pour lequel elles » étoient reçuës dans les Mon- » noyes, ce qui ne ſe pouvoit » faire que dans la vuë de les » reformer en fraude, ou de les » tranſporter hors du Royau- » me &c. ordonne aux Offi- » ciers de la cour des Mon- » noyes de Paris, de ſe tranſ- » porter dans les Provinces de » ſon Reſſort, pour informer » de la fauſſe fabrication & » reformation des Eſpeces & » Billonnage d'icelles.

C'étoit bien là s'appercevoir du defordre, mais ce n'étoit pas en ôter la caufe. La Declaration du Roy du 29 du même mois d'Août 1716. *(a)* dé-
» fendit l'entrée dans le Royau-
» me des Efpeces reformées,
» afin d'arrêter la fauffe refor-
» mation qui fe faifoit dans
» les Païs étrangers, & de
» faire ceffer la perte confide-
» rable qu'elle caufoit à l'Etat.

Cés deffenfes n'étoient point du tout un remede au mal ; car ces Efpeces entroient comme elles fortoient malgré les deffen-fes : d'ailleurs, cette fauffe re-forme ne fe faifoit pas toute chez l'étranger ; il s'en faifoit en France, puis qu'on envoyoit faire informer dans les Provin-ces ; celles qui s'y remarquoient étoient toutes entrées ; ainfi in-utilement la deffendoit-on.

[*a*] Art. 4. de ce chap. année 1716. p. 108.

On crut encore que pour remedier au defordre que cau-
foient dans le Commerce les Efpeces d'or fauffement réformées, ou qui avoient été introduites dans le Royaume,
il fuffifoit d'ordonner, comme
en effet on l'ordonna par l'Edit
du mois de Novembre 1716,
publié le 18, la refonte de tous
les Louis nouvellement fabriquez ou réformez, & cela dans
la Monnoye de Paris feulement : mais ce motif n'ôtoit
point encore la caufe du mal,
puis que cet Edit laiffoit toujours fubfifter entre les Efpeces non réformées, & les réformées, une difference de 25.
pour cent. Auffi l'Arrét du
Confeil du 3 Janvier 1717, regiftré le 3. Fevrier, nous ap-
prend-il, » *que la fauffe refor-*
» *mation des Efpeces continuoit*

» *de plus en plus dans les pais*
» *etrangers.*

Rien de tout cequi avoit été
fait ne remedioit au mal ; le
feul & unique remede, c'étoit
d'abandonner le bénéfice du
Roy, en diminuant, ou en
fupprimant la trop grande difference qui regnoit entre le
prix de l'ancienne & de la nouvelle Efpece, foit en hauffant
la valeur de celles à réformer,
ou en diminuant celle des reformées : mais les fecours confiderables que cette énorme
difference procuroit au Roy,
étoient trop feduifans, fur tout
dans un temps de befoin, pour
pouvoir fe determiner à les
abandonner. On ne fçait pas
qu'un Etat fouffre beaucoup,
tant que cette inegalité fubfi-
fte entre deux Efpeces exactement égales, ou tant que l'une

se trouve plus affoiblie que l'autre.

C'étoit donc cette differen-ce enorme de 25 pour cent, qui regnoit entre l'Espece non réformée & l'Espece réformée, qui faisoit tout le mal, la per-te du Public, le bénéfice du Roy, & celui des faux réforma-teurs. Cela étant, nous con-noîtrons exactement toute la perte du Public, & par conse-quent le bénéfice du Roy & des faux réformateurs, dans ces deux mutations de Monnoyes, si nous pouvons connoître trois choses.

La premiere, la difference qui a regné à chaque mutation, entre l'ancienne & la nouvelle Espece.

La seconde, la somme qui a été fabriquée & reformée à chaque mutation, soit en bonne, soit en mauvaise Monnoye.

La troisiéme, quel a été le profit que le Roy y a fait pendant un temps connu & determiné ; car ce que le Public aura perdu de plus, sera la partie de cette perte qui aura tourné au profit des faux réformateurs, soit de France, soit des païs étrangers.

CALCUL DES PERTES QUE FAIT *l'Etat aux mutations de Monnoyes.*

Or de ces trois articles, le premier nous est exactement connu : la perte du Public est de 25 pour cent sur tout cequi a été reformé & fabriqué depuis l'Edit du mois de Decembre 1715, jusques à la fin de Juillet 1717 ; cela est constant : mais nous ne connoissons pas le second en total ; c'est ce qu'il faut chereher; il nous donnera le troifiéme.

En 1715 il pouvoit y avoir en France 600 millions d'Efpeces, le marc d'or monnoyé a 420 livres, & celui d'argent à 28 livres: de ces 600 millions il en a au moins été reformé & fabriqué, en vertu de l'Edit du mois de Decembre 1715, foit en France, foit ailleurs, pour 450 millions, lefquels après avoir paffé fous les nouveaux coins, faifoient 642 millions, 857 mille livers & plus, le marc de Louis d'or à 600 livres & celui des écus à 40. Or la difference entre l'ancienne & la nouvelle Efpece étant de 25 pour cent, il eft clair que la nation a neceffairement perdu par cette feule mutation, au moins le quart de cette fomme qui eſt de . . . . . 160,714,250. l.

En vertu de l'Edit du mois de Novembre 1716, il a été fabriqué en bonne & mauvaiſe Monnoye , au moins pour 150 millions de Louis d'or de nouvelle Eſpece, dont le quart eſt la fomme de . . . . . . 37,500,000.

Cette feule difference a donc cauſé au Public une perte de . . . . 198,214,250. l.

Pendant les diminutions d'Eſpeces faites en 1714 & en 1715, le prix des denrées auroit dû baiſſer comme l'argent qui les meſuroit ; mais au contraire il augmenta , parce que la peur agiſſant avec beaucoup plus d'impreſſion que l'eſperance , le Marchand preferoit la garde de ſa Marchandiſe , dans la crainte de perdre ſur l'argent plus qu'il ne gagneroit à la vendre un prix raiſonnable ; ou s'il la vendoit, il l'encheriſſoit de la per-

* *Tome II.*

té qu'il pouvoit faire par la diminution. Par la même raison, celui qui avoit de l'argent cherchoit à le convertir en marchandises qu'il gardoit précieusement. Les uns à l'exemple des autres pratiquoient la même maxime, & tout devenoit cher, parce qu'il y avoit plus d'acheteurs que de vendeurs.

Dans la suite, on augmenta tout d'un coup la valeur numeraire des Monnoyes de $\frac{3}{7}$; les denrées qui auroient dû augmenter de $\frac{3}{7}$ aussi, n'augmenterent que d'un $\frac{1}{7}$ au plus; ainsi elles n'augmenterent pas comme l'argent, non plus que les revenus: on en peut juger par ceux du Roy, qui étoient en 1715, comme on l'a vû ci-devant, (*a*) de 115,384,074 livres, l'argent à 28 Francs

(*a*) Chap. 2. art. 5. pag. 411. & 412.

le marc

le marc , ils refterent les mêmes
en 1716 & 1717 , quoique
l'argent eût été mis à 40 Francs
le marc ; en forte que le Roy
qui recevoit en 1715 la quantité de 4,121,038 marcs d'argent à 28 Francs, n'en recevoit en 1716 & 1717 que
2,884,726 marcs à 40 Francs ,
donc Sa Majefté perdoit par
cette augmentation des Monnoyes 1,236,312 marcs d'argent par chacun an , & de plus
$\frac{1}{7}$ pour les depenfes qu'elle étoit
obligée de faire, vû que les denrées avoient augmenté de ce $\frac{1}{7}$.

Si les Revenus avoient augmenté comme l'argent de $\frac{3}{7}$,
ceux du Roy qui étoient en
1715 de 115,389,074. livres ,
auroient été en 1716 & 1717
de 164,841,534 livres : or ils
n'étoient pas de cette fomme ,
puis qu'ils n'avoient pas aug-

Tome II. G

menté ; d'ou il fuit demonſtrativement.

I. Que les Revenus n'ayant pas hauſſé comme l'argent, on avoit moins de Revenu en 1716 & 1717 qu'on en avoit en 1715 , & qu'on recevoit moins de poids, moins de fin, ou moins de valeur réelle : ainſi on peut dire , que le Roy & tout proprietaire de Revenus perdoient toute la difference.

II. Que les denrées & l'induſtrie n'ayant pas hauſſé comme l'argent , & étant évaluées & meſurées par cet argent, qui n'avoit pas en lui toute la réalité de la meſure qu'il exprimoit, il s'enſuivoit que l'Etranger qui enlevoit les Biens de notre crû , arts , & fabriques, ſur le pied qu'ils étoient évaluez dans le Royaume, n'en rempliſſoit pas réellement la va

leur envers nous, & que toute la difference étoit en pure
perte pour nous.

III. Que ce qui valoit 7
en 1715 devoit valoir 10 en
1716 & 1717 : s'il n'en vaut
que 8, la difference 2 qui eſt
le $\frac{1}{5}$ de 10, eſt la perte que
faiſoit l'Etat ſur tout le Commerce étranger que faiſoit la
Nation.

Or on a vû cy devant . (a)
que notre Commerce étranger
alloit au moins à 150 millions
par an ; ce qui faiſoit pour les
19 mois qui ſe ſont écoulés depuis l'Edit de Decembre 1715
juſques à la fin de Juillet 1717.
la ſomme de 237,500,000 livres, dont le Cinquiéme eſt
47,500,000 livres, pour notre
perte avec l'Etranger ſur le

[a] Art. 4 de ce Chapitre, après la Recapitulation pag. 121 & ſuiv.

Commerce fait avec lui. ci. . .47,500,000 l.

Notre perte caufée par les differences, qui ont regné entre les anciennes & les nouvelles Efpeces, eft comme on la trouvée cy deffus, (a), de 198,214,250

PARTANT la nation a perdu par ces deux mutations de Monnoyes, pendant les dix neuf mois fufdits la fomme de 245,714,250

Or tout le travail qui fut fait dans les 28 Monnoyes qui travaillerent en France, depuis la Publication de l'Edit du mois de Decembre 1715. jufqu'au dernier Juillet 1717, ne monte qu'à la fomme de 379 millions, 237 mille livres ; & la difference entre l'ancienne & la nouvelle Efpece étant de 25 pour cent, il s'enfuit évidemment que le Roy n'a pû profiter au delà du quart de cette fomme, montant à 94,809,250 livres; fur quoi il eft tenu des frais de reformation & de fabrication. ci 94,809,250

PAR CONSEQUENT l'Etat a réellement perdu 150,905,000

(a) Pag. 143.

C'eſt ce que nous allons eſſayer de prouver d'une autre
maniere , par cet autre Calcul.

Autre calcul qui prouve le premier.

Le Roy dit dans ſa Declaration du 5 Juin 1725. pour la
levée du Cinquantiéme page 2
que » les ſecours extraordi-
» naires des differens ſurhauſ-
» ſemens d'Eſpeces lui ont pro-
» duit depuis 1716 juſques en
» 1720. *Deux cens trente trois*
» *millions, huit cens quatre vingt*
» *dix ſept mille livres.*
C'eſt-à-dire, depuis l'Edit du
mois de Decembre 1715 juſqu'à celui du mois de Septembre 1720, ce qui fait quatre
ans neuf mois, & la ſomme de
49 millions, 241 mille, 473
livres, 13 ſols 8 deniers par
an, & conſequemment 78 mil-

lions , 71 mille, 667 l. 17 f. 9
deniers , pour les 19 mois qui
fe font écoulez depuis le même Edit de Decembre 1715 ,
jufques à la fin de Juillet
1717. cy . . . . . 78,071,667.l. 17 f. 9. d.
    La nation a ce-
pendant perdu . . 245,714,250.
    En ce cas l'Etat ———— . ————
auroit réellement
perdu . . . . 167,642,582.   2   3.
    Suivant le premier ———— ————
Calcul le profit du
Roy eft. . . . . . 94,809,250. L
    Suivant le fecond
il n'eft que de . . . 78,071,667.
    La fomme de ces ———— ————
deux profits eft, . 172,880,917.
    Entre ces deux
profits le moyen eft. 86,440,458 $\frac{1}{2}$ l.

La perte totale de la Nation
245,714,250 livres, eft donc
au profit moyen du Roy
86,440,458 livres, comme 2
$\frac{85}{100}$ font à 1 ,c'eft-à-dire, que la
Nation perd 285 quand le Roy
par ce moyen profite de 100 ,
ou fi l'on veut, les peuples per-

dent 57 lorfque Sa Majefté gagne 20.

Auroit-on pû croire que ces
pertes euffent monté à des
fommes fi prodigieufes , & le
croiroit - on actuellement , fi le
plus fimple & le plus facile
de tous les calculs n'en préfentoit ici une démonftration
invincible ? La Nation perd 57
pendant que le Roy ne profite
que de 20. Or je demande,
fi pour procurer à *Sa Majefté*
un fecours de 20 millions, il
eft à propos d'en faire perdre
57 à fes Sujets (*a*) , & fi dans
un Etat on l'on entend la nature du Commerce & des Monnoyes , & où l'on fe fait un devoir d'obferver les regles de

(*a*) Et bien davantage, fi on confidere que ces pertes influent fur tous les
biens , & l'induftrie du Royaume, dans le
rapport determiné ci-devant , Tome &
Chap. I. art. 6. pag. 123. & fuiv.

＊ *Tome II.* G iiij

l'équité, ce dangereux moyen doit être mis en pratique ? Ne vaut-il pas mieux, pour le Roy & pour ſes peuples, chercher les ſecours dont Sa Majeſté peut avoir beſoin, par tout autre moyen que par celui-ci ? Enfin n'eſt-il pas plus avantageux aux Sujets de payer une impoſition de 100. millions bien repartie, ſuivant les facultez d'un chacun que d'en perdre 285 par un moyen auſſi ruineux ? C'eſt ce que je m'étois propoſé de montrer dans cet ouvrage. (a)

Il eſt donc clair qu'en touchant à nos Monnoyes, nous travaillons nous-mêmes à notre ruine en faveur des Etrangers, qui comme on le voit ici, y gagnent beaucoup plus que le Roy; car les *cent cinquante millions, neuf cent cinq mille liv.* du premier Calcul, ou les 167,642,582 liv. du ſecond,

(a) Tom. 1. pag. 4. & 5.

que perdent les sujets au par
deſſus des ſecours que le Roy
y a trouvez, ne peuvent avoir
tourné qu'au profit des faux Réformateurs, ſoit de France,
ſoit du païs Etranger. Il en reſte
bien quelque choſe entre les
mains des officiers de nos Monnoyes, tant pour leurs droits
de reformation & de fabrique,
que pour les *dechets*, *les foibla-
ges*, & *les Echarcetez* qui ſe
trouvent ſur leur travail ; mais
ce qui y reſte, quoy que très
conſiderable, n'eſt pas de cette
importance.

Nous devrions rougir de
honte, de travailler ainſi nous
mêmes, non ſeulement à faire
perdre à notre commerce tous les
avantages que la ſituation de notre païs, ſa fertilité, & l'induſtrie
de nos peuples, lui donnent ſur
celui de nos voiſins, mais encore
G v

à nous faire tomber dans ces pertes immenses qui tournent pour
la plus grande partie au profit
de nos ennemis. Notre propre interêt nous invite donc à ou-
blier pour jamais ces ressources
ruineuses, & à nous faire une
Loy inviolable de ne pas plus
toucher à cette mesure de nos
Echanges reciproques, que
l'on touche aux poids & aux
autres mesures.

Chez les autres Nations la premiere raison de l'Etat est le
Commerce; en France il n'en est
pas de même. Cependant c'est le
Commerce qui apporte l'abondance, qui decharge l'Etat du
superflu de ses denrées, arts,
& fabriques, qui nous procure
ce qui nous manque, & qui
enrichit l'Etat en même temps
que le Particulier. Dès-la le
Commerçant est un homme cher

à l'Etat ; il merite l'estime &
la protection du Legislateur,
puisqu'il travaille sans cesse à
rendre l'Etat puissant & riche ;
le Partisan au contraire , par
une route opposeé , travaille à
affoiblir l'Etat. L'Etat fera toujours mal ses affaires, tant que les
Usuriers , certains Partisans , &
les gens de Pratique feront bien
les leurs. Le salut de l'Etat depend par consequent de la suppression de ceux qui s'enrichis-
sent dans le desordre des affaires : cette suppression est même
la meilleure marque d'un bon
gouvernement. Il doit proteger par préference le labou-
reur & l'homme d'industrie, parce que ce sont eux qui font toute la richesse de l'Etat, & qui le
font fleurir.

Les Monnoyes , qui servent
de mesure à tout ce qui entre

en Commerce parmi les hommes, ne meritent pas moins d'attention que le Commerce. Elles étoient sacrées pour les Romains; ils les fabriquoient dans leurs temples aux dépens de l'Etat, & ils les faisoient au mieux, pour les rendre plus difficiles a contrefaire. Elles sont regardées de même chez ceux de nos voisins les plus attentifs à leurs interêts, qui entendent le mieux la nature du Commerce & des Monnoyes, & qui se font un devoir d'observer les regles de l'equité. Notre gouvernement present (*a*) paroît être dans le même esprit; il n'a fait depuis dix ans aucunes revolutions dans nos Monnoyes: en quoi il a rendu de très grands services à l'Etat, dont on ne peut trop le loüer. Fasse le ciel que

(*a*) Janvier 1736.

nos Ministeres futurs se fassent une Loy d'imiter celui-cy, & nos voisins les plus éclairez, & qu'ils se souviennent toujours, que *toute Evaluation de Monnoye qui excede sa juste valeur, produit & entretient une lezion enorme sur les équivalens que le Royaume fournit à l'Etranger.* Alors toutes les Especes & matieres d'or & d'argent, qui entreront en France dans des temps favorables à notre Commerce, ne serviront plus à remplir les vuides que font nos pertes immenses; elles seront pour nous un surcroit d'abondance & de richesse, qui nous mettra au large & à notre aise.

L'Arrêt du Conseil d'Etat du 10 Avril 1717, ordonne que *les Billets de la Banque générale seront reçus pour argent*

comptant dans tous les payemens
des droits du Roy, & que tous
les Officiers Comptables les acquit-
teront à vuë. C'est-ici le commencement du Système & des
Billets de Banque. Jusqu'ici
aucuns effets Royaux n'avoient
été reçus par le Roy : il est aisé
de concevoir que cette faveur
augmentoit necessairement la
demande des Billets & les fonds
de la Banque. On n'ira pas
plus loin , parce qu'il seroit
difficile de tirer des lumieres
certaines du cours des Changes de ce temps-là : c'est pourquoi on le passe , & on reprend
à la nouvelle fabrication d'Especes , ordonnée par l'Edit du
mois d'Août 1723.

ARTICLE V.

Où l'on continue à examiner les effets de nos mutations de Monnoyes sur le Change depuis le commencement du mois d'Août 1723, jusqu'à la refonte générale ordonnée par Edit du mois de Janvier 1726.

ETAT DES MONNOYES ET DU *Change au commencement du mois d'Août* 1723.

LEs Monnoyes, qui avoient cours en France au mois de Juillet & au commencement du mois d'Août 1723, étoient des Louis d'or de 25 au marc, & des Ecus de 10 au marc.

Les Louis d'or, qui avoient été réformez, paſſoient pour 44 livres. Ces mêmes Louis non réformez étoient reçus & payez aux Monnoyes à raison de 37 livres 16. sols piece ; & avec un huitiéme en certificats de li-quidation , ils y étoient reçus sur le pied de 36 livres chacun.

Les Ecus réformez passoient pour 7. livres 10. sols piece ; les non-réformez étoient re-cus aux hôtels des monnoyes à raison de 6. livres 6. sols, & avec $\frac{1}{8}$ de liquidations ils étoient reçus à 6. livres. Voila donc une même Espece qui avoit trois prix differens.

Sçavoir.

Les Louis
- Reformé à ....44 l. c'étoit 1100 l. le m:
- Non reformé à . 37. 16..... 945.
- Id. avec $\frac{1}{8}$ liqui-dation ..... 36.......... 900.

L'Ecu....
- Reformé à .... 7. 10...... 75
- Non reformé à. 6. 6...... 63
- Id. $\frac{1}{8}$ liquida-tion à ...... 6........... 60.

C'eſt ici un deſordre encore plus grand qu'il n'étoit ſous le regne de Philippe le Bel : trois differens prix à une Monnoye, qui eſt exactement la même ; il n'y en avoit que deux ſous Philippe le Bel, mais la diſproportion y étoit beaucoup plus grande qu'elle n'eſt ici.

Sur cepiè là, celui qui portoit 220 Louis d'or non-réformez aux hôtels des Monnoyes, on les lui payoit 37. livres 16. ſols chacun, qui font 8316 : livres, en lui donnant 189. de ces mêmes Louis, mais réformez, leſquels à 44. livres lui faiſoient auſſi 8316 livres. Il en perdoit donc evidemment 31, puis qu'il en portoit 220, & qu'on ne lui en rendoit que 189. Cette perte, qui faiſoit le profit du Roy, alloit à 14 $\frac{1}{4}$. pour cent. Cette difference faiſoit encore paſſer nos Eſpeces non-réformées en païs Etran-

gers : aussi en voyoit-on quantité de contrefaites, & ce fut
même ce qui détermina le Conseil a faire cesser cette réforma-
tion par l'Edit dont on va parler.

Celui qui portoit 75. Écus
non-réformés aux hôtels des
Monnoyes ; on les lui payoit à
raison de 6. livres 6. sols, en
63 Ecus réformés à 7. livres
10. sols : il en perdoit 12, par
conséquent. Cette perte, qui faisoit le benefice du Roy, alloit à
16 pour cent ; mais sur l'or elle
n'étoit que de $14\frac{1}{4}$ pour cent.
Cette difference qui devroit
être la même, nous annonce
de la disproportion entre ces
deux metaux, aussi y est-elle.
Les Louis d'or réformez devoient valoir 45 livres & le
marc 1125 livres, ou bien les
Ecus réformez n'auroient dû

váloir que 7. livres 6. sols 8. den. l'un , & le marc 73. livres 6. sols 8. den. au lieu de 75. livres : cette disproportion est un vice dangereux en fait de Monnoyes.

l'Ecu de 10 au marc non-ré-formé étant fixé à 6. livres 6. sols , le pair de l'Ecu de Chan-ge étoit au commencement du mois d'Août 1723, sur Hol-lande à 41 $\frac{16}{100}$ den. de gros argent de Banque, & le Chan-ge de 38$\frac{3}{4}$ à 40 $\frac{7}{8}$. C'étoit 2 $\frac{41}{100}$ & $\frac{29}{100}$ den. au dessous du pair , ou 5 $\frac{85}{100}$ à $\frac{70}{100}$ pour cent à no-tre perte.

Le pair de ce même Ecu de Change étoit sur Londres 23 $\frac{21}{100}$ den. sterlins & le Change de 22$\frac{1}{2}$ à 22$\frac{3}{4}$ C'étoit au dessous du pair de $\frac{71}{100}$ à $\frac{46}{100}$ den. ou $\frac{3}{50}$ à 1 $\frac{98}{100}$ pour cent contre nous. Ce n'est pas tant que sur la

Hollande , par ce que nos Éſ-
peces non-réformées paſſoient
moins en Angleterre qu'en Hollande. Alors le Commerce que
nous faiſions avec ces deux nations , nous étoit onereux & à
charge: cependant l'Eſpece étoit
très haute , & comme notre Auteur la veut , puis que le marc
d'argent Monnoyé valoit 75. liv.
réformé, & 63 livres non réformé. Ce fait eſt oppoſé à la maxime qu'il donne à la page 174
de ſon livre.

Voilà l'Etat dans le quel
nous étions , lors que par Edit
du mois d'Août 1723 regiſtré &
publié le 20 , on ordonna que
la réforme ceſſeroit , qu'il ſeroit fabriqué de nouverux Louis
d'or de 37 ½ au marc, qui furent fixés à 27 livres chacun.
(C'étoit 1012 livres 10. ſols le
marc d'or en œuvre) & que la

fabrique des Ecus de 10 au. marc se continueroit ; mais qu'au lieu de 7. livres 10. sols ils ne vaudroient que 6. livres 18. sols piece : c'étoit 69 livres le marc en œuvre. Cependant l'article 8. de cet Edit fixe le marc de vieux Louis à 997 livres & celui des Ecus à 68. livres.

Diminution de 8 pour $\frac{0}{0}$ sur les Especes réformées & augmentation des non-réformées.

Par cet Edit, on diminue le prix des Especes réformées dont le marc valoit 1100 livres à 1012 livres 10 sols,& on augmente celui des non - réformées, dont le marc ne valoit que 945 livres, en le fixant à 997 livres, ce qui rapproche beaucoup ces deux valeurs l'une de l'autre. C'eſt comme ſi on avoit reduit le Louis d'or réformé de 44 à 40 livres 10. ſ. & augmenté le Louis non-reformé de 37. livres 16. ſols à 39. livres 17. ſols 7 $\frac{1}{5}$ den.

Cette operation étoit eſſentiellement néceſſaire pour le bien du Commerce, & pour éviter le tranſport de nos vieilles Eſpeces & matieres d'or & d'argent en Pays Etranger ; car elle ne laiſſe entre le prix du marc de nos vieilles Eſpeces, & celui fixé pour les nouvelles, qu'une difference de 1 $\frac{53}{100}$ pour cent, laquelle n'eſt pas aſſez conſiderable pour engager le particulier à les faire paſſer en païs Etranger, ce qui eſt très-ſage. Si on en uſoit toujours de même, nos Eſpeces ne diſparoîtroient pas, elles reſteroient chès nous, & ce ſeroit un très-grand bien pour la Nation. Cette operation fait un cas, qui eft peut-être le feul, où la diminution d'une Efpece, & l'augmentation de l'autre nous foient avantageufes.

Après cet Edit le pair de l'ancien & du nouvel Ecu de Change étoit fur Hollande 37 $\frac{58}{100}$ den. de gros argent de Banque, & le Change roula pendant le refte de l'année 1723 de 40 à 39$\frac{1}{4}$ C'étoit 2 $\frac{42}{100}$ à 1 $\frac{67}{100}$ au deffus du pair, faifant 6 $\frac{43}{100}$ à 4 $\frac{44}{100}$ pour cent en notre faveur.

Le pair fur Londres étoit 21 $\frac{19}{100}$ & le Change fut pendant le refte de cette année de 23 à 22$\frac{1}{2}$ den. fterlins au deffus du pair, par confequent à notre avantage de 8 $\frac{54}{100}$ à 6 $\frac{18}{100}$ pour cent.

Cet Edit en raprochant ainfi

les valeurs de ces deux Especes l'une de l'autre, nous fait regagner, comme on le voit, non seulement tout le défavantage dans lequel nous étions au par avant, tant avec la Hollande qu'avec l'Angleterre; il nous remet encore avec ces deux nations, dans l'avantage confiderable que l'on vient de voir, & cela en diminuant la valeur numeraire de l'Espece réformée de 8 pour cent, & augmentant la non-réformée. Le marc d'argent en œuvre valoit 75 livres, & il n'en vaut plus que 69. celui des nonréformées valoit 63 livres, & il en vaut 68. Cet avantage n'est donc dû qu'au rapprochement de la valeur de ces Especes, & au besoin qu'ont les Etrangers de nos denrées, arts & fabriques.

ANNE'E

ANNE'E 1724.

Pendant le mois de Janvier & les 10 premiers jours de Fevrier 1724 le Change sur Hollande fut de $39\frac{3}{4}$ à $39\frac{5}{8}$. C'étoit $2\frac{17}{100}$ à $2\frac{4}{100}$ de n. au dessus du pair, & à notre profit de $5\frac{77}{100}$ à $5\frac{44}{100}$ pour cent.

Le Change sur l'Angleterre pendant le même tems fut de $22\frac{3}{4}$ à $22\frac{5}{8}$. C'étoit $1\frac{56}{100}$ à $1\frac{47}{100}$ den. sterlins au dessus du pair, & à notre profit de $7\frac{36}{100}$ à $6\frac{91}{100}$ pour cent.

2. *Diminution.*

Voilà l'Etat avantageux dans lequel étoit le change & par consequent notre Commerce avec ces deux Nations, lorsque par Arrêt du Conseil du 4 Fe-

Tome II.   H

vrier , regiftré & publié le 11,
le Louis d'or de 37 $\frac{1}{2}$ au marc
fut reduit de 27 à 24 livres ,
& l'Ecu de 10 au marc de 6
livres 18 fols à 6 livres 3 fols ;
ce qui faifoit une diminution
de 10 $\frac{20}{23}$ ou $\frac{87}{100}$ pour cent fur l'or ,
& de 10 $\frac{87}{100}$ pour cent fur l'ar-
gent.

Après cette diminution, le
pair de l'Ecu de Change étoit
fur Hollande 41 $\frac{73}{100}$ argent de
Banque & fur Londres 23 $\frac{78}{100}$.

Le 15 Fevrier le Change fur
Hollande étoit à 44 $\frac{3}{4}$ le 17 à
44 $\frac{7}{8}$, le 19 à 45. Et le 24 à
44 $\frac{7}{8}$, les 1 , 10 & 25 Mars à
45 : & le refte du mois à 44 $\frac{7}{8}$:
C'eft - à - dire au deffus du pair
de 3 $\frac{27}{100}$ à 3 $\frac{14}{100}$ qui faifoient de
7 $\frac{83}{100}$ à 7 $\frac{52}{100}$ pour cent à notre profit. Ainfi cet avantage ,
au lieu de diminuer par cette diminution d'Efpeces , a aug-

menté de plus de deux pour
cent.

Le 15 Février le Change
étoit sur Londres à 25 $\frac{1}{2}$ le 19
à 25 $\frac{3}{4}$ & 26 : & pendant tout
le mois de Mars à 25 $\frac{8}{4}$. C'étoit
1 $\frac{97}{100}$ à 2 $\frac{22}{100}$ den. sterlins au
dessus du pair, & à notre
avantage de 8 $\frac{28}{100}$ à 9 $\frac{29}{100}$ pour
cent, lequel avantage a aussi
augmenté malgré cette diminution.

3. *Diminution.*

Par Arrêt du Conseil du 27
Mars registré & publié le 4 Avril
ce même Louis d'or fut reduit
de 24, à 20 livres : c'est 16 $\frac{2}{3}$
pour cent ; & ce même Ecu de
6 livres 3. sols fut réduit à 5. livres ; c'est 18 $\frac{7}{10}$ pour cent.

Après cette diminution le
pair de notre Ecu de Change

étoit fur Hollande à 51 $\frac{87}{100}$ den, argent de Banque, & fur Londres à 29$\frac{1}{4}$ den. fterlins.

Le Change fur Amfterdam fut depuis le 7 Avril jufqu'au 20. Septembre de 54$\frac{1}{4}$ à 53$\frac{1}{4}$ c'eft-à-dire au deffus du pair de 2 $\frac{38}{100}$ à 1 $\frac{38}{100}$ den. & par confequent à notre avantage de 4 $\frac{58}{100}$ à 2 $\frac{66}{100}$ pour cent.

Pendant le même tems le Change fur Londres fut de 30$\frac{3}{4}$ à 30$\frac{1}{2}$ deniers fterlins, c'étoit au deffus du pair de 1 $\frac{1}{2}$ à 1 $\frac{1}{4}$ den. & à notre profit de 5 $\frac{12}{100}$ à 4 $\frac{27}{100}$ pour cent.

Cette diminution nous fait donc perdre plus de 4 pour cent de l'avantage où nous étions après la precedente, tant avec la Hollande qu'avec l'Angleterre,

4e. *Diminution de* 20. *pour cent.*

Par autre Arrêt du Conseil du 22 Septembre publié le même jour, ces mêmes Louis furent reduits de 20 à 16 livres & les Ecus de 5 à 4 livres, ce qui reduit le marc d'or en œuvre à 600. livres & celui d'argent à 40. livres.

Après cette diminution, le pair étoit sur Hollande à 64 $\frac{1}{4}$ den. de gros argent de Banque & sur l'Angleterre à 36 $\frac{9}{16}$ den. sterlins.

Et par Edit regiftré & publié le 26 du même mois de Septembre, on ordonna une nouvelle fabrication d'Ecus à la taille de 10 $\frac{3}{8}$ au marc, & par consequent plus foibles en poids que les précedens de 10 au marc. Ces nouveaux Ecus de 10 $\frac{3}{8}$ au

H iij

marc furent cependant auſſi fixés
à 4 livres ; ce qui porta le prix
de l'argent Monnoyé à 41 livres 10 ſols le marc,& faiſoit une
diſproportion vicieuſe entre la
valeur des vieux Ecus de 10 au
marc & celle des nouveaux de
10 $\frac{3}{8}$ au marc ; en ce que ceux-
ci paſſant pour 4 livres , les autres valent réellement 4 liv.
3 ſols piece , ces 3 ſols de bon
marché ont dû faire rechercher
ces vieux Ecus & en occaſion-
ner le tranſport (*a*)

Le pair de ces nouveaux Ecus
de Change étoit ſur Amſter-
dam 62 $\frac{49}{100}$ & ſur Londres 35
$\frac{24}{100}$. Ainſi voilà deux parités, l'une
des anciens Ecus , & l'autre des
nouveaux : c'eſt celle des anciens que nous allons ſuivre.

Le jour même de la publi-

(*a*) Voyez ce qui a été dit ci-devant à ce
ſujet chap. 1. art. 8. conſeq 4. pag. 204.

cation de cet Edit & quatre
jours après cette 4. diminution
de nos Monnoyes, le Change
fur Amſterdam étoit à 67$\frac{1}{2}$ à $\frac{3}{8}$:
C'étoit 2 $\frac{75}{100}$ den. au deſſus du
pair, ou 4 $\frac{24}{100}$ pour cent, à notre avantage.

Le même jour 26 Septembre,
le Change étoit fur Londres à
38 den. ſterlins, c'étoit 1 $\frac{7}{16}$
den. au deſſus du pair & 3 $\frac{93}{100}$
pour cent à notre profit : ainſi
cet avantage diminue avec l'eſpece.

En Octobre le Change étoit
fur Amſterdam à 66 $\frac{3}{4}$ c'étoit 2.
den. au deſſus du pair, ou 3
pour cent en notre faveur.

Sur Londres pendant le mê-
me mois il étoit à 37 $\frac{7}{8}$. C'étoit
1 $\frac{5}{16}$ den. ſterlins au deſſus du
pair ou 3 $\frac{58}{100}$ pour cent à notre avantage.

On voit ici que cet avanta-
H iiij

ge diminuoit de jour en jour, à quoi contribuerent encore les bruits qui se repandirent alors d'une diminution prochaine.

Ces bruits dérangerent le Commerce, & firent augmenter les denrées, qui devoient au contraire diminuer comme l'espece, au point que la Cour des Monnoyes par son Arrêt du 18 Octobre, *défendit de dire & d'insinuer la diminution, à peine de* 1500 *livres d'amende.*

En Novembre le Change sur Amsterdam étoit à $65\frac{1}{8}$ & $65\frac{1}{2}$. C'étoit au dessus du pair de $\frac{37 \text{ à } 75}{100}$ den. ou de $\frac{57}{100}$ à $1\frac{15}{100}$ pour cent en notre faveur.

Sur Londres il étoit de $37\frac{1}{4}$ à $37\frac{1}{2}$, au dessus du pair de $\frac{11 \text{ à } 15}{16}$ den. sterlins, ou de $1\frac{88}{100}$ à $2\frac{56}{100}$ pour cent à notre profit.

Et en Decembre il fut sur Hollande de $64\frac{7}{8}$ à 64 den.

C'étoit $\frac{1}{8}$ au deſſus du pair, faiſant $\frac{34}{100}$ pour cent pour nous, & $\frac{3}{4}$ au deſſous de ce même pair, faiſant $1\frac{15}{100}$ pour cent contre nous.

Sur Londres il étoit en Decembre de $37\frac{1}{8}$ à 37 den. c'étoit $\frac{9\,\&\,7}{16}$ deniers au deſſus du pair, & de $1\frac{53}{100}$ à $1\frac{19}{100}$ pour cent à notre avantage.

Avant que de ſortir de cette année 1724, remarquons que dans les diminutions d'eſpeces que l'on fit cette année, on aima mieux faire ſupporter au Roy une perte de 34 millions 828 mille 818 livres, que de les faire perdre à ceux de ſes ſujets entre les mains deſquels ces eſpeces ſe ſeroient trouvées, ſi pour ſauver cette perte au Roy, on avoit acquité de ſes dettes arrierées. J'ignore par quel mo-

H v

tif le Miniftere tint alors cette conduite.

Le Roy dans fa Declaration
du 5 Juin 1725 pour la levée
du Cinquantiéme dit page 4.
» Qu'il s'eft trouvé chargé au
» par deffus des depenfes or-
» dinaires, de l'acquitement de
» ce qui étoit arrieré des an-
» nées precedentes, montant à
» plus de 40 millions, & de
» la perte que devoit caufer
» dans fes caiffes la neceffité
» indifpenfable des diminu-
» tions, qui par la reduction
» des efpeces lui avoit caufé une
» perte réelle de *trente-quatre*
» *millions, huit cens vingt-huit*
» *mille, huit cent dix - huit li-*
» *vres*; que Sa Majefté l'a fup-
» portée avec d'autant plus de
» plaifir, qu'il n'étoit pas pof-
» fible d'effacer totalement les

» idées d'une richesse fictive,
» de remettre les affaires généra-
» les du Royaume & la fortu-
» ne des particuliers dans une
» situation veritable & certai-
» ne, & de procurer aux sujets
» la diminution des denrées &
» des marchandises, qu'en bais-
» sant le prix des Monnoyes.

Il semble qu'on auroit dû naturellement commencer par acquiter les dettes arrierées, afin de sauver cette perte immense au Roy : mais par un Principe de politique qu'il ne me sied pas d'aprofondir, on aima mieux la faire supporter à Sa Majesté qu'à ses sujets, sur lesquels elle avoit levé, par les differens surhaussemens, par les remarques, & autres mutations de Monnoyes faites depuis le commencement de 1716 jusques à la fin du mois d'Août 1723.»

H vj

un benefice de *trois cent cin-*
quante-trois millions, *cinq cent*
trente-deux mille livres, suivant
la même Declaration pages 2
& 3.

On ne nous dit point quels
fonds, ou quelle somme le Roy
avoit dans ses caisses : plusieu-
res personnes m'ont assuré qu'il
y avoit un Arrêt qui declaroit
les fonds qui étoient dans les
coffres du Roy à la mort du Regent : Mais il ne m'a pas été
possible de le trouver. Au reste
connoissant la perte faite sur
ces trois diminutions & les re-
ductions des especes, les calculs suivans vont nous montrer
avec précision , non seulement
la somme qu'avoit le Roy lors
de la premiere diminution , de
la seconde , & de la troisiéme ,
mais encore les pertes particulieres à chaque diminution ,

SÇAVOIR.

La I. du 4 Février [a] $\left\{\begin{array}{l}\text{Sur l'or à .. } 10\frac{87}{100} \\ \text{Sur l'argent } 10\frac{87}{100}\end{array}\right\}$ la perte commune est $10\frac{87}{100}$ de 100

La II. du 4 Avril [b] $\left\{\begin{array}{l}\text{Sur l'or .... } 16\frac{66}{100} \\ \text{Sur l'argent } 18\frac{70}{100} \\ \overline{\quad 35\frac{36}{100}}\end{array}\right\}$ .... $17\frac{68}{100}$

La III. du 22 7bre [c] est de .... 20.

Par la I. 100 est reduit à $89\frac{13}{100}$ puisque la perte est $10\frac{87}{100}$

Par la II. $89\frac{13}{100}$ .... $71\frac{45}{100}$ .... ; $17\frac{68}{100}$

Et par la III. $71\frac{45}{100}$ ..... $51\frac{45}{100}$ 20

[a] Pag. 170.   [b] Pag. 171.   [c] Pag 173.

En faisant évanouir les Rompus on aura 10000 est reduit à 8913 Par la perte de 1087.

8913 .... à 7145 .... 1768.
7145 ...... à 5145 .... 2000.

La perte totale est donc représentée par .... 4855.

Ce qui me donne ces analogies & la perte faite à chaque diminution.

4855. 34,828,818 : 1087. 7,797,924. l. 17. o. I.
4855. 34,828,818 :: 1768. 12,683,285. 6. 4. II. diminution.
4855. 34,828,818 :: 2000. 14,347,607. 16. 6. III.
                                                 ————
La somme des pertes particulieres est égale.
A la perte totale, ce qui prouve les Calculs 34,828,817. 19. 10.

Pour les rompus negligez .... 2.

Nous decouvrirons les sommes qu'il falloit avoir en caisse lors de chaque diminution, par la solution de ces trois autres analogies que voici toutes résolues.

	Pertes à chaq. dimin.		Ce qui étoit en caisse.
Icre. 1087. 10000 ::	7,797,924. l. 17. f. o. d.	71,738,039. l. 1. f. 11. d.	
II. 1768. 8913 ::	12,683,285. 6. 4.	63,940,114. 5. 4.	
III. 2000. 7145 ::	14,347,607. 16. 6.	51,256,828. 18. 2.	

Il refulte de ces Calculs, que pour avoir perdu 34,828,818 livres fur ces trois diminutions, il falloit avoir en caiffe lors de la *Premiere* 71,738,039. l. 1. f. 11. d.

Et avoir perdu	7,797,924.	17.	
Le refte ce qu'il falloit avoir à la *Seconde* . . .	63,940,114.	4.	11.
Qui ont perdu	12,683,285.	6.	4.
Le refte eft ce qu'il falloit avoir à la *Troifième* , .	51,256,828.	18.	7.
On y a perdu . . . . ,	14,347,607.	16.	6.
Partant il a dû refter après la 3. diminution . .	36,909,221.	2.	1.
La perte eft de	34,828,817.	19.	10.
Total égal au premier fonds de caiffe , ...	71,738,039.	1.	11.

Preuve inconteftable que le Calcul eft bon.

Cette égalité eſt un preuve
de la juſteſſe de ces calculs,
deſquels il reſulte que le Roy
avoit dans ſes caiſſes lors de la
premiere diminution, un fonds
de 71 millions 738 mille 39
livres, & que les diminutions
paſſées, il ne lui eſt reſté que la
ſomme de 36 millions, 909 mille, 221 livres.

Effets des diminutions d'Eſpeces.

Outre la perte que fait le
Roy ſur ces diminutions, elles
détruiſent l'induſtrie, elles en-
cheriſſent la main d'œuvre, elles affoibliſſent le prix des denrées, & augmentent la valeur
des dettes; ce qui ruine les Negocians & la plus grande partie des Manufactures: d'où il
s'enſuit une ſuſpenſion de Commerce qui expulſe les ouvriers,

& qui cauſe à l'Etat un préjudice notable, dont les Etrangers ſavent très-bien profiter :
ils ſe ſont emparez de pluſieurs
Branches de Commerce, qu'ils
n'auroient jamais euës ſans de
pareilles circonſtances.

A N N E' E 1725.

Pendant cette année le cours des Changes fut

	Sur Hollande.		Sur Londres.	
En Janvier	64 d. à	64 d.	$37\frac{1}{4}$ à	$37\frac{1}{4}$
En Fevrier	$65\frac{1}{2}$ à	$66\frac{1}{2}$	$37\frac{1}{2}$ à	$37\frac{3}{4}$
En Mars	$65\frac{5}{8}$ à	$66\frac{1}{2}$	$37\frac{5}{8}$ à	$38\frac{1}{2}$
En Avril	68 à	$67\frac{5}{8}$	39 à	$38\frac{3}{4}$
En May	$67\frac{3}{4}$ à	68	$38\frac{3}{4}$ à	39
En Juin	$67\frac{7}{8}$ à	$68\frac{2}{8}$	39 à	$39\frac{1}{2}$
En Juillet	$68\frac{1}{4}$ à	$68\frac{1}{4}$	$39\frac{1}{8}$ à	$39\frac{1}{8}$
En Août	68 à	$67\frac{1}{4}$	39 à	$38\frac{1}{2}$
En Septembre ..	$67\frac{1}{2}$ à	$67\frac{3}{4}$	$38\frac{3}{4}$ à	$38\frac{3}{4}$
En Octobre	$67\frac{5}{8}$ à	$67\frac{1}{2}$	$38\frac{3}{4}$ à	$38\frac{3}{4}$
En Novembre ..	$67\frac{1}{2}$ à	$67\frac{1}{4}$	$38\frac{1}{2}$ à	$38\frac{5}{8}$
En Decembre ..	$67\frac{3}{8}$ à	$67\frac{3}{8}$	$38\frac{3}{4}$ à	$38\frac{3}{4}$

Le cours de ces Changes nous montre au premier coup

d'œil, que pendant le mois de Janvier feulement il a été au deſſous du pair avec la Hollande, de $\frac{3}{4}$ den. de gros, ou de I $\frac{15}{100}$ pour cent à notre perte, & que pendant tout le reſte de l'année il a ſurpaſſé ce pair de $\frac{3}{4}$ à I $\frac{1}{4}$, I $\frac{3}{4}$, 2 $\frac{7}{8}$ & 4 $\frac{1}{8}$ den. Ce qui fait voir que malgré ces fortes diminutions d'eſpeces, nous avons repris l'avantage du Commerce ſur cette nation de I $\frac{15}{100}$ à I $\frac{93}{100}$, 2 $\frac{70}{100}$, 4 $\frac{30}{100}$ & 6 $\frac{36}{100}$ pour cent.

Ce même cours des Changes nous fait voir que pendant toute l'année il nous a été avantageux avec l'Angleterre de $\frac{11}{16}$, I $\frac{3}{16}$, L $\frac{15}{16}$, 2 $\frac{7}{16}$, & 2 $\frac{15}{16}$ den. Sterlins, qui font I $\frac{88}{100}$, 3 $\frac{24}{100}$, 5 $\frac{29}{100}$, 6 $\frac{66}{100}$ & 8 pour cent.

A N N E'E 1726.

5. *Diminution de* 12 $\frac{1}{2}$ *pour cent.*

Par Arrêt du Conſeil du 4

Decembre 1725: le Louis d'or de 16 livres, eſt reduit à 14. livres, & les Ecus de 10 & de 10 ¾ au marc de 4 à 3. livres 10. ſols piece au premier Janvier de cette année 1726.

Cette diminution porta le pair de l'Ecu de Change ſur Hollande à $74\frac{1}{10}$ den. de gros argent de Banque & ſur Londres à $41\frac{78}{100}$ den. Sterlins.

Pendant le preſent mois de Janvier 1726 le change ſur Amſterdam fut de $72\frac{1}{2}$ à $71\frac{1}{4}$, c'étoit $1\frac{60}{100}$ à $2\frac{85}{100}$ den. au deſſous du pair & à notre perte de $2\frac{14}{100}$ à $3\frac{84}{100}$ pour cent.

Sur Londres ce Change fut de 42 à $40\frac{3}{4}$, c'étoit $\frac{22}{100}$ au deſſus du pair ou $\frac{52}{100}$ pour cent à notre profit & $1\frac{3}{100}$ den. au deſſous de ce même pair, ou $2\frac{46}{100}$ à notre déſavantage.

La ſtabilité où avoient été nos Monnoyes pendant l'année 1725 nous avoit remis dans un avantage avec la Hollande de $1\frac{15}{100}$ à $6\frac{36}{100}$ pour cent : nous voilà dans une perte de $2\frac{14}{100}$ à $3\frac{84}{100}$ aussi pour cent ; ce qui fait une difference à notre préjudice de $3\frac{29}{100}$ à $10\frac{20}{100}$ pour cent, dont la commune différence est $6\frac{149}{200}$ pour cent.

De même avec l'Angleterre notre avantage étoit de $1\frac{88}{100}$ à 8 pour cent : nous sommes en défaut avec cette Nation de $2\frac{46}{100}$ aussi pour cent. La difference à notre préjudice est donc de $4\frac{34}{100}$ à $10\frac{46}{100}$ pour cent, dont la difference commune est $7\frac{40}{100}$ pour cent.

Ainsi l'on peut dire que cette diminution, & encore plus le bruit qui se repandit alors d'une refonte générale & d'une augmentation de la valeur numeraire de ces especes, nous fit perdre 6 à 7 pour cent.

oit regarder la page 189 du Tome II.

	Avec la Hollande.						Avec l'Angleterre.					
	Avantage.			Désavantage.			Avantage.			Désavantage.		
	me 100	Entier 100	me 100	Entier 100	me 100	me 100	Entier 100	me 100	Entier 100	me 100	me 100	me 100
Diminution de l'une & augmentation de l'autre. — Avant l'Edit du mois d'Août 1723	43 à	4...	44	5	85 à	70	8	54 à	6.	18	3 . .	5 à . 1. . 98
Du 20 Août au dernier de Decembre	77 à	5...	44				7	36 à	6.	93		
En Janvier & 10 premiers jours de Fevrier 1724	83 à	7...	52				8	28 à	9...	19		
2. Diminution — 12 Jours de Février & tout Mars	58 à	2...	66				5	12 à	4...	17		
3. Diminution — Du 4 Avril à la fin de Septembre	24 à	4...	24				3	93 à	3...	93		
4. Diminution — Le 26 Septembre	à	3...					3	58 à	3...	58		
En Octobre	57 à	1...	15				1	88 à	1...	56		
En Novembre	34 à		34	1.	15 à	1 15..	1	53 à	1...	19		
En Decembre				1...	à	1 15..	1	88 à	1...	88		
5. Diminution, bruit de refonte & d'augmentation. — En Janvier 1725	15 à	6.	36	1	15 à		1	88 à				
Onze derniers mois 1725				2...	14 à	3 84		52 à		52	2	46 à 1 46
En Janvier 1726	91 à	35.	15	4	44 à	6 14...	44	50 à	48	33..	2	46 à 1 46
	15			6	14...		48	33...			2	46.
Totaux 6.	6...			10.	58.		92	8½			4	92
Avantages & désavantages communs pris entre les plus hauts & les plus bas.	53..			5...	29..		46	41			2	46
C'est pour chaque mois	84..			1...	76		4	22			2	46

6. *Diminution de* 14⅔ *pour cent,*

Le même Arrêt du 4 Decembre 1725, reduit encore au premier Février 1726, ce même Louis d'or de 14 à 12. livres & ces mêmes Ecus de 10 & de 10⅜ au marc de 3. livres 10 sols à 3. livres. Il fixe le marc d'or fin à 481. livres 1. sols 1. den. & celui d'argent fin à 33. livres 6. sols: celui des anciens Ecus à 30. livres 10. sols 6. den. Ce qui fait une sixiéme diminution sur ces especes. On verra son effet dans l'article suivant. Nous allons terminer celui-cy par une recapitulation des avantages & des désavantages de notre commerce, depuis le commencement du mois d'Août 1723, jusques à la fin du present mois Janvier 1726. *

* C'est ici que doit être le tableau cotté pag. 189.

Ce Tableau nous montre d'a-
bord, qu'avant l'Edit du mois
d'Août 1723, nous étions dans
un défavantage avec la Hollan-
de de $5\frac{85}{100}$ à $\frac{70}{100}$ pour cent, &
avec l'Angleterre de $3\frac{5}{100}$ à $1\frac{98}{100}$
auffi pour cent. Ce défavantage
étoit caufé par la trop grande
difference qui fe trouvoit alors
entre le prix des anciennes Efpeces non reformées, & celui
des mêmes Efpeces reformées;
mais on voit auffi qu'auffi-tôt
que cet Edit eût rapproché ces
valeurs numéraires l'une de l'autre, en hauffant celle des non
reformées, & en diminuant celle des reformées & des nouvelles, cette opération, qui étoit
auffi fage qu'elle étoit néceffaire,
nous fit regagner non feulement tout le défavantage dans
lequel nous étions avec ces deux
Nations ; elle nous remit de
plus dans un avantage de $6\frac{48}{100}$

à $4\frac{44}{100}$ pour cent avec la Hollan-
de , & de $8\frac{54}{100}$ à $6\frac{18}{100}$ aussi pour
cent avec l'Angleterre ; ce qui
faisoit tout d'un coup une difference à notre avantage de $12\frac{28}{100}$
à $5\frac{14}{100}$ pour cent avec la Hollande , dont la difference commune prise entre la plus haute
& la plus basse, est de $8\frac{71}{100}$ pour
cent. Et avec l'Angleterre cet-
te difference en notre faveur
étoit de $11\frac{29}{100}$ à $8\frac{16}{100}$, dont la
commune prise de même entre
la plus haute & la plus basse ,
étoit $9\frac{22}{100}$ pour cent ; ainsi on
peut dire que cette opération
nous valut plus de 8 à 9 pour
cent , sur tout le commerce
que nous faisions avec ces deux
Nations.

Ce fait prouve invinciblement le désordre que causoit &
que causera toujours toute difference , quelle qu'elle soit , entre
deux especes exactement les

mêmes, auffi bien que la neceffité de cette opération en
pareil cas.

Cette recapitulation nous
montre que pendant le mois de
Janvier & les dix premiers jours
de Fevier 1724, notre avantage
avec la Hollande étoit de 5 $\frac{77}{100}$ à
5 $\frac{44}{100}$ pour cent & avec l'Angleterre de 7 $\frac{36}{100}$ à 6 $\frac{93}{100}$ auffi pour
cent. Cet avantage, au lieu de di-
minuer par la diminution publiée le 11 Février, augmenta de plus de 2 pour cent avec
la Hollande, puifque pendant
le refte du mois de Février &
tout le mois de Mars, notre
avantage avec cet Etat étoit de
7 $\frac{8.7}{100}$ à 7 $\frac{52}{100}$ pour cent, & avec
l'Angleterre cet avantage aug-
menta auffi de 1 à 2 pour cent.

On voit de même par ce Tableau, que la diminution du 4
Avril nous fit perdre plus de

3 à 4

3 à 4 pour cent de cet avantage avec la Hollande, & 3 à 5 pour cent aussi avec l'Angleterre, puisqu'après cette diminution notre avantage n'étoit plus que de $4 \frac{58}{100}$ à $2 \frac{66}{100}$ pour cent avec la Hollande, & de $5 \frac{12}{100}$ à $4 \frac{27}{100}$ aussi pour cent avec l'Angleterre.

Ce même Tableau nous montre encore que la 4. diminution du 22 Septembre 1724. nous fit perdre peu à peu l'avantage que nous avions sur la Hollande ; ensorte que pendant le mois de Decembre 1724 & Janvier 1725, nous étions en défaut avec cet Etat de $1 \frac{15}{100}$ pour cent. Cette diminution ne nous mit pas en défaut avec l'Angleterre ; mais elle fit baisser notre avantage de plus de 3 pour cent, puisqu'au mois de Decembre 1724 : il n'étoit plus que

Tome II. I

de $1 \frac{53}{100}$ à $1 \frac{19}{100}$ pour cent & au
mois de Janvier 1725 : cet avan-
tage remonta à $1 \frac{88}{100}$ pour cent.

Pendant les onze derniers
mois de 1725 que nos Mon-
noyes furent tranquiles, notre
avantage augmenta de $1 \frac{88}{100}$ à
8 pour cent avec l'Angleterre
& avec la Hollande de $1 \frac{15}{100}$ à
$6 \frac{36}{100}$ pour cent.

Mais la tranquilité de nos
Monnoyes & les avantages de
notre Commerce furent tra-
verfés par la diminution annoncée fur ces mêmes efpeces, par
l'Arrêt du Confeil du quatre
Decembre 1725, pour le premier Janvier 1726, & encore
plus par le bruit qui fe repandit alors d'une refonte générale de nos Monnoyes, & d'une
augmentation de leur valeur numeraire : ces circonftances fa-
cheufes nous firent tomber de
l'état avantageux dans lequel

nous étions, dans un défavantage avec la Hollande de $2 \frac{14}{100}$ à $3 \frac{84}{100}$ pour cent, & avec l'Angleterre de $2 \frac{46}{100}$ aussi pour cent; de sorte que le seul bruit de refonte & d'augmentation d'especes fit une difference sur notre Commerce à notre préjudice de $6 \frac{3}{4}$ pour cent avec l'un, & de $7 \frac{2}{5}$ aussi pour cent avec l'autre.

Cependant nous voyons par cette recapitulation que depuis le 20 Août 1723, jusqu'à la fin du mois de Janvier 1726, tems pendant lequel il y a eu sur nos especes cinq fortes diminutions, elles ont reduit le marc d'or monnoyé de 1100 livres à 525 livres, ce qui fait $47 \frac{8}{11}$ pour cent, & le marc d'argent aussi monnoyé de 75 à 35 livres, ce qui fait $46 \frac{2}{3}$ pour cent. Notre avantage commun pris entre le plus haut &

le plus bas, y eſt repreſenté
avec la Hollande par $34 \frac{53}{100}$ &
notre déſavantage auſſi com-
mun, pris de même entre le
plus haut & le plus bas, par $5 \frac{29}{100}$.
Ainſi notre avantage eſt à notre
déſavantage avec cette Nation
comme $6 \frac{52}{100}$ eſt à 1.

Et avec l'Angleterre notre
avantage commun pendant le
même tems eſt repreſenté par
$46 \frac{53}{200}$ & notre déſavantage par
$2 \frac{46}{200}$; ainſi notre avantage eſt
à notre déſavantage avec cet
Etat, comme $18 \frac{86}{100}$ eſt à 1.

Ce ſont des preuves bien
ſenſibles, que malgré ces fortes & ces frequentes diminutions
d'eſpeces, ces deux Nations
ont plus tiré de nous qu'elles
ne nous ont fourni, & par conſequent que nos denrées, arts
& fabriques ont baiſſé de prix
comme les eſpeces de valeur.

Il n'eſt donc pas généralement vray de dire, *que ſi nous baiſ- ſons nos Monnoyes pour les met- trè ſur l'ancien pied, les Etran- gers, ſur tout les Hollandois maî- tres du Commerce de l'Europe & par conſequent des Changes, les tiendront bas pour attirer nos eſ- peces chez eux.* On voit ici la preuve du contraire par l'ex- perience même.

Cette objection n'eſt pas de notre Auteur : mais elle ſe trou- ve ici détruite en paſſant, auſſi bien que celle cy. *Les Mon- noyes étant baſſes, les Etrangers ne viennent plus achetter de nos denrées & elles nous demeurent en pure perte.* Il eſt clair que ceux qui parlent ainſi, font en- core une objection evidemment mal fondée, puiſqu'on vient de voir que malgré cinq di- minutions conſecutives, les

Etrangers n'ont pas ceffé d'enlever de nos Denrées, & même en plus grande quantité qu'après une augmentation d'efpeces : mais fuppofons pour un moment, que les faits propofés dans ces deux objections foient généralement vrais, voyons qu'elle en peut être la caufe.

Il eft certain, que fi après une ou plufieurs diminutions de nos Monnoyes, l'Etranger peut avoir la même quantité de nos Denrées pour le même poids d'or & d'argent qu'il donnoit auparavant, le debit en fera toujours le même. Si par exemple nos Louis d'or de 24. livres étoient reduits à 20 livres & que pour ce même Louis d'or on donne à l'Etranger la même quantité de Denrées qu'on lui donnoit auparavant, il achettera toujours également ; mais fi après une diminution on veut la lui faire payer 24 livres comme auparavant, il n'en voudra point & il aura raifon. On voit donc bien clairement que le remede à ce mal eft en nos mains. Notre cupidité mal entendue en eft la feule caufe. Nous n'avons qu'à nous relacher, l'ordre fera établi comme auparavant.

Ces faits font entierement oppofez aux objections que l'on fait contre les diminutions d'efpeces, & aux raifons que l'on donne en faveur de leur furhauffement : ils y répondent même d'une façon qui paroît laiffer peu de replique ; ce qui femble nous montrer que l'efpece baffe n'eft pas un fi grand obftacle à notre Commerce que l'Efpece haute, puifqu'il fut dans un état avantageux à la

fin de 1715 après onze diminu-
nutions qui avoient reduit le
marc de notre argent de 40 à
28 livres, (*a*) & pendant toute l'année 1725 & Janvier 1726
après cinq diminutions qui ont
reduit le marc d'argent de 75
à 35 livres. Cet avantage dans
l'un & l'autre temps, dura tant
que nos Monnoyes resterent
tranquiles. Mais cela ne veut pas
dire que les diminutions nous
soient avantageuses : nous avons
déja dit ci-devant art. 5. pag.
184 & suiv. & nous le repeterons
ici mot à mot, qu'elles detrui-
sent l'industrie, qu'elles enche-
rissent la main d'œuvre, qu'elles
affoiblissent le prix des marchandises & augmentent la valeur des dettes ; ce qui ruine

[*a*] Voyez ci-devant en ce Chapitre art.
4. pag. 91. & suiv. & la recapitulation
page 118. & suiv.

les Négocians & la plus grande partie des manufactures ; d'où il s'enfuit une fufpenfion de Commerce, qui expulfe les ouvriers, & qui caufe à l'Etat un préjudice notable. (*a*) Les Etrangers en favent profiter ; ils fe font emparez de plufieurs branches du Commerce, qu'ils n'auroient jamais euës fans de pareilles circonftances. D'ailleurs le Roy a perdu fur les diminutions de 1724. *trente-quatre millions, huit cent vingt-huit mille, cent dix - huit livres* (*b*) comme on l'a vû ci-devant page 178. Belle fuite des furhauffemens de Monnoyes !

[*a*] Voyez ce qui eft dit ci-devant chap. 1. art. 6. page 123 & fuivant. Et à la fin du 4. art. de ce chap. pag. 141 & fuiv.

[*b*] Suivant fa Declaration du 5. Juin 1725. pour la levée du Cinquantiéme pag. 4. dont le paffage eft rapporté ci-devant pag. 178 & fuiv.

I v

ARTICLE VI.

On l'on continue à examiner les influences des variations des Monnoyes sur le Change, depuis le premier Février 1726 jusqu'à la fin de l'année 1734.

ONZE DERNIERS MOIS 1726.

ON a vû ci-devant à la fin de l'Article précedent page 188. que la sixiéme diminution indiquée par l'Arrêt du 4 Décembre 1725. pour le premier Février suivant, reduit le Louis d'or de 14 à 12 livres & les Ecus de 3. livres 10. sols à 3. livres &c.

Pendant le mois de Février 1726 & les suivans, le pair sur Amsterdam de l'Ecu de 10 au marc devenu Ecu de Change, étoit 86 $\frac{45}{100}$ den. argent de Banque, & pour celui de 10 $\frac{3}{8}$ au marc à 83 $\frac{32}{100}$ den. aussi argent de Banque.

Le Pair sur Londres de l'Ecu de 10 au marc étoit à 48 $\frac{1}{4}$ den. Sterlins, & de l'Ecu de 10 $\frac{3}{8}$ au marc il étoit 47 den. Sterlins. Mais avant de parler du Change, il est à propos de dire deux mots de l'Edit du mois de Janvier 1726 : regiſtré & publié le 4. Février.

REFONTE GENERALE *& premiere augmentation des vieilles eſpeces.*

Par l'Edit du mois de Janvier, regiſtré & publié le 4 Février 1726 on ordonne une refonte générale de toutes nos Monnoyes, & qu'il ſera fabriqué de nouveaux Louis d'or à

I vj

22. Karats, à la taille de 30 au marc, au remede de 15 grains par Marc pour le poids & de $\frac{12}{32}$ pour le fin, suivant la Declaration du 12 Février present mois, lesquels Louis furent fixés à 20 livres chacun.

Et des Ecus à 11. den. de fin, à la taille de 8 $\frac{1}{10}$ au marc au remede de 36 grains par marc pour le poids, & de 3 grains pour le fin, lesquels Ecus furent fixés à 5 livres pieces.

Le marc d'or fin fixé à 536 livres 14 sols 6 den. & celui d'argent fin à 37 livres 1 sols 9 den. le marc des vieux Louis d'or à 492 livres, & celui des vieux Ecus à 34 livres.

L'Article 7 de cet Edit veut, que les Louis d'or de 37 $\frac{1}{2}$ au marc & les Ecus de 10 & de 30 $\frac{3}{8}$ au marc, continuent d'avoir cours dans le Commerce depuis *le premier Fevrier jufqu'au dernier Avril de la même année 1726 les Louis fur le pied de 12 livres & les Ecus pour 3 livres, en attendant qu'il y ait affez de nouvelles efpeces fabriqueés.*

Le Louis d'or de $37\frac{1}{2}$ au marc étant fixé à 12 livres, le marc d'or en œuvre valoit par confequent . . . . 450. l.

Les Ecus de 10. au marc à 3. livres le marc d'argent en œuvre valoit 30. livres; cy. . . . 30.

La proportion entre l'or & l'argent en œuvre étoit donc 15. alors.

Mais les Ecus de $10\frac{3}{8}$ au marc valent auffi 3 livres chacun, leur marc faifoit 31. livres 2. fols 6. den. cy. . . . . 31. l. 2. 6.

La proportion entre l'or & l'argent fuivant le prix de ces derniers Ecus n'étoit plus que de $14\frac{38}{83}$.

Le marc des vieux Louis d'or étant fixé à 492 livres & celui des vieux Ecus à 34 livres, la

proportion entre ces deux métaux est $14\frac{8}{17}$ & l'augmentation sur l'or est de $9\frac{1}{3}$ pour
cent, celle sur l'argent est de
$13\frac{1}{3}$ pour cent, sur les Ecus
de 10 au marc, & de $9\frac{59}{249}$
pour cent sur ceux de $10\frac{3}{8}$ au
marc. Voilà ce qui concerne
les vieilles especes, voici ce qui
regarde les nouvelles.

2. *Augmentation de la valeur*
numéraire de l'or & de l'argent.

Les 30 Louis au marc à 20
livres chacun font 600 livres
pour le marc d'or en œuvre; cy . . 600.
Les $8\frac{3}{10}$ Ecus taillés au marc
à 5. livres l'un, font pour le marc
d'argent en œuvre . . . . $41. 10^?$
Suivant ces prix, la propor-
tion entre ces deux métaux étoit
$14\frac{38}{83}$ & l'augmentation de la
valeur numéraire, étoit d'un tiers
en sus, ou de $33\frac{1}{3}$ pour cent

sur l'or & sur l'argent, en partant du premier prix de 450 livres le marc d'or en œuvre & de $31\frac{1}{8}$ livres, celui d'argent, comme le veut la 6ᵉ diminution du premier Février : & si on part d'après l'augmentation dont on vient de parler, de 492 livres le marc d'or & 34 livres celui d'argent, l'augmentation numéraire ne sera plus que de $21\frac{19}{20}$ pour cent sur l'or ; & de $22\frac{1}{17}$ pour cent sur l'argent.

Nous voilà dans le même état où nous étions après la fabrication des Ecus de $10\frac{3}{8}$ au marc, ordonnée par Arrêt du 26 Septembre 1724 (*a*) ; car ces nouveaux Ecus de $8\frac{1}{10}$ au marc ne sont pas plus chers à 5 livres que ne l'étoient ceux de $10\frac{3}{8}$ au marc à 4 livres, puisque dans l'un & dans l'au-

(*a*) Voyez cy-devant page 173 & suiv.

tre cas, la valeur numéraire du
marc de ces Ecus est toujours
41 liv. 10 sols; l'Ecu de Change de 3 livres est le même par
conséquent: cela étant, la parité sera aussi la même de 62
$\frac{49}{100}$ den. sur Amsterdam, & de
35 $\frac{24}{100}$ den. Sterlins sur Londres: Mais il n'y avoit pas encore de nouvelles especes dans
le public; les vieux Ecus de 10
& de 10 $\frac{3}{8}$ au marc passoient
dans le Commerce pour 3 li-
vres jusqu'au dernier Avril,
suivant l'article 7 de cet Edit
de Janvier; & ces mêmes Ecus
étoient reçus & payés dans les
Hôtels des Monnoyes à 34 livres le marc: c'étoit recevoir
le même Ecu de 10 au marc
sur le pied de 3 livres 8 sols,
& celui de 10 $\frac{3}{8}$ au marc à 3
livres 5 sols 6 $\frac{1}{2}$ den. Les nouvelles especes qu'on alloit fa-

briquer , étoient encore plus foibles , puifque leur valeur numéraire étoit plus haute; ainfi
cette opération fit l'effet d'une
feconde augmentation.

Ces mouvemens differens dans
nos efpeces donnerent au Change un fi rude coup, qu'on ne
favoit ce qu'on devoit rifquer
& entreprendre. Ils firent craindre à l'Etranger de nouvelles
revolutions fur cette mefure : il
ceffa tout d'un coup de remettre fon fond en France ; il
chercha même à degager fon
Commerce & fon bien d'un
païs , où l'argent , dont le prix
doit être ftable , eft dans une fi
continuelle agitation. Le François au contraire lui envoya
fon argent : l'Etranger le lui
remettoit par un retour plus
avantageux , que s'il l'eût porté
aux Hôtels des Monnoyes.

Il est aisé de concevoir, qu'en de pareilles circonstances les bourses se ferment, le Commerce se ralentit, l'Etranger qui ne sait sur quoi compter, cesse de tirer nos denrées, arts & fabriques pendant un tems, & la France qui tire toujours de celles de l'Etranger, n'a plus de compensation à faire. Pour les payer, elle ne trouve plus de lettres de Change : alors le transport de notre argent est inévitable, & nos vieilles & bonnes especes passent nécessairement chez l'Etranger ; ce qui fait baisser le Change au dessous du pair, & par conséquent au désavantage de la Nation.

On a vû ci-devant au commencement de cet article page 102 & 103. que le pair de l'Ecu de 10 au marc, devenu Ecu de

Change de 3 livres, eft fur Amfterdam 86 $\frac{45}{100}$ den. argent de
Banque & celui de l'Ecu de 10 $\frac{2}{3}$
au marc ayant la même valeur
eft 83 $\frac{32}{100}$.

Le pair du premier de ces
Ecus fur Londres eft 48 $\frac{3}{4}$ den.
Sterlins & celui du fecond 47
den. Sterlins.

Or le 7 Février 1726, fept
jours après la diminution & trois
jours après la publication de
l'Edit de Janvier, le Change fur
Amfterdam étoit à 71 den. de
gros. C'étoit 15 $\frac{45}{100}$ d. au deffous
du pair 86 $\frac{45}{100}$ & 12 $\frac{32}{100}$ den.
au deffous du pair 83 $\frac{32}{100}$; ce qui
faifoit à notre défavantage 17
$\frac{87}{100}$ pour cent dans le premier
cas, & 14 $\frac{78}{100}$ pour cent dans
le fecond cas. Le défavantage
commun entre ces deux déf-
avantages eft 16 $\frac{65}{100}$ pour cent.

Le 11 Février ce Change

remonta à $80\frac{1\&2}{8}$; le 23 il étoit
à $79\frac{3}{4}$ & $\frac{1}{2}$; il retomba le même
jour à $73\frac{1}{2}$ en tirant fur Amfterdam à deux ufances : car les
négocians furent fi étourdis qu'il
n'y eut point de cours reglé
fur cette place pendant quelques jours, perfonne n'ofant
rien hazarder. Ce Change fut
donc le même jour 11 & 13
Février de $6\frac{20}{100}$ à $12\frac{95}{100}$ den.
au deffous du pair $86\frac{45}{100}$ ce qui
faifoit $7\frac{17}{100}$ à $17\frac{15}{100}$ pour cent
à notre perte, dont la perte
commune étoit $12\frac{16}{100}$ pour cent
& $3\frac{7}{100}$ à $7\frac{82}{100}$ deniers au deffous du pair $83\frac{32}{100}$ de l'Ecu de
$10\frac{3}{8}$ au marc faifant $3\frac{68}{100}$ à
$9\frac{38}{100}$ pour cent contre nous,
dont la perte commune eft 6
$\frac{53}{100}$ pour cent. Notre défavantage commun pendant ce mois,
pris entre le plus haut & le
plus bas de ceux cy deffus, eft

donc de 9 $\frac{57}{100}$ à 10 $\frac{44}{100}$ pour cent.

Les 19 & 23 Février le Change fur Londres étoit 43 $\frac{1}{4}$ à 45 $\frac{3}{4}$ & $\frac{1}{2}$. Il tomba le même jour 23 à 41 $\frac{3}{4}$. C'étoit 5 $\frac{1}{2}$, 3 & 7 den. Sterlins au deſſous du pair 48 $\frac{3}{4}$ de l'Ecu de 10 au marc faiſant 11 $\frac{28}{100}$, 6 $\frac{15}{100}$ & 14 $\frac{35}{100}$ pour cent contre nous dont la perte commune eſt 10 $\frac{59}{100}$ auſſi pour cent & 3 $\frac{3}{4}$, 1 $\frac{1}{4}$ & 5 $\frac{1}{4}$ deniers Sterlins au deſſous du pair 47 des Ecus de 10 $\frac{3}{8}$ au marc, ce qui faiſoit 7 $\frac{97}{100}$, 2 $\frac{66}{100}$ & 11 $\frac{17}{100}$ pour cent à notre déſavantage, dont la perte commune étoit 7 $\frac{26}{100}$ pour cent, & notre déſavantage commun pendant ce mois eſt de 4 $\frac{81}{200}$ à 12 $\frac{152}{200}$ pour cent.

La difference du prix des anciennes eſpeces à celui des nouvelles qui étoit de 33 $\frac{1}{3}$ pour cent, en partant du cours que donne à ces anciennes efpeces l'article 7 de cet Edit, ou de 22 pour cent en partant du prix auquel on les recevoit aux Hô-tels des Monnoyes fuivant le même Edit. Cette difference nous prefente la perte que fai-foit le public, ou le particulier qui portoit fes vieilles efpeces aux Hôtels des Monnoyes; il ne doit pas paroître extraordinai-re que ce particulier fe ferve de tous les moyens qu'il croira capables de lui fauver cette per-te, ou du moins une bonne partie. On ne voit que trop, que ni les peines ni les mena-ces ne peuvent l'en empecher; il arrive même que l'Etranger qui y trouve fon compte, com-me on l'a vû cy devant, indi-que au François les expediens dont il doit fe fervir. Ce der-

nier lui fait paſſer ces vieilles
eſpeces & matieres d'or & d'argent, & l'Etranger lui fait un
retour en lettres de Change,
ou en marchandiſes d'une valeur plus forte que celle qu'on
lui auroit donnée en France
en nouvelles eſpeces de 8, de
10, de 12 &c. pour cent, ſe-
lon que le Change eſt plus ou
moins favorable à l'Etranger.

Pour me faire entendre, je
ſuppoſe que Pierre avoit 3750.
Louis d'or de 37½ au marc, &
qu'ils étoient droits de poids:
ils peſoient, par conſequent
100 marcs, qui, à raiſon de 492
livres chacun, ſuivant l'article
3 de l'Edit du mois de Janvier, font 49200 livres que Pierre recevra en portant ſes 3750
Louis d'or aux Hôtels des Monnoyes : cette ſomme lui ſera
payée en 2460 Louis d'or neufs,
leſquels à 20 livres l'un, font

de même 49200 livres; & sup-
posés aussi droits de poids, à
30 au marc, ils pesent 82 marcs;
il est donc clair que par le
poids, Pierre perd réellement
18 marcs de 100. Le marc de
ces nouveaux Louis d'or valant
600 livres, celui des anciens
plus fins de $\frac{2}{32}$ par marc devroit valoir davantage; mais
en le supofant au même prix,
Pierre perdra 10800: livres,
qui font 21 $\frac{95}{100}$ pour cent, c'est-
à-dire près de 22 pour cent.

Si Pierre fait passer en Hollande ses 3750. Louis d'or de 12
l. faisant 45000 livres, le pair de
ces vieilles ef- peces étant 86
$\frac{45}{100}$ argent de Banque, il y re- cevra

CALCUL
Pour la remise.

$$7 \text{ l.} = 86\tfrac{2}{20}$$
$$40 \text{ d.} = 1 \text{ fl.}$$
$$x \text{ fl.} = 45000 \text{ l.}$$

$$20 \qquad 1729$$
$$150$$
$$75$$

$$4x = 129675$$
$$x = 32418\tfrac{3}{4}$$

cevra une fom-me de 32418¾ florins argent de Banque, lefquels remis fur Paris fur le pied du pair en nouvel-les efpeces qui étoit 62 ½ , y au-roient produit, 62244 liv. Pier-

RETOUR A PARIS

$$1 \text{ fl.} = 40 \text{ den.}$$
$$62\tfrac{1}{2} d. = 3 \text{ liv.}$$
$$x \text{ l.} = 32418\tfrac{3}{4} \text{ fl.}$$

125	2
4	129675
2	8
25	4
8	25935
	5187

$$x = 62,244 \text{ l.}$$

re n'auroit reçu à la Monnoye que 49200 livres , la difference auroit été de 13044 livres qui font 26 $\frac{51}{100}$ pour cent au profit de Pierre : mais de ce profit, qui n'eft en pas un , puifque c'eft ce qui auroit dû réellemnt revenir à Pierre , l'Etranger en a quelque chofe ; pour cela le retour des 32418 ¾ florins fe fait au cours du Change d'Am-fterdam fur Paris, qui étoit le 23 Février à 71 , fuivant lequel Pierre reçoit à Paris 54792 $\frac{1}{4}$ livres : c'eſt 5592 $\frac{1}{4}$ livres de plus qu'il n'auroit reçû aux Monnoyes , ou 11 $\frac{36}{100}$ pour cent, Ainſi l'Etranger profite de 5207 $\frac{1}{4}$ livres ou de 10 $\frac{58}{100}$ pour cent ſur le François. C'eſt une perte réelle pour l'Etat & pour le particulier : mais n'aime t-on pas mieux perdre deux piſtolles que d'en perdre quatre? Les deux de ſauvées paroiſſent un bénéfice ſans en être un.

Ce fait nous montre donc évidemment , qu'en voulant trop gagner ſur nos refontes , ou fabrications de Monnoyes, ou autres opérations ſur elles , nous fermons les portes du Royaume aux eſpeces & aux matieres d'or & d'argent , afin qu'elles n'y entrent pas, & le Roy , à qui on veut procurer des ſecours par ce moyen , prive ses Sujets de l'abondance de ces métaux. Sa Majesté se prive elle-même de son droit de seigneuriage, lequel étant médiocre lui produiroit infiniment davantage, que ne font toutes ces empirances ruineuses, parce qu'il en entreroit beaucoup plus dans le Royaume qu'il n'y en entre : c'est un fait certain.

Dans un cas semblable à celui-ci, que fait le Négociant éclairé & habile, qui attend un vaisseau, par exemple, dans lequel il y a, par supposition, 2000 marcs d'or fin ? Il examine quel est l'Etat de l'Europe où l'on donne le plus de ce métal, & il y fait passer son vaisseau. Supposons que ce soit en Hollande, voyons ce qui en résultera.

Le marc d'or fin vaut toujours en Hollande, suivant les Loix de cet Etat, 355 & 356 florins. Or 2000. marcs d'or à 355 florins chacun, y valent 710,000 florins, lesquels remis à Paris sur le pied du pair $62\frac{1}{2}$ den. de gros pour chacun de nos Ecus de Change de 3 livres, nouvelles especes, y produiront une somme de . . . 1,363,200. liv.

Si ce Négociant eût fait arriver son Vaisseau en France, les 2000 marcs d'or lui auroient été payez 536 liv. 14 s. 6 den. chacun, comme le veut cet Edit de Janvier; ce qui lui auroit produit . . . . 1,073,450.

La différence est donc au profit du Négociant de . . . 289,750. liv. ou de $26\frac{99}{100}$ pour cent.

Et si le retour sur Paris se fait au cours du Change 71, le Négociant y recevra . . . . 1,200,000. liv.

Aux Monnoyes il n'auroit reçu que . . . . 1,073,450. liv.

La différence est encore au profit du Négociant de 126,550. liv. ou de $11\frac{78}{100}$ pour cent.

Cette différence n'eſt - elle pas encore aſſez conſiderable pour réveiller ſon attention ? Si en France on eût payé, à 2 ou 3 pour cent près, autant de ce métal, qu'on en paye chez les voiſins, ce Négociant y auroit fait venir ces matieres, & le Roy à 3 pour cent y auroit trouvé plus de 40 mille livres pour ſon droit de Seigneuriage, & de cette autre façon Sa Majeſté n'a pas un ſol de profit.

Cet attrait, comme on le voit, eſt aſſez puiſſant pour exciter la cupidité éclairée de nos voiſins, & pour inviter nos Négocians qui entendent le Change, & qui ont des correſpondances avec les Hollandois & autres Etrangers, à leur faire paſſer non ſeulement les vieilles Eſpeces & matieres d'or & d'argent

K iij

qu'ils ont à eux, mais encore
toutes celles qu'ils pourront ra-
maſſer, afin d'y gagner cette
différence conſidérable. Si notre Négociant ne le fait pas, les
Juifs ou les Etrangers le font:
c'eſt encore pis pour l'Etat.

Le Gouvernement ſentit très-
bien que le paſſage de nos anciennes Eſpeces étoit inévitable,
& qu'il falloit ſacrifier une partie
du bénéfice qu'on faiſoit ſur cette nouvelle fabrication de monnoye, non ſeulement pour ſoutenir ce Change, mais auſſi
pour le faire remonter, afin
d'empêcher la ſortie de nos
vieilles Eſpeces. Pour cet effet,
on remit des fonds à M. le Chevalier Bernard, avec ordre
d'en faire paſſer en pays Etranger, & de fournir des Lettres
à perte pour le Roy à tous ceux

qui en demanderoient , mais en
groffes fommes , le plus qu'il feroit poffible , c'eft-à-dire qu'il
ne fourniffoit des Lettres que
de 8 , de 10 , de 12 , de 15 ,
de 20 & de 30 mille florins fur
la Hollande , afin de les rendre
plus difficiles à négocier , &
qu'il n'y eût que ceux qui avoient
réellement befoin de fonds chez
l'Etranger qui puffent en prendre , éloignant par-là tous ces
petits Négocians qui auroient
pû prendre des Lettres de plus
petites fommes , dans la vûe d'y
profiter en le négociant fur la
place.

M. le Chevalier Bernard à
force d'argent empêcha le Change de tomber au deffous du pair
62½ argent de Banque fur Amfterdam , en nouvelles efpeces ,
& de 35¼ fur Londres , où il
auroit peut-être tombé fans fon.

opération. Il le soutint pendant les mois de Mars & d'A-
vril à $73\frac{4.6.7.}{8}$ 74 & $75\frac{1}{4}$. Il le
fit même remonter pendant
les vingt-cinq premiers jours
du mois de May à $75\frac{1}{2}$ & $\frac{3}{4}$.
C'étoit depuis $12\frac{95}{100}$, à $10\frac{70}{100}$
déniers au deffous du pair $86\frac{45}{100}$
des Ecus de 10 au marc, ou
de $14\frac{98}{100}$ à $12\frac{37}{100}$ pour cent à
notre perte. C'étoit depuis $9\frac{82}{100}$
à $7\frac{57}{100}$ den. au deffous du pair
$83\frac{32}{100}$ des Ecus de $10\frac{3}{8}$ au marc,
ou de $11\frac{78}{100}$ à $9\frac{8}{100}$ pour cent
contre nous. Et encore $2\frac{79}{100}$ à
$\frac{54}{100}$ den. au deffous du pair de
ces mêmes anciens Ecus reçus
aux Monnoyes à 34 liv. le marc,
qui étoit $76\frac{29}{100}$ argent de Banque : ce qui faifoit de $3\frac{66}{100}$ à
$\frac{70}{100}$ pour cent à notre défavantage.

Voilà trois paritez différentes,
dont la Commune eft $82\frac{2}{100}$ ar-

gent de Banque. Et trois differens désavantages, dont le commun pris entre le plus haut & le plus bas, est de $10\frac{14}{100}$ à $7\frac{38}{100}$ pour cent ; sur lequel on peut tabler.

Ce Change $73\frac{4.6.7.}{8}$, 74 & $75\frac{1}{4}$ à $75\frac{1}{2}$ & $\frac{3}{4}$ deniers, étoit au dessus du pair $62\frac{1}{2}$ de l'Ecu de Change des nouvelles Especes. Mais on vient de voir qu'il étoit au dessous des trois paritez des anciennes Especes, qui rouloient encore dans le Commerce, & sur lesquelles le Change se régloit : c'est une preuve invincible, que malgré l'opération de M. Bernard, elles passoient encore dans le Pays Etranger ; car l'effet du Change bas est d'opérer la sortie de l'Espece ; ainsi on peut dire que cette opération ne fit pas rapprocher le Change de la parité commu-

K v

ne $82\frac{2}{100}$ argent de Banque ,
pas même de la moindre $76\frac{22}{100}$,
& encore moins remonter à
$80\frac{1}{4}$ où il étoit le onze Février.
Tout ce qu'il fit n'empêcha donc
pas le billonneur de profiter du
bénéfice évident qu'il trouvoit
à faire paſſer nos vieilles Eſpeces & matieres d'or & d'argent
en Pays Etranger. Il diminua
ſeulement ce bénéfice , en ſou-
tenant le Change au-delà de ce
qu'il auroit été naturellement.

Sur Londres le Change étoit
le 13 Mars à $42\frac{1}{4}$, les 3 & 9
Avril à $41\frac{3}{4}$, le 16 à 43. Et du
premier au 24 May il fut de
$42\frac{7}{8}$ à 43. C'étoit depuis 7 den.
juſqu'à $5\frac{3}{4}$ den. Sterlins au deſſous du pair $48\frac{3}{4}$ des Ecus de
10 au marc , ou de $14\frac{34}{100}$ à $11\frac{79}{100}$
pour cent à notre perte. C'é-
toit de $5\frac{1}{4}$ à 4 den. Sterlins au
deſſous du pair 47 des Ecus de

10$\frac{1}{8}$ au marc , ou de $11\frac{17}{100}$ à $8\frac{51}{100}$
pour cent contre nous , & en-
core 1$\frac{1}{4}$ den. Sterlins ou 3 pour
cent au deſſous du pair 43 de
ces mêmes anciens Ecus reçus
aux Monnoyes à 34 livres le
marc.

Voilà auſſi trois paritez differentes , dont la commune eſt
46$\frac{1}{4}$, & trois différents déſavantages , dont le commun pris
entre le plus haut & le plus bas,
eſt de 9$\frac{1}{2}$ à 7$\frac{38}{100}$ pour cent , ſur
lequel on peut tabler.

L'Operation du Chevalier
Bernard étoit donc inſuffiſante,
puiſqu'en effet elle laiſſoit encore aux Billonneurs un bénéfice de plus de 6 pour cent , à
faire paſſer nos vieilles Eſpeces
& matieres en Hollande, plûtôt que de les porter aux Hôtels des Monnoyes. En voici
la preuve.

Les 3750 Louis d'or de Pierre y produifent 32418¾ florins, comme on l'a vû ci-devant , (a) lefquels remis fur Paris au cours commun de ce Change , qui eft environ 74. Pierre y touchera 52571 liv.

Il n'auroit reçu aux Hôtels des Monnoyes que la fomme de 49200 liv.

Il gagne donc encore..... 3371 liv.

qui font $6\frac{85}{100}$ pour cent. Ce bénéfice eft encore trop confidérable pour ne pas inviter le Billonneur à prendre ce parti : ainfi l'opération de M. Bernard fut infuffifante pour empêcher ce défordre en total. Pour la rendre efficace il auroit fallu faire monter le Change au pair de ces mêmes vieilles Efpeces qui étoit $86\frac{45}{100}$, $83\frac{32}{100}$ & $76\frac{29}{100}$. Alors n'y ayant aucun bénéfice , & même de la perte à faire paffer nos Efpeces & matieres en Pays

(a) Pag. 216.

Étrangers, elles auroient resté chez nous : mais cette opération auroit peut-être absorbé tout le profit que Sa Majesté se proposoit de faire sur cette refonte générale ; ce qui montre qu'il auroit bien mieux valu ne la point faire, & chercher ailleurs les secours dont le Roy avoit besoin.

Les faits dont on vient de parler, n'ont besoin d'aucunes autorités : cependant on est tenté de rapporter ici ce que dit Bouteroüe, à la page 9 de ses Recherches sur les Monnoyes. L'Auteur de l'*Essay Politique sur le Commerce* le cite, ainsi il ne pourra pas le récuser. Voici ses termes. *Toutes les manieres d'affoiblir les Monnoyes sont injustes, si elles ne produisent que le profit particulier du Prince, ou si elles n'ont pour fondement l'utilité pu-*

blique, ou une néceſſité très-preſ-
ſante de ſecourir l'Etat par ce ſeul
reméde, qu'il ne faut jamais tenter
qu'à l'extremité, & après avoir
épuiſé tous les autres, à cauſe que
les ſuites en ſont très-dangereuſes,
& que les ruines qui en peuvent
arriver, ſont preſque toujours ir-
réparables ; comme le tranſport &
la fonte des bonnes Eſpeces, l'en-
cheriſſement de toutes choſes, l'a-
pauvriſſement des particuliers, la
diminution des revenus qui ſe
payent en foible monnoye, & quelquefois la ceſſation du Commerce.

TROISIE'ME AUGMENTATION
des Eſpeces, d'un cinquiéme
en ſus.

Enfin auſſi-tôt que les nouvelles Eſpéces ſuccédérent aux
vieilles, & en firent ceſſer le
cours, on s'apperçut du déſor-

dre qu'avoit caufé l'Edit du
mois de Janvier 1726. Et ce fut
dans la vûe d'y remédier que
l'on furhauffa d'un cinquiéme
la valeur numéraire de ces Efpeces, par l'Arrêt du Confeil
du 26 May fuivant , regiftré &
publié le 27. dans lequel on dit,
que par le changement des circonf-
tances , la valeur numéraire de
41 livres 10 fols , à laquelle les
Efpeces étoient fixées par ledit Edit
n'étoit pas fuffifante pour la circu-
lation ; ce qui caufoit une rareté
d'argent également nuifible à tous
les Sujets du Roy & au Commer-
ce ; enforte que pour rétablir tou-
tes chofes dans leur jufte propor-
tion , il étoit néceffaire de furhauf-
fer la valeur des Efpeces ayant
cours à préfent : & à l'égard des
anciennes Efpeces & matires
d'or & d'argent , comme au moyen
de ce furhauffement Sa Majefté

pourra tirer les mêmes secours qu'elle s'étoit proposés de la Monnoye, en réduisant son bénéfice en faveur du Public, au delà même de la proportion du surhaussement. Elle ordonne que du jour de la publication dudit Arrêt, les Louis d'or de la fabrication ordonnée par l'Edit de Janvier dernier, auront cours pour 24 livres ; & les Ecus pour 6 livres ; fixe le marc des vieux Louis d'or à 637 liv. dix sols, celui des vieux Ecus à 44 livres : le marc d'or fin à 695 liv. 9 s. 1 den. & celui d'argent fin à 48. liv.

Cet Arrêt hauffant d'un cinquiéme la valeur numéraire de l'Espece, diminue d'un sixiéme l'Ecu de Change & sa parité.

Avant cet Arrêt l'Ecu de Change étoit les $\frac{3}{5}$ de l'Ecu de $8\frac{3}{10}$ au marc, il valoit 5 livres ou 100 sols. Cet Arrêt le fait valoir

6 livres ou 120 fols , ou deux Ecus de Change : L'Ecu de Change n'eft donc plus que la moitié de l'Ecu de $8\frac{1}{10}$ au marc. Il en étoit les $\frac{3}{5}$, c'eſt-à-dire , qu'il valoit $\frac{6}{10}$, & qu'il n'en vaut plus que 5 : il a donc perdu $\frac{1}{6}$ de ſa valeur.

De même le pair de cet Ecu étoit $62\frac{49}{100}$ den. de gros ſur Hollande, il ne ſera plus que $51\frac{88}{100}$ à 52 ; car il eſt baiſſé auſſi d'un ſixiéme ou de $10\frac{61}{100}$. Le Change auroit dû ſuivre cette proportion , ſi d'autres cauſes ne l'en avoient détourné. Cependant à la publication de cet Arrêt il tomba tout d'un coup le 31 May de $75\frac{3}{4}$ à $59\frac{1}{2}$; c'eſt-à-dire , de $16\frac{1}{4}$. S'il eût ſuivi le rapport du ſurhauſſement , il n'auroit dû baiſſer que de $12\frac{5}{8}$: il a baiſſé de $16\frac{2}{8}$; donc il y a déja ici une perte réelle pour la France de $3\frac{5}{8}$ den. de gros fur chacun de nos Ecus de Change : c'eft $6\frac{96}{100}$ pour cent.

Il eft clair que cette perte ne peut être caufée que par ce fur-hauffement de Monnoye ; ainfi, il fait tort à notre Commerce de $6.\frac{96}{100}$ pour cent. Effet prodigieux qui diminue d'autant plus l'effet produit par l'opération de M. Bernard, qu'il continuoit toujours à donner ou à fournir des Lettres ; mais ce furhauffement comme on le voit, l'emporta fur fon opération.

C'eût été bien pis encore, fi cet Arrêt en hauffant de 20 pour cent les nouvelles Efpeces n'avoit pas hauffé les anciennes de 30 pour cent, & par-là rapproché leur prix de celui des nouvelles de 10 pour cent : il fixe le marc de ces anciennes à 44 livres, qui n'étoit qu'à 34.

mais il ne les hauffe pas affez, car il laiffe encore entre leur prix 44, & celui des nouvelles 49 livres 16 fols, une differen- ce de $13\frac{2}{11}$ pour cent, qui eft trop confidérable pour ne pas caufer encore du défordre.

A ce prix de 44 liv. le marc, le pair de notre Ecu de Change eft fur Hollande de $58\frac{25}{100}$ à 59 deniers de gros, & fur Lon- dres de $33\frac{23}{100}$ den. Sterlins.

Le 31 May le Change tomba de $75\frac{3}{4}$ à $59\frac{1}{2}$. C'étoit $\frac{1}{2}$ deniers de gros au deffus du pair, ou $\frac{84}{100}$ pour cent à notre avantage.

Sur Londres il étoit à $33\frac{1}{2}$ den. Sterlins; c'étoit $\frac{27}{100}$ den. au deffus du pair, ou $\frac{81}{100}$ pour cent en notre faveur.

Du premier au 18 Juin, le Change fur Amfterdam roula de $57\frac{1}{2}$ à 57 deniers de gros, c'étoit $1\frac{45}{100}$ à $1\frac{95}{100}$ den. au deffous du pair 58$\frac{25}{100}$ argent de Banque, ou 2$\frac{46}{100}$ pour cent à notre perte.

Le 17 Juin le Change fur Londres étoit à 33 den. Sterlins ; c'étoit $\frac{23}{100}$ de deniers au deffous du pair, $\frac{69}{100}$ pour cent contre nous.

Notre défavantage avec la Hollande étoit plus grand qu'avec l'Angleterre : ce qui nous montre que nos Efpeces paffoient toujours en Hollande, & cela parce que leur prix étoit encore trop éloigné de celui des nouvelles. Ces chofes font arrivées ci-devant en 1709, 1710, 1711, 1712, 1716, notre monnoye étant forte. Avant l'Edit du mois d'Août 1723, & à préfent que nos Monnoyes font beaucoup plus foibles ou plus hautes ; ces chofes font donc arrivées l'Efpece baffe, & l'Ef-

pece haute : ce qui nous prouve qu'il n'y a pas plus de raison
ni d'avantage à favorifer le débiteur en la hauffant, qu'il n'y
en a à favorifer le créancier en
la diminuant, puifque ces deux
cas font fujets aux mêmes in-
conveniens.

En cet état fi Pierre faifoit
paffer fes 3750 Louis d'or en
Hollande, & que leur produit
32418 $\frac{3}{4}$ florins lui foit remis à
Paris au cours du Change 57,
il y recevra en Efpeces furhauf-
fées 68250 livres ; & aux Hôtels des Monnoyes fes 100 marcs
de vieux Louis lui auroient été
payez 637 livres 10 fols chacun, ce qui lui auroit fait une
fomme de 63750 liv. Il gagne
donc encore 4500 livres, ou 7
pour cent, fans compter les
rifques du tranfport contre les
loix, que l'on évalue à 3 pour

cent, en faveur de celui qui l'entreprend.

C'est donc à cette differen-ce de l'argent vieux à l'argent nouveau, qu'il faut attribuer la rareté de l'argent, & non pas à l'*infuffisance de la valeur numéraire de* 41 *liv.* 10 *sols, à laquelle les Especes étoient fixées par l'Edit de Janvier*, comme le porte l'Arrêt du 26 May (*a*).

Le défaut de circulation ne venoit que de la perte prodi-gieuse que faisoit le particulier en portant ses vieilles Especes aux Hôtels des Monnoyes, & comme beaucoup de gens ai-moient mieux les cacher que d'effuyer cette perte considéra-ble, ce défaut de confiance al-teroit la circulation, & le Com-merce par conféquent. Cas mal-heureux, qui feront toujours

(*a*) Dont le paffage eft rapporté ci-de-vant, pag. 231.

les suites funestes de ces révolu-
tions de Monnoyes.

Toute opération de surhauf-
fement, ou de tout autre affoi-
bliffement de monnoyes, eft en
elle-même injufte : celle que
fait l'Arrêt du 26 May, eft de
faire valoir le Louis d'or de 30
au marc, 24 liv. au lieu de 20,
& les Ecus de $8\frac{3}{10}$ au marc 6 liv.
au lieu de 5 : ou ce qui eft la
même chofe, la piéce de 5 fols,
6 fols ; c'eft-à-dire que la piéce
qui valoit 5 fols avant cet Arrêt, en vaut préfentement 6.
Que la valeur du fol eft par conféquent réduite à $\frac{5}{6}$ de fol, ou
à 10 deniers ; & qu'enfin tout
créancier doit fe contenter des
cinq fixiémes de ce qui lui eft
dû. Voilà le débiteur favorifé
comme le veut la maxime que
donne l'Auteur de l'*Effay Politique fur le Commerce*, à la pag.
174 : mais outre les défordres

que l'on a vûs qui en réfultoient,
en eſt-elle plus équitable ?

Si quelqu'un avoit emprunté
dix muids de vin de 120 pots
chacun, & que par un Arrêt
on réduiſit le muid à cent pots,
il s'acquitteroit en donnant dix
de ces nouveaux muids, le
Créancier recevroit à la vérité
le même nombre de muids,
mais il s'en faudroit un ſixiéme
qu'il ne reçût la même quantité
de vin, puiſqu'il n'en recevroit
que 1000 pots au lieu de 1200
qu'il a prêtés ; ainſi il ne reçoit
que les $\frac{5}{6}$ de ce qui lui étoit dû.
Il en eſt de même de la Mon-
noye. Ce n'eſt pas aſſez de recevoir le même nombre de Livres ou de ſols qui ne ſont que
des noms imaginaires ; il faut
que ces Livres ou ces ſols ſoient
éxactement les mêmes, afin de
retirer la même quantité d'or
&

& d'argent qu'on a prêtée en poids & en titre , autrement on y perd, & on est moins riche (*a*).

Voilà cependant l'opération que fait l'Arrêt de surhaussement dont il s'agit , & celle que feront tous ceux qui auront le même but. Cette opération favorife le débiteur , comme le veut la maxime de notre Auteur , à la page 174 de fon Livre. On a montré ci-devant (*b*) qu'elle eft contraire au droit de la nature & des gens , & aux Ordonnances de Philippe le Bel, de Philippe de Valois , du Roy Jean &c. fur lefquelles cependant il appuie fa maxime. Pour convaincre fon Lecteur, il le renvoye au Traité des Monnoyes de Boute

(*a*) Voyez ce qui eft dit ci-devant Chap.
1. art. 7. application 1, 2 & 3.
[*b*] Chap. & art. premier.

Tome II. L

roüe (a), afin d'y voir ces Ordonnances; mais Bouteroüe ne parle que des Monnoyes de nos Roys de la premiere race; ses recherches finissent l'an 751 : il est vrai que dans ses observations page 152, il parle des Ordonnances de Philippe le Bel du mois de Juin 1317. & de celle de Philippe de Valois du 24 Juillet 1343 : mais il ne s'y agit que du transport de l'argent dont il n'est pas ici question : ainsi l'Auteur pouvoit supprimer cette citation; car il n'y a rien dans Bouteroüe qui favorise sa maxime. Il y est même contraire, comme on l'a vû ci-devant en cet article, pag. 229 & 230.

On conviendra sans doute que tout Proprietaire de terres, de rentes, de maisons &c. est dans le cas du Créancier, & que le Roy même s'y trou-

(a) Essay Politique, pag. 375.

ve aussi. Il est créancier de tous ses Sujets pour tout son revenu ; ainsi il n'en recevra lui-même que les cinq sixiémes : ses intérêts deviennent donc les mêmes que ceux du particulier. Sa Majesté est même dans un cas moins favorable, en ce qu'elle fait des dépenses en Pays Etranger, qu'elle ne sçauroit acquitter que par le poids & le titre ; & comme elle en reçoit moins qu'elle n'en recevoit avant le surhaussement, elle y perd constamment à la longue, beaucoup plus qu'elle ne peut jamais y gagner, ainsi qu'on l'a prouvé ci-devant au Chapitre 1. Article 7, premiere, seconde & troisiéme application : & encore Chap. 3. art. 4. pag. 133 & suiv. jusqu'à la fin de l'Article.

Il est vrai que le Roy, comme le particulier, peut payer

ceux aufquels il doit en France
fur le pied du furhauffement,
& par-là fatisfaire aux obligations contractées fur la foi pu-
blique, mais pour les engage-
mens futurs, on aura égard à
la valeur de l'argent; les denrées haufferont de prix, quoique ce ne foit peut-être pas d'a-
bord à proportion de l'argent:
ainfi l'avantage que l'on peut retirer d'une maxime fi extraordinaire, nous paroît infiniment
au deffous du dommage que Sa
Majefté même, & le commerce
de tout le Royaume en fouf-
frent. *Thomas Mun*, Auteur
Anglois, dit dans fon *Tréfor du
Commerce*, chap. 8. pag. 89.
*que fi nous changeons le prix de
nos Monnoyes, il faut auffi qu'à
proportion le prix de nos terres
& de nos marchandifes s'augmente ou fe diminue: Et quoi-*

qu'on ne s'apperçoive pas au commencement du tort que cela nous
fait, cependant la fuite ne nous
le fait que trop voir à nos dépens.

Il eft certain que le furhauffement de nos Monnoyes porté par l'Arrêt du 26 May 1726.
fit un tort très-confidérable
à notre commerce. L'Arrêt
du Confeil d'Etat du 15 Juin
fuivant convient qu'il fit fer-
mer les bourfes & ralentir le
Commerce. *Pour le ranimer par*
une circulation plus abondan-
te des Efpeces, il ne parut pas de
moyen plus convenable pour y par-
venir, que de rapprocher le prix
des Efpeces décriées, de celui
fixé pour les nouvelles, en aban-
donnant la portion la plus confidé-
rable du bénéfice de la fabrication.
Ce font les termes de cet Arrêt, par lequel on fixe le prix
du marc d'or fin à 740 liv. 9 f.

1 den. & celui d'argent fin à
51 liv. 3. f. 3 den. celui des
anciens Louis à 678 liv. 15 f.
& celui des anciens Ecus à 46
liv. 18 f. Cet Arrêt fut regiſtré
& publié le 18 Juin 1726.

Avant cet Arrêt, la différence entre les anciennes & les
nouvelles Eſpeces, étoit de l'or
ancien à l'or nouveau de $14\frac{1}{2}$
pour cent, & de l'argent ancien
à l'argent nouveau de $13\frac{18}{100}$ pour
cent. Cet Arrêt rapproche ef-
fectivement le prix des anciennes de celui des nouvelles, puiſqu'entr'elles il ne laiſſe plus
qu'une différence de $6\frac{7}{100}$ pour
cent de l'or ancien à l'or nouveau, & de 7 pour cent de
l'argent ancien à l'argent nouveau.

En fixant le marc des anciens
Ecus à 46 livres 18 f. il réduit
le pair de leur Ecu de Change

à 55$\frac{22}{100}$ den. de gros argent de Banque fur Hollande , & à 31$\frac{20}{100}$ den. fterlins fur Londres.

Cet Arrêt ne laiffe plus au Particulier , qui pouvoit encore avoir des vieilles Efpeces & des matieres , qu'un bénéfice de $\frac{55}{100}$ pour cent à les faire paffer en Hollande , au lieu de les porter aux Hôtels des Monnoyes. Ce bénéfice n'eft pas affez confidérable pour courir les rifques de ce tranfport : Mais cet Arrêt venu trop tard ne fit pas revenir les Efpeces qui avoient paffé chez l'Etranger , & qui y pafferont toujours immanquablement , toutes les fois qu'on laiffera entre le prix des anciennes Efpeces , & celui des nouvelles , une difference trop grande.

Notre Commerce avoit un

très-grand befoin de cette opération ; car il étoit en 1726
dans un état déplorable ; il s'en
reffentoit encore au commencement de 1727, fi l'on en veut
croire le Mémoire que fit im-
primer un Particulier en 1733.
pour fa juftification. * Voici
les termes. *L'argent ne circuloit
plus , le crédit étoit ruiné , les
Lettres de Change & les Billets
des meilleurs Commerçans perdoient fur la place jufqu'à* 12
*pour cent : les gens d'affaires les
plus accréditez ne trouvoient de
l'argent qu'à* 15 *pour cent. L'ufu-
rier exigeoit deux pour cent par
mois fur de bons nantiffemens;
les Actions de la Compagnie des
Indes ne fe vendoient que* 670 *liv.
& les Contrats fur la Ville perdoient* 80 *pour cent.* Le difcrédit
qui régnoit alors , provenoit

* Daveziés.

encore des banqueroutes qui
s'étoient faites tant en France
que dans les Pays Etrangers, &
ce discrédit affoiblit les valeurs,
les facultez, les ressources, le
commerce, la consommation, &
les revenus de l'Etat.

Voilà des faits qui ne sont
ignorez de personne, & dont
les causes ne peuvent être attri-
buées qu'aux mutations de Monnoyes, & à la grande difference
que l'on mit d'abord entre la
valeur des anciennes & celle des
nouvelles Especes, parce que
cette difference de prix qui formoit la perte du Public, occasionna le transport de ces anciennes Especes en Pays Etranger, ce qui altera la circulation
au point que toutes les bourses
étant fermées, le Commerce
tomba considérablement. Celui
qui doutera de ces faits en trou-

vera la preuve dans l'Arrêt du
15 Juin déja cité : il y verra que
tout le mal venoit de cette difference de prix. Cet Arrêt étoit
le reméde à ce mal ; mais ce
reméde vint trop tard, le mal
étoit fait ; & la confiance perduë, on ne la récouvre pas aifément.

Après de fi funeftes expé-
riences, on demande fi ces furhauffemens, ou ces affoibliffemens de Monnoyes, nous font
auffi avantageux qu'on le penfe,
& s'il ne réfulte pas de ce qui
eft rapporté ci-devant & des
effets que produifent fur notre
Commerce les diminutions &
les augmentations d'Efpeces,
que de tous les affoibliffemens
qui peuvent fe faire fur les
Monnoyes, le furhauffement eft
le plus dangereux. Pour être
convaincu de ce fait, voyez ce-

lûi que rapporte le Blanc en les
Prolegomenes , Chap. 4. pagg.
26 & 27. Il fait bien voir de quel
préjudice ces affoiblissemens de
Monnoyes font à un Etat , le
fait dont il parle arriva fous le
régne de Philippe le Bel.

Le même jour 18 Juin 1726,
le Change de Paris fur Amsterdam étoit à 57 den. de gros :
c'étoit 1 $\frac{95}{100}$ den. au dessous du
pair , ou 3 $\frac{42}{100}$ pour cent à notre
perte.

Celui fur Londres étoit à 33
den. sterlins , c'étoit $\frac{23}{100}$ au desfous du pair , ou $\frac{69}{100}$ pour cent
à notre perte.

Pendant le reste du mois &
même de toute l'année, le Change fur Hollande roûla de 59
à 58 $\frac{6.4.3.2 \& 1}{8}$ & 58 deniers de
gros , c'étoit au dessus du pair
55 $\frac{32}{100}$ den. de gros argent de

Banque, depuis $3 \frac{86}{100}$ jufqu'à $2 \frac{68}{100}$ den. ou de $6 \frac{67}{100}$ à $4 \frac{84}{100}$ pour cent à l'avantage de notre Commerce.

Sur Londres le Change fut le même tems de $33 \frac{5}{8}$ à 33. deniers Sterlins, c'étoit au deffus du Pair $31 \frac{20}{100}$ de $2 \frac{42}{100}$ à $1 \frac{80}{100}$ den. faifant $7 \frac{75}{100}$ à $5 \frac{76}{100}$ pour cent en notre faveur.

En nouvelles efpeces, le pair fur Hollande étoit $51 \frac{88}{100}$ den. de gros argent de Banque, le Change par confequent étoit au deffus de $7 \frac{12}{100}$ à $6 \frac{12}{100}$ den. de gros ou de $13 \frac{72}{100}$ à $11 \frac{79}{100}$ pour cent à notre avantage.

Sur Londres le pair en nouvelles efpeces eft $29 \frac{36}{100}$ den. Sterlins, le Change étoit donc au deffus de $4 \frac{26}{100}$ à $3 \frac{64}{100}$ den. ce qui faifoit $14 \frac{50}{100}$ à $12 \frac{39}{100}$ pour cent à notre profit.

Ces chofes nous montrent

l'excellent effet que produifit cet Arrêt du 15 Juin, en raprochant le prix des anciennes efpeces de celui des nouvelles. Il nous fit regagner le défavantage dans lequel nous étions avec la Hollande de $2\frac{46}{100}$ à $3\frac{43}{100}$ pour cent & avec l'Angleterre de $\frac{69}{100}$ à $\frac{69}{100}$ auffi pour cent, & de plus, l'avantage confiderable dans lequel on vient de voir qu'il nous remit avec ces deux nations, lequel avantage eft avec la Hollande en anciennes efpeces de $6\frac{67}{100}$ à $4\frac{84}{100}$ pour cent, & avec l'Angleterre de $7\frac{75}{100}$ à $5\frac{76}{100}$ pour cent ; ce qui fait par confequent une difference en notre faveur de $9\frac{1}{8}$ à $8\frac{1}{4}$ pour cent avec la Hollande, & de $8\frac{44}{100}$ à $6\frac{45}{100}$ auffi pour cent avec l'Angleterre. Cette difference eft bien plus confiderable en nouvelles efpeces.

Cet avantage confiderable que nous prefente le cours du Change, frapera fans doute l'auteur de *l'effai politique fur le Commerce*, & on ne doute pas même qu'il ne dife que cet effet fortifie fon fifteme & que nous travaillons pour lui, parce qu'il l'attribuera au furhauffement des efpeces dont les valeurs numéraires font en effet très-hautes, puifque le marc des anciennes eft à 46 livres 18 fols & celui des nouvelles à 49 livres 16 fols ; mais on lui-repondra, & on peut même lui prouver, que la caufe de cet avantage n'eft düe qu'au rapprochément du prix de ces anciennes efpeces de celui des nouvelles, porté par cet Arrêt du 15 Juin, & à la confiance dans laquelle on étoit que de long-tems il n'y auroit de mutation.

dans nos Monnoyes. S'il doute
de cette verité, qu'il prenne
la peine de revoir ce qui a été
dit cy-devant dans une semblable circonstance lors de la
Declaration du Roy du 24 Octobre 1711 (*a*) laquelle, comme
cet Arrêt du 15 Juin, hauffant le prix des anciennes efpeces de 32 livres 10 fols où
il étoit à 37 livres 8 fols le
marc pour le rapprocher de
celui des nouvelles qui étoit à
40 livres, nous mit tout d'un
coup dans un avantage avec
la Hollande de $3 \frac{32}{100}$ à $2 \frac{25}{100}$
pour cent. Cependant avant
cette Declaration nous étions
en défaut avec cette Nation de
$3 \frac{48}{100}$ à 10 pour cent, ainfi la
difference fut en notre faveur
de $6 \frac{70}{100}$ à $12 \frac{25}{100}$ pour cent (*b*).

(*a*) Et encore cy après pag. 261 & fuivantes.
(*b*) Voyez ci-devant année 1711 pag. 41.
& fuiv.

Cette Declaration nous mit
auffi dans un avantage de plus
de 7 pour cent avec l'Angleterre & de près de 16 pour
cent en nouvelles efpeces.

Cependant l'efpece ancienne étoit alors plus baffe ou plus
forte de 20 $\frac{13}{50}$ pour cent que
l'efpece ancienne d'à prefent, &
la nouvelle efpece de ce tems-
là étoit plus forte auffi de 19
$\frac{17}{25}$ pour cent que la nouvelle
de ce tems-cy. La difference
que laiffa cette Déclaration entre le prix des anciennes 37.
livres 8 fols & celui des nouvelles 40, étoit de 52 fols. Et
celle que laiffe cet Arrêt du
15 Juin entre le prix des anciennes 46 livres 18 fols &
celui des nouvelles 49 livres 16
fols eft 58 fols : elles font donc
à 6 fols près par marc les mêmes. D'où il eft naturel de con-

clure , que fi dans une efpece
forte ou baffe, & dans un cas pareil , nous avons reffenti un
avantage encore plus confiderable que nous ne le reffentons
aujourd'huy dans une efpece
plus haute ou plus foible de
plus de 20 pour cent , cet effet , ou cet avantage ne fauroit s'attribuer au furhauffement des efpeces. Il auroit été
le même fi on avoit baiffé les
nouvelles pour rapprocher leur
prix de celui des anciennes ;
on en a vû la preuve cy-devant , dans nos reflexions fur
l'Edit du mois d'Août 1723.
(a) D'où il fuit , que , foit que
les efpeces foient hautes, foit
qu'elles foient baffes , notre
Commerce reprend toujours le
deffus auffi tôt que ceffe la difproportion entre elles , & leurs

(a) Art. 5. pag. 164 & 166.

mutations ; ce qui montre encore qn'il n'y a pas plus d'avantage n'y de raison pour hauffer la valeur numeraire des Monnoyes , que pour la diminuer ,
c'est-à-dire , à favorifer le debiteur plûtôt que le creancier.

ANNE'E 1727.

Pendant les 6 premiers mois
de 1727. le Change fur Hol-
lande fut toujours de $58 \frac{1, 2 \& 3}{8}$
à $57 \frac{3}{4}$ den. de gros, c'étoit $\frac{5}{100}$
à $2 \frac{43}{100}$ den. au deffus du
pair des efpeces anciennes , ou
de $5 \frac{51}{100}$ à $4 \frac{39}{100}$ pour cent à
notre avantage & en nouvelles
efpeces : c'étoit de $6 \frac{49}{100}$ à $5 \frac{87}{100}$
den. au deffus du pair , ou
de $12 \frac{50}{100}$ à $11 \frac{31}{100}$ pour cent en
notre faveur.

Sur Londres le Change fut
conftament de $33 \frac{1}{4}$ à $33 \frac{3}{8}$ den.

Sterlins : c'étoit $2\frac{5}{100}$ à $2\frac{17}{100}$ den. au dessus du pair $31\frac{10}{100}$ des anciennes especes ou de 6 $\frac{57}{100}$ à $6\frac{95}{100}$ pour cent pour nous & $3\frac{89}{100}$ à 4 den. au dessus du pair $29\frac{36}{100}$ en nouvelles especes, ou de $13\frac{1}{4}$ à $13\frac{5}{8}$ pour cent à notre profit.

Pendant les six derniers mois 1727 le Change sur Hollande a roulé de $57\frac{3}{4}$ à $56\frac{7}{8}$ den. de gros, c'étoit de $2\frac{43}{100}$ à $1\frac{55}{100}$ den. au dessus du pair $55\frac{32}{100}$ des anciennes especes, ou de $4\frac{39}{100}$ à $2\frac{80}{100}$ pour cent en notre faveur. Et en nouvelles especes c'étoit de $5\frac{87}{100}$ à 5 den. au dessus du pair $51\frac{88}{100}$ argent de Banque ou de $11\frac{31}{100}$ à $9\frac{63}{100}$ pour cent à notre avantage.

Sur Londres il a toujours été de $33\frac{3}{8}$ à $33\frac{1}{4}$ comme les 6 premiers mois de cette an-

née ; ainsi l'avantage est exactement le même. *

Depuis le 15 Juin 1726 jufqu'à la fin de l'année 1734,
nos Monnoyes ont été stables
& uniformes. Pendant ce tems
le Change & par conféquent
le Commerce que nous avons
fait avec la Hollande & avec
l'Angleterre nous a toujours été
avantageux. Preuve évidente
que dès que nos Monnoyes font
uniformes & tranquiles, notre Commerce reprend la fuperiorité fur celui de nos voifins. On voit par l'Etat du
cours des Changes que l'on
vient de raporter pour huit années & demie, que depuis le
15 Juin 1726 jufqu'à la fin de
l'année 1734, le Change commun de chacune de ces années
pris entre le plus haut & le plus

* Voyez l'Etat du cours du change cotté
pag. 260.

Doit regarder la page 260 du Tome II.

Etat du cours des Changes depuis le 15 Juin 1726, jusqu'à la fin de l'année 1734.

	Sur Hollande.	Sur Londres.
Du 15 Juin au dernier Decembre 1726.	59 à $58\frac{3}{8}$	$33\frac{1}{2}$ à $33\frac{1}{4}$
Pendant l'année 1727.	$58\frac{5}{8}$ à 57.	$33\frac{3}{8}$ à $33\frac{1}{4}$
Pendant l'année 1728	57.. à 56.	$33\frac{1}{8}$ à $33\frac{1}{5}$
Pendant l'année 1729	$55\frac{3}{8}$ à $56\frac{3}{4}$	$32\frac{3}{4}$ à 33.
Pendant l'année 1730	$55\frac{3}{8}$ à $56\frac{1}{2}$	$33\frac{1}{8}$ à $32\frac{9}{16}$
Pendant l'année 1731	$56\frac{1}{8}$ à $55\frac{7}{8}$	$32\frac{1}{4}$ à $31\frac{1}{4}$
Pendant l'année 1732.	$55\frac{1}{8}$ à $56\frac{3}{4}$	$32\frac{13}{16}$ à $31\frac{3}{8}$
Pendant l'année 1733.	$56\frac{5}{8}$ à 55.	$32\frac{7}{16}$ à $32\frac{3}{8}$
Et pendant l'année 1734.	$56\frac{7}{8}$ à $56\frac{1}{8}$	$30\frac{15}{16}$ à $32\frac{3}{8}$
	$510\frac{1}{8}$ à $507\frac{5}{8}$	$294\frac{5}{16}$ à $293\frac{9}{16}$
	$507\frac{5}{8}$	$293\frac{9}{16}$
	$1017\frac{6}{8}$	$587\frac{7}{8}$ . . . .
moitié est . . .	$508\frac{7}{8}$	$293\frac{15}{16}$ . . . .
Ces neuf parties donnent année commune	$56\frac{54}{100}$	$32\frac{66}{100}$ . . . .
Le Pair en nouvelles Especes est	$51\frac{88}{100}$	$29\frac{36}{100}$ . . . .
C'est donc au dessus du pair de	$4\frac{66}{100}$	$3\frac{30}{100}$.

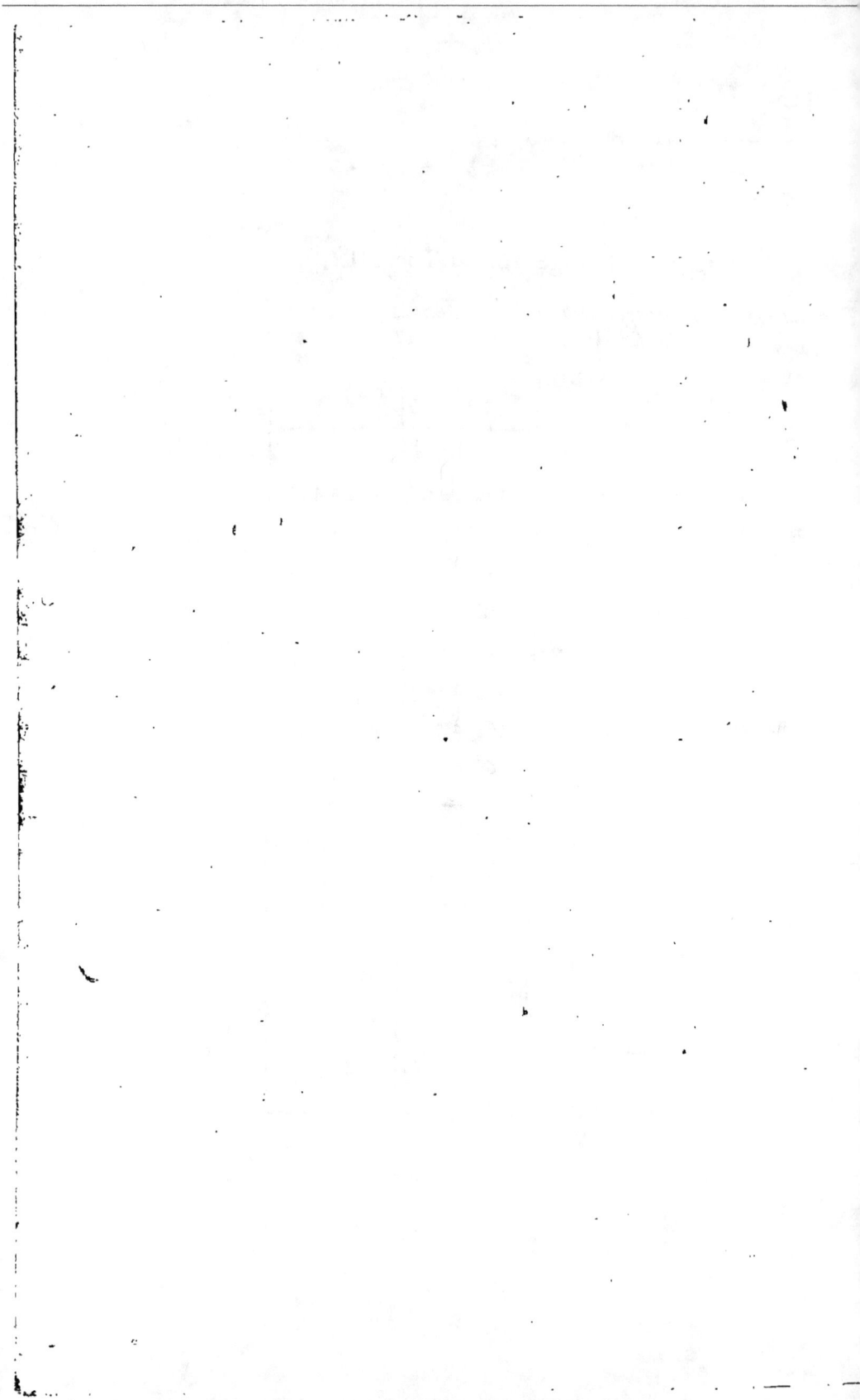

bas eft fur Hollande 56 $\frac{54}{100}$ den.
de gros : c'eft 4 $\frac{66}{100}$ den. au
deffus du pair 51 $\frac{88}{100}$ den. argent de Banque faifant 8 $\frac{98}{100}$
pour cent à notre profit.

Et fur Londres ce Change
commun eft 32 $\frac{66}{100}$ deniers Sterlins : c'eft 3 $\frac{30}{100}$ den. au deffus
du pair 29 $\frac{36}{100}$, ou 11 $\frac{24}{100}$ pour
cent en notre faveur.

On a deja dit, & on le repete encore, que ce n'eft point
la haute valeur des Monnoyes
qui occafionne cet avantage
continu ; car le même avantage arriva pendant les années
1711 & 1712 les neuf premiers
mois 1713, & encore au mois
d'Octobre 1715 : auffi tôt que
furent paffées les onze diminutions qui furent faites fur nos
efpeces en 1714 & en 1715,
la derniere qui s'executa le premier Septembre 1715, redui-

fit le marc d'argent monnoyé à 28 livres : c'étoit une Monnoye forte, & très forte en comparaison de notre Monnoye actuelle ; dont le marc vaut 49 livres 16 fols ; cependant cet avantage auroit duré en 1715, avec cette forte Monnoye, comme il dure ici avec cette foible espece, fi l'Edit du mois de Decembre 1715, ne l'eût pas troublé & interrompu par une fabrication de nouvelles especes, & par une reforme des anciennes à 40 livres le marc qui n'étoit qu'à 28. Cette augmentation de leur valeur numéraire, laiffant entre le prix des non reformées, des reformées & des nouvelles, un difference de 23 $\frac{1}{3}$ pour cent, nous fit perdre non feulement tout l'avantage que nous avions fur ces deux Nations ; elle nous fit de plus retomber dans un déf-

avantage confiderable, qui dura tant que fubfifta cette difference entre le prix de l'une
& des autres, & qu'elle en-
gagea le particulier, ou à cacher celles qui étoient le moins
prifées, ou à les faire paffer en
Hollande.

Il n'eft pas douteux que le
même défavantage nous arrive-
roit aujourd'hui avec notre haute & foible Monnoye, fi le
Roy par un Edit faifoit ce que
fit celui du mois de Decembre
1715 : ainfi la foibleffe ou la
haute valeur numéraire de nos
Monnoyes actuelles ne contri-
buë point du tout à l'avantage
dont nous jouiffons depuis le
18 Juin 1726. Cet avantage n'eft
dû qu'au rapprochement du prix
des anciennes efpeces, de celui
des nouvelles, & à la tranquillité dans laquelle elles ont été de-

puis ce tems: & comme il n'y
a aucun de nos voisins qui ne
reçoive beaucoup plus de nos
denrées, Arts & Fabriques,
que nous n'en recevons de lui,
il est certain que toutes les fois
que l'argent qui est la mesure
de nos échanges reciproques,
paroîtra stable aux negocians,
soit qu'il soit haut, soit qu'il
soit bas, notre Commerce prendra toujours la superiorité sur
celui de nos voisins. Le Commerce Etranger ne prédomine
donc sur le nôtre, que faute
par nous de connoître nos avantages, & de nous en rendre
les proprietaires. L'argent étant
la mesure qui regle la valeur
des biens échangés, on n'y doit
pas plus toucher qu'aux autres
mesures.

Pour nous convaincre de
l'avantage que nous procure la
stabilité

ftabilité & l'uniformité dans nos Monnoyes, fuppofons que fuivant cet avantage commun, pris entre 8 $\frac{98}{100}$ pour cent avec la Hollande & 11 $\frac{24}{100}$ auffi pour cent avec l'Angleterre, qui eſt 10 $\frac{4}{100}$ pour cent, la France faffe tous les ans un Commerce étranger de 150 millions de livres (comme le veut M. l'Abbé de Saint Pierre au lieu cité ci-devant, article 4 de ce Chapitre page 123) notre benefice annuel fur ce Commerce fera de 15 millions de livres & pour les huit années & demie fus-dittes 127,500,000 livres, que gagne la Nation par la ftabilité dans fes Monnoyes. Si le Roy y avoit fait un ou deux changemens, la France feroit tombée en perte d'autant peut-être, & plus ; ce qui feroit une difference de 255 millions & peut-être plus pour la Nation. On demande si ces un ou deux changemens que le Roy auroit pu faire dans cette mesure, auroient pu lui procurer un avantage assez considerable pour le determiner à se servir d'un moyen si préjudiciable à ses sujets.

Si le Commerce que fait la France avec ses voisins passe 150 millions par an, son benefice passera aussi 15 millions, & si ce Commerce est moindre le benefice le sera aussi : Mais que ce benefice soit plus fort ou qu'il soit plus foible, cela ne fait rien à ce que nous disons, puisqu'il est toujours certain, que depuis le 18 Juin 1726, jusques au present mois de Février 1736. nous avons toujours eû l'avantage du Change sur la Hollande & sur l'Angleterre , & par confequent le Commerce que nous avons fait avec ces deux nations pendant tout ce tems , nous a été favorable & nous a produit un benefice confiderable , puifque nous le trouvons de 8 $\frac{98}{100}$ pour cent année commune avec la Hollande & de 11 $\frac{24}{100}$ auffi pour cent & année commune avec l'Angleterre.

Entre ces deux avantages on voit une difference de 2 $\frac{26}{100}$ pour cent , qui ne devroit pas fe trouver dans le Change ; mais en fuppofant notre avantage fur l'Angleterre égal à celui fur la Hollande , notre avantage commun feroit 9 pour cent & notre benefice annuel feroit 13,500,000 livres, ce qui feroit pour les huit années & demie 114,750,000 livres. Il eft certain auffi , qu'au lieu de

M ij

cet avantage nous ferions
tombés dans une perte réelle fi
pendant cet intervalle de tems,
l'on eût fait quelque variation
dans nos Monnoyes, foit en
les hauffant foit en les baiffant.
L'exemple qu'on en rapporte
ci-devant Art. 4 de ce Chapitre page 121 & fuivantes, eft
une preuve invincible de ce
que nous difons ici. Ainfi
quelles obligations la Nation
n'a-t-elle point au Miniftére
prefent ? Il a fçu fans toucher
aux Monnoyes, trouver des
reffources moins onereufes à
l'Etat, pour fournir aux depenfes qu'exigeoit néceffairement
la guerre qu'il vient heureufe-
ment de terminer par la paix,
Un autre moins éclairé &
moins attentif aux interêts
des peuples auroit ébranlé cette mefure de nos Echanges

réciproques ; mais il a fenti le tort confiderable que ce Changement auroit fait à notre commerce, & confequemment à la Nation. En effet une année du dixiéme bien établi produiroit peut-être plus au Roy en un ou deux ans, qu'une refonte générale de nos Monnoyes ne lui produiroit en plufieurs années (*a*), & cette impofition du dixiéme n'étant que paffagere fatigueroit infiniment moins le peuple & feroit beaucoup moins de tort à la Nation, qu'une feule refonte qui n'auroit d'autre but, que celui de procurer des fecours à Sa Majefté.

On a vû ci-devant (*b*) que nos Ancêtres étoient vivement perfuadez que ces changemens

(*a*) Dans l'Etat des revenus du Roy de 1724 on y compte le produit de la fabrique des Monnoyes à 1300 mille livres année comune.

(*b*) Chap. 1 Art. 8.

M iij

de Monnoyes leur cauſoient de grands préjudices, puiſque pour avoir une Monnoye ſtable, ils donnoient au Roy un certain droit de trois en trois ans. Le Blanc nous dit ſous Louis VII. pag. 168 : *qu'il y a pluſieurs conventions entre les Ducs de Normandie, de Guienne, de Bourgogne, les Comtes de Nevers, les Evêques de Meaux, de Cahors, de Montpellier & autres, faites avec leurs vaſſaux pour ne pas changer ni affoiblir la Monnoye. Cela ſe pratiquoit auſſi chez les autres Nations. Les Arragonnois accordoient à Jacques I. leur Roy l'an 1236, une certaine ſomme par maiſon, de ſept en ſept ans pour ne pas changer la Monnoye.*

L'an 1303. les Prelats du Royaume offrirent au Roy (*a*)

_____

(*a*) Hiſtoire de France du pere Daniel tom. 3. pag. 324. édition d'Hollande *in* 4.

*un dixiéme du revenu annuel de
tous leurs benefices à condition
qu'à l'avenir , ni lui ni fes
fuccesseurs n'affoibliroient point
la Monnoye &c.*

Il est vray que l'auteur de
l'Essai politique fur le Commerce
dit à la page 198 : *qu'il est fans
doute avantageux à un Etat de
ne point toucher aux Monnoyes,
lorfque l'impofition fuffit à toutes
les charges & qu'elle fe leve avec
facilité, & même fi les valeurs
numeraires étoient infuffifantes ,
celles de reprefentation feroient à
préferer aux augmentations , fi
le genie & la confiance de la
Nation leur donnoient le même
prix.* A la page 237 N°. 3 il
dit que la valeur numeraire *ne
doit être augmentée que lorfque
la dette du Roy est telle , que les
valeurs numeraires de l'impofition
ne font pas fuffifantes pour l'ac-*

quiter & à la page 270 il s'explique ainfi : *enfin lorfque les*
recouvremens ne fe font plus fans
executions militaires , le Legiflateur *eft averti que les valeurs*
numeraires ne font pas proportion-
nées à l'impofition , *il doit les*
augmenter de la maniere la plus
conforme au genie actuel de la
Nation , *parce que le fuccès en*
fera plus prompt & plus facile.

Or le moyen le plus facile ,
le plus prompt & le plus conforme au genie actuel de la Nation , n'eft certainement pas
celui de la reprefentation qu'elle a en horreur : l'Auteur fçait
très-bien que la Nation eft plus
accoutumée & plus familiere
avec les augmentations de Monnoyes , quoiqu'elles lui foient
en effet plus onéreufes que ne
le feroient les valeurs de reprefentation ; mais pour cela

ces augmentations en font-elles plus équitables & plus avantageufes à cette même Nation? l'Auteur les confeille cependant, toutes les fois que la depenfe du Roy excedera fes revenus, ou que les recouvremens ne fe font pas avec facilité.

On laiffe au Lecteur à juger de la bonté de ce confeil, par les funeftes effets qu'il a vus ci-devant des augmentations d'efpeces : on obferve feulement que s'il les falloit augmenter, toutes les fois que les recouvremens ne fe peuvent faire avec facilité, on les augmenteroit bien fouvent ; parce que ces recouvremens fe feront toujours avec peine, tant que les Pauvres qui gemiffent, feront accablez par un poids, qu'il feroit à fouhaitter qu'on leur rendît plus leger, en proportion

M v

nant l'impofition aux facultez
d'un chacun, ce qui ne paroît
pas impoffible : & ce fera alors
que *les Pauvres beniront à ja-*
mais le Legiflateur attentif à les
foulager. (*a*)

Notre Auteur dit à la page
237, N°. 3. *que l'impofition &*
le numéraire doivent augmenter
enfemble felon cette mefure fonda-
mentale. Et N°. 4 il dit enfuite :
Alors même pour éviter les frais
de la fabrication & difproportion
entre l'argent vieux ou en maffe,
& l'argent nouveau, l'augmen-
tation doit être fans refonte & en
faveur du Peuple, que ce petit
gain encouragera ; car il n'eft pas
affez éclairé pour en prévoir plus
de facilité à payer les impofi-
tions.

Si l'impofition & le numéraire augmentent enfemble, com-

(*a*) Effay polit. page 271.

me le veut cet Auteur , quel
fera le gain du Peuple ? Si Pierre doit 20 livres, & qu'on hauffe l'argent & fa dette d'un
cinquiéme , par exemple , alors
20 livres lui en vaudront 24 :
mais il devra auffi 24 livres
au lieu de 20 : donc il ne gagne pas une obole ; il perd
même , fi les denrées ne hauffent
pas comme l'argent , parce qu'il
vendra les fiennes , ou fon travail , moins qu'il ne les ven-
dôit avant l'augmentation , &
il lui en faudra davantage pour
s'acquitter. Si les denrées au-
mentent comme l'argent , l'augmentation de fa dépenfe eft en
pure perte pour lui , fon revenu n'augmentant point : eft-
ce-là lui procurer plus de facilité à payer l'impofition ?

Pour nous réfumer , nous allons rapprocher fous les yeux

du Lecteur les avantages & les défavantages de notre Commerce, depuis le premier jour du mois de Février 1726, jusqu'à la fin de l'année 1734. *

On a vû ci-devant à la fin de l'année 1725, que nous étions dans un avantage avec la Hollande, & avec l'Angleterre de $1\frac{15}{100}$ à $6\frac{36}{100}$, & de $1\frac{88}{100}$ à 8 pour cent, que le bruit qui se répandit au mois de Janvier 1726 d'une refonte générale & d'une augmentation de nos Monnoyes, nous fit tomber dans un défavantage de $2\frac{14}{100}$ à $3\frac{84}{100}$, & de $2\frac{46}{100}$ à $2\frac{46}{100}$, ce qui fait une difference de $3\frac{29}{100}$ à $10\frac{20}{100}$, & de $4\frac{34}{100}$ à $10\frac{46}{100}$ pour cent à notre préjudice, dont la difference commune est de $6\frac{75}{100}$ avec la Hollande, & de $7\frac{40}{100}$ pour cent avec l'Angleterre.

* Voyez le Tableau cotté 276.

Doit regarder la page 276 du Tome II.

	Sur *Amsterdam.*		Sur *Londres.*	
	Avantages.	Défavantages.	Avantages.	Défavantages.
Augmentation des vieilles Especes. En Février 1726	....	$9\frac{57}{100}$ à $10\frac{44}{100}$	....	$4\frac{40}{100}$ à $12\frac{76}{100}$
Augmentation de 20 pour cent sur les nouvelles, & de 30 pour cent sur les anciennes Especes. En Mars, Avril & 25. jour de May......	....	$10\frac{14}{100}$ à $7\frac{38}{100}$	....	$9\frac{50}{100}$ à $7\frac{78}{100}$
Fin de May & 18 premiers jours de Juin.	....	$2\frac{46}{100}$ à $3\frac{42}{100}$	....	$\frac{62}{100}$ à $\frac{62}{100}$
Augmentation des anciennes par Arrêt du 15 Juin jusqu'à la fin de l'an....	$6\frac{67}{100}$ à $4\frac{84}{100}$	....	$7\frac{75}{100}$ à $5\frac{26}{100}$	....
En nouvelles Especes pendant le même tems................	$13\frac{72}{100}$ à $11\frac{79}{100}$	....	$14\frac{59}{100}$ à $12\frac{29}{100}$	....
Pendant les années 1727, 1728, 1729, 1730, 1731, 1732, 1733 & 1734, année commune sur Hollande $8\frac{28}{100}$ pour cent, & sur Londres $11\frac{24}{100}$ aussi pour cent, ci pour ces huit années...........	$71\frac{84}{100}$ à $71\frac{84}{100}$	....	$89\frac{92}{100}$ à $89\frac{92}{100}$	....
	$92\frac{26}{100}$ à $88\frac{47}{100}$	$12\frac{17}{100}$ à $21\frac{24}{100}$	$112\frac{17}{100}$ à $108\frac{7}{100}$	$14\frac{59}{100}$ à $21\frac{23}{100}$
	$88\frac{47}{100}$	$21\frac{24}{100}$	$108\frac{7}{100}$	$21\frac{23}{100}$ ......
Totaux....	$180\frac{73}{100}$	$43\frac{41}{100}$	$220\frac{14}{100}$	$35\frac{82}{100}$ ......
Avantages & défavantages communs..............	$90\frac{36}{100}$	$21\frac{70}{100}$	$110\frac{12}{100}$	$17\frac{91}{100}$ ......
C'est année commune	9 pour cent.	$7\frac{21}{100}$ pour cent.	11 pour cent.	$5\frac{97}{100}$ pour cent.

Et ici on voit par ce Tableau,
qui repréfente nos avantages &
nos défavantages , qu'au mois
de Février que parut l'Edit de
Janvier 1726 , qui annonçoit
cette refonte générale & cette
augmentation , notre défavantage commun augmenta & fut
avec la Hollande de $9\frac{57}{100}$, à
$10\frac{41}{100}$ pour cent ; & avec l'Angleterre de $4\frac{40}{100}$ à $12\frac{76}{100}$ auffi
pour cent. Et fi à ces défavan-
tages on joint l'avantage dans
lequel nous étions avec ces deux
Nations à la fin de l'année 1725,
on trouvera que cet Edit nous
caufa une perte réelle de $10\frac{72}{100}$
à $16\frac{77}{100}$ pour cent avec la Hollande, dont la commune prife
entre la plus haute & la plus
baffe , eft $13\frac{75}{100}$ pour cent. Et
avec l'Angleterre de $6\frac{28}{100}$ à
$20\frac{76}{100}$ auffi pour cent , dont la
perte commune prife entre la

plus haute & la plus baſſe, eſt $13\frac{52}{100}$ pour cent.

Ces déſavantages prodigieux étoient encore à peu-près les mêmes pendant les mois de Mars, d'Avril, & les 25 premiers jours du mois de May. Ils auroient même augmenté par le ſurhauſſement de 20 pour cent ſur les nouvelles Eſpeces, annoncé par l'Arrêt du Conſeil du 26 May, ſi ce même Arrêt en hauſſant la valeur numéraire des nouvelles Eſpeces de 20 pour cent, n'avoit pas hauſſé celle des anciennes de 30 pour cent, & par-là rapproché leur prix de celui des nouvelles de 10 pour cent; & ſi avec tout cela M. le Chevalier Bernard n'eut pas ſoutenu le Change par l'opération dont le Gouvernement l'avoit chargé. Malgré cela, on voit que depuis cet Ar-

rêt de furhauffement , notre
défavantage fut encore avec la
Hollande de $2\frac{46}{100}$ à $3\frac{41}{100}$ pour
cent , jufqu'à la publication de
l'Arrêt du 15 Juin 1726 , qui fe
fit le 18 , lequel hauffant encore le prix des anciennes Efpeces pour le rapprocher de celui des nouvelles , vint fort à
propos pour notre Commerce;
ce commerce reprit auffi-tôt le
deffus fur celui de ces deux Nations , comme on le voit par ce
Tableau. On voit auffi que depuis ce tems , jufqu'à préfent
1736 , nous avons toujours eu
l'avantage du Change , & conféquemment du Commerce ,
parce que depuis ce tems , il
n'y a eu aucun changement
dans nos Monnoyes : elles ont
été pendant ces dix années ,
comme elles devroient toujours
être , ftables & fixes dans leur

prix. C'eſt une preuve invincible qu'on ne ſçauroit y toucher avantageuſement pour le
Roy, ſans abîmer notre Commerce. Il eſt donc eſſentiellement de notre interêt de ne
pas faire dans nos Monnoyes,
de ces changemens qui font
perdre à ce même Commerce,
tous les avantages que la nature & l'induſtrie de nos Peuples
lui donnent ſur celui de nos
voiſins ; alors nous n'aurons
aucune part au diſcours de le
Clerc (a) dont voici les termes.
L'on ſçait qu'il y a des Royaumes
où l'on hauſſe & baiſſe la Monnoye,
ſeulement pour attirer l'argent des
Particuliers dans le tréſor du
Prince, ſans ſe mettre en peine
de la perte que l'Etat y fait, ce
qui eſt bien éloigné des maximes
de l'Angleterre. Baniſſons donc

(a) Biblioteque Choiſie, Tom. 6. p. 388.

ce dangereux moyen pour jamais de nos, maximes ; refti-
tuons-nous à nous - mêmes en
nous conformant aux bonnes
regles , autant que le permet-
tront les temperamens à prendre avec l'Etranger , en conti-
nuant la tranquillité que le Gouvernement préfent a fi fagement confervée dans le prix
de nos Monnoyes , & conféquemment la fupériorité de notre Commerce , afin de refti-
tuer à la France, au moins autant d'efpeces monnoyées , que
les Penfions Etrangeres , les
droits accordez par le Concor-
dat à la Cour de Rome, & les
rentes fur l'Hôtel-de-Ville ac-
quifes par les Etrangers, en en-
lévent gratuitement & néceffairement au Royaume.

La France fe trouve redeva-
ble à l'Etranger en deux ma-

nieres : Tous les biens que nous
recevons du dehors , forment
la premiere dette ; les dépenses femées en pays ami & ennemi , les droits attribuez au
Saint Siege , les rentes dûes
par l'Hôtel-de-Ville aux Etrangers , chargent le Royaume
d'une feconde dette (*a*). Il ne
nous fuffit donc pas de rendre
en biens de notre crû actuellement à l'Etranger , une valeur
égale à celle des productions

[*a*] Je m'explique autrement : que la pre-
miere dette foit par fuppofition ... 1000 l.
   Et la feconde 200
_____
Nos deux dettes feront de . . . . . 1200 l.

Je dis qu'il ne fuffit pas de rendre en biens
de notre crû actuellement à l'Etranger , une
valeur égale à celle des productions fimples
& des Fabriques qu'il nous livre , & qui forment notre premiere dette de 1000. l. Nous
devons remplir la valeur des deux dettes
1200, foit en nos denrées, Arts & Fabriques, ou en nos Efpeces.

simples, & des fabriques qu'il
nous livre : c'eſt à nous à remplir la valeur des deux dettes. Si
les biens ſimples que le Royaume produit, ſi les biens que les
Regnicoles mettent en œuvre
n'y ſuffiſent pas, nos Eſpeces
monnoyées doivent remplir l'ex-
cedent. Tous les pays Etrangers ſont cenſez à notre égard
n'être qu'un ſeul pays : ſi nous
redevons à l'un ce que l'autre
nous redoit, par le commerce
réciproque entre ces pays &
nous, la dette eſt compenſée.
Pour payer à Rome en argent
les valeurs que nous ne pouvons
y faire recevoir en biens de
notre crû, il nous eſt libre de
prendre des Hollandois leurs
Lettres de Change ſur l'Italie,
en payement des biens naturels que la Hollande aura reçus de nous.

Si maintenant on veut bien faire attention que la France ne tire point de ses mines les matieres de ses Monnoyes, & que l'Etranger ne lui a jamais donné rien pour rien, on jugera quelles valeurs innombrables l'Etranger a dû recevoir en biens de notre crû, arts & fabriques, pour qu'il soit entré dans le Royaume, dans des tems favorables à notre commerce, toutes les matieres d'or & d'argent que les Etrangers ne nous ont données, que parce qu'ils n'ont pas pû remplir envers nous, en équivalent de leur crû & de leur industrie, ce qu'ils nous redevoient.

Admirons donc quelle seroit l'étendue de nos forces, si nos équivalens naturels étoient livrez au dehors pour toute leur valeur, & que cette valeur ne

fut pas troublée , toujours à
notre préjudice , par nos fréquentes variations de Monnoyes , qui rendent nos équivalens inférieurs à ceux que
l'Etranger nous fournit en
échange , & qui dès-là sont sur-
chargez de prix à notre préjudice.

Notre propre intérêt nous
invite donc à renoncer pour
jamais à ces dangereux moyens,
c'est-à-dire , à ne plus toucher à nos Monnoyes , que
par des refontes indispensa-
bles , & nécessitées par le
frai ou par l'usure des Especes. En ce cas ces refontes se
doivent faire aux frais du Roy,
& sans qu'il en coûte rien au
Public. Alors on ne s'avisera
pas de garder les vieilles Especes, & encore moins de les en-
voyer en Pays Etrangers , par

ce qu'il n'y aura rien à gagner.
Par-là on rétablira le Change,
on facilitera le Commerce &
l'entrée des matieres d'or &
d'argent dans le Royaume.

Lorſque pour les beſoins de
l'Etat nos anciens Rois affoi-
bliſſoient l'Eſpece , & qu'ils re-
venoient à la forte Monnoye,
ils en uſoient ainſi : nous avons
à ce ſujet une Ordonnance de
Philippe le Bel , du mois de
May 1295 , rapportée par Boi-
ſard (*a*) , dans laquelle ce Prince parle de cette façon. *Ayant*
aucunement affoibli les monnoyes
en poids & loy , & connoiſſant
être chargé en conſcience du dom-
mage qu'il avoit fait à ſes Sujets
pour raiſon de cet affoibliſſement,
il s'oblige par charte autentique
au Peuple de ſon Royaume , que
ſes affaires paſſées , il remettra

(*a*) Traité des Monnoyes, pag. 67.

la Monnoye en bon ordre & va-
leur, à ses propres couts & dé-
pens, & portera la perte & tar-
re fur lui, & outre cette obliga-
tion, Madame Jeanne Reine de
France & de Navarre, oblige ses
revenus & appanages aux condi-
tions fusdites.

Nous avons encore fur le
même fujet l'Ordonnance du
Roy Jean, donnée à Paris le
28 Decembre 1355. Mais fans
remonter fi haut, Louis XIV.
nous fournit un exemple qui fut
trop avantageux à l'Etat pour
n'être pas imité. Ce Prince par
fa Déclaration du 28 Mars
1679, voulut qu'*on rendît à*
ceux qui portoient aux Hôtels des
Monnoyes des Efpeces décriées,
ou des matieres d'or & d'argent,
le même poids & le même titre
en Efpeces monnoyées. Le Blanc
rapporte ce fait dans fon *Trai-*

& Hiftorique des Monnoyes, pag.
398. Et il dit *que l'experience*
fit voir qu'on n'avoit jamais rien
pratique en France de plus utile,
pour y attirer l'or & l'argent avec
abondance.

Plus d'un Etat s'eft bien
trouvé de cette façon d'agir.
L'Angleterre qui n'eft pas le
moins attentive à fes interêts, fit
la même chofe fous le regne de
Guillaume III en 1695 ; & l'E-
tat s'en trouva très-bien. (*a*)
C'eft ainfi que nous devons toucher à nos Monnoyes , & jamais autrement ; & alors nous
connoîtrons que c'eft gagner ,
que de fçavoir perdre à propos.

(*a*) Hiftoire d'Angleterre par Larrey,
in-fol. tom. 4. pag. 762. & 764. Ou ci-
deffus Chap. 1. art. 3. pag. 168. du premier
Tome.

ARTICLE

ARTICLE VII.

Contenant quelques caufes des variations des prix de toutes chofes, & par occafion quelques obfervations fur le Commerce & la Navigation en général, & fur quelques obftacles à leur progrès.

LE Commerce eft l'échange des biens diftribuez par la nature en differens endroits, & que l'interêt réciproque nous rend communs.

Tous ces biens fe communiquent à nous en circulant d'un endroit à l'autre, jufqu'à ce que nos befoins fatisfaits les ayent confumez. La CIRCULATION eft donc l'*effence du Commerce*, la CONSOMMATION en eft *la fin.*

Tome II. N

De ce concours unanime à
échanger les biens superflus que
nous trouvons sous notre main,
avec ceux dont le besoin nous
est présent, il résulte, que pour
rendre à toutes les Nations la
possession de toutes sortes de
biens facile & prompte, selon
la mesure de leurs besoins, les
Especes d'or & d'argent (*a*) si
précieuses dans l'idée des hommes, si propres à circuler sans
décheoir de leur valeur réelle,
ont été généralement adoptées,
pour être l'instrument nécessaire
de nos échanges, & servir à

[*a*] Les Lydiens furent les premiers qui
pour la facilité de leur Commerce, fabri-
quérent des Monnoyes d'or & d'argent.
Ils sont aussi les premiers qui ayent tenu des Cabarets, & qui se soient mêlez de
Marchandises. Ils inventerent les jeux, celui des Dames, de la Balle &c. & bâtirent
la Ville de Tyr, avec plusieurs autres,
Herodote, Liv, 1. *pag.* 44 de la traduction
de du Rier, *in fol.* Paris 1645.

évaluer les autres biens. Ces biens font prifez par tout, par rapport à la valeur des Monnoyes qui ont cours dans le Pays ; ainfi on ne fçauroit alterer cette mefure , fans altérer l'échange de tous ces biens.

Mais la valeur de tous ces biens n'eft jamais fixe , parce qu'ils ne confervent pas longtems à notre égard le même dégré de convenance ; leur utilité ne nous eft fenfible, qu'autant qu'ils réveillent en nous la vivacité de nos defirs. Trois chofes en réglent toujours les prix courans.

1°. Leur utilité actuelle.

2°. L'abondance ou la fterilité des années.

Et 3°. La valeur numeraire des Monnoyes (*a*).

[*a*] Tom. 1. chap. 1. art. 7. application 3. pag. 148. & fuiv.

N ij

Si plusieurs sortes abondent, notre goût varie sur le choix; notre empressement s'affoiblit, la consommation perd son feu; tous ces biens négligez se donnent au rabais.

De même le défaut de confiance, qui fait resserrer ces denrées ou l'argent, altére la circulation de l'un & de l'autre. Si celle des biens est affoiblie, ils augmentent de prix; si c'est celle de l'Espece, les biens s'avilissent & deviennent à rien.

Au contraire, si beaucoup d'Especes circulent, si quelque besoin réel, ou l'influence des modes nous font plus vivement sentir la convenance de ces biens, les prix s'augmentent. Heureuse vicissitude, ressort qui meut tout le Commerce, puisque ce flux & reflux dans les prix, est une occasion alterna-

tive de perte & de gain ! La
perte inquiéte , & rebute , le
gain excite; il attire les hommes au travail, & il ranime la
circulation, que le défaut de defir
ou de confiance avoit affoiblie. De-là l'excès d'abondance
fe répand où il eſt apperçu néceſſaire. De-là les biens fuper-
flus fe confondent dans des ufages fi recherchez par l'art, qu'on
n'en connoît plus la nature. C'eſt
ainfi que s'opere *la confommation ;*
par conféquent, fi un pays fertile donne l'être au commerce , *la*
circulation lui donne *l'accroiſſe-*
ment ; ce qui nous doit faire
fentir combien il eſt dangereux d'altérer ou d'affoiblir cette circulation (*a*).

La *Culture de la terre, & l'in-*
duſtrie , font donc l'origine &

(*a*) Voyez ci-devant Tom. & chap. ɪ.
article 6. pag. ɪ2ʒ. juſqu'à ɪʒo.

les principes de toutes les ri-
cheſſes dont jouiſſent les hommes, & par conſéquent les deux
ſeuls objets ſur leſquels roûlent
les Finances.

Il s'agit donc de donner aux
biens naturels tous les uſages
qui leur ſont propres, d'en rendre l'utilité ſenſible à nos beſoins préſens, & d'exciter par
leur convenance les beſoins des
Étrangers, afin de nous procurer une circulation de ces biens,
ſi prompte au dehors, & par
conſéquent un prix ſi ſuperieur
pour nous, que l'Etranger qui
reſtera en défaut ſur les équivalens à fournir de ſa part, ſoit
contraint de remplir en notre
faveur ce défaut en Eſpeces
d'or & d'argent. C'eſt-là le véritable & l'unique moyen, non
ſeulement d'empécher la ſortie
de notre argent, mais d'attirer

celui de nos voisins, & de nous
procurer un débit avantageux
de nos denrées, & par conséquent aux Peuples la facilité de
payer les impositions, & non
pas de surhausser les Monnoyes,
comme le dit l'Auteur de l'*Essay Politique sur le Commerce* *
Ce surhaussement de la valeur
numéraire des Especes, ne peut
jamais nous être avantageux.

La fertilité d'un Etat, & l'industrie des Peuples, sont les
deux sources du Commerce.
On doit à la fertilité tout ce
que l'étendue du Pays & les
differens avantages du terroir
peuvent produire. On doit
à l'industrie les divers usages
ausquels on employe les productions de la Nature, soit qu'elles viennent de notre fond, ou
de celui de l'Etranger. Lorsque

* Pag. 237. n. 4.

N iiij

l'induſtrie s'exerce par les Regnicoles ſur notre propre fond,
le Commerce qui reçoit d'elle
ſon Etat floriſſant , eſt naturel,
& eſt le plus ſolide.

La ſolidité du Commerce
conſiſte dans la diverſité des
biens que produit un Pays fertile ; ſon progrès , dans l'étendue qu'il reçoit de l'activité de
l'induſtrie. Or l'activité ne manque pas aux François ; mais les
François manquent à eux-mê-
mes. Leur génie eſt propre pour
le Commerce ; mais ils l'appli-
quent à de faux commerces ;
parce que les voyes qui y con-
duiſent, leur paroiſſent plus di-
rectes , plus abregées , les moiſ-
ſons plus promptes , plus bril-
lantes , & toujours tolerées.

Le Commerce , dont il ſem-
ble que l'on ne fait pas aſſez de
cas en France , n'eſt cependant

pas ce qui mérite le moins l'attention du Miniſtre. Peut-être
auſſi ſeroit-il l'objet d'une des
principales attentions du Gouvernement , ſi ceux qui ſont à
la tête des affaires avoient le
tems d'y penſer davantage , &
ſi les autres objets qui les occu-
pent , & qui ſemblent plus im-
portans , leur permettoient de
conſidérer de quelle conſéquen-
ce le Commerce eſt à l'Etat.
Chez les autres Nations il eſt
la premiere raiſon de l'Etat.
Le raiſonnement & l'expérience
concourent à les affermir dans
ce principe.

Deux intérêts différens & op-
poſez ſe trouvent ordinairement
dans le Commerce. 1°. L'intérêt particulier du Marchand ,
dont le but eſt toujours de gagner & de s'enrichir , ſans faire aucune attention au bien de

l'Etat, auquel son commerce peut être préjudiciable, quoiqu'il soit avantageux pour lui en particulier: 2°. L'intérêt général du Commerce & de l'Etat. Ce dernier est réel & n'a pour objet que le bien général de la Nation. Or il est digne de l'application des Ministres, d'entrer dans l'examen de ce qui est avantageux à l'Etat pour le proteger, & de ce qui peut lui causer du dommage, pour ne le pas tolérer.

Tout le Commerce qui se fait, en tirant de nos voisins une infinité de Marchandises, qui n'ont d'autre utilité que celle de satisfaire le luxe des meubles, des habits & des tables, doit être regardé comme un moyen dont nos voisins se servent pour attirer notre or & notre argent: moyen d'autant plus contraire au bien de l'Etat, qu'il est seul capable d'épuiser le Royaume d'or & d'argent. Voilà le Commerce ruineux à l'Etat ; Commerce qui pourtant peut être utile au particulier qui fait sur ces sortes de Marchandises un gain, qui loin d'être protegé doit être diminué.

Au contraire, tout ce qui augmente la culture & le produit des terres, tout ce qui favorise nos bonnes Manufactures, tout ce qui en facilite le débit & le transport chez l'Etranger, & enfin tout ce qui peut augmenter nos pêches & notre Navigation, est digne de protection, parce que ces choses sont également utiles à l'Etat & aux particuliers.

Le Commerce en général, par rapport au bien de l'Etat, n'a que deux vûes : *La premiere,*

de décharger l'Etat du superflu des denrées qu'il produit,
& que les Habitans fabriquent
au delà du néceſſaire à leur conſommation, & de tirer de l'E-
tranger les choſes qui nous manquent, & qui ſont abſolument
néceſſaires. Et *la ſeconde*, d'enrichir l'Etat en même tems que
le pàrticulier.

On connoît ſi le Commerce
eſt avantageux ou contraire au
bien de l'Etat, en comptant
exactement, pour quelle ſomme chaque année, l'une portant l'autre, on fait ſortir du
Royaume des Marchandiſes
cruës, & fabriquées dans le
Pays ; & pour quelle autre ſomme on en tire chaque année du
Pays Etranger. Si en balançant
ces deux ſommes, on trouve
qu'il ſorte toutes les années pour
plus de Marchandiſes du crû

& de la fabrique du Pays, qu'il n'en eſt entré des Pays Etrangers, alors on dit que le Commerce eſt bon & utile à l'Etat, (*a*) parce que le débit que nous faiſons de nos Marchandiſes excedant la valeur de celles que nous recevons de l'Etranger, cet excedant nous eſt toujours payé en argent. C'eſt la feule voye que nous ayons pour ob-

(*a*) On ne ſçait pas trop, ſi ce moyen de connoître la ſituation du Commerce eſt bien ſûr ; car il ne nous ſuffit pas de fournir à l'Etranger pour autant de nos biens, arts & fabriques, qu'il nous fournit des ſiens, nous devons de plus lui en fournir, pour nos dépenſes faites chez lui, pour les droits accordés au Saint Siege, & pour les rentes qui lui ſont dûës par l'Hôtel-de-Ville. Ces trois articles forment une *ſeconde dette*, dont le Royaume eſt chargé envers l'Etranger. Or le moyen de balancer l'entrée & la ſortie des Marchandiſes, ne ſçauroit comprendre cette dette. Il eſt donc inſuffiſant pour montrer au juſte, l'état ou la ſituation du Commerce. C'eſt ce que nous allons rendre ſenſible, après avoir dit ce qui ſe fait pour connoître la balance du Commerce.

tenir ce métal ; l'étenduë de ce Commerce est la mesure la plus exacte de nos richesses, & de la puissance de l'Etat.

Si au contraire nous tirons de l'Etranger pour plus de marchandises que nous ne lui en fournissons , nous sommes indispensablement obligez de payer cette différence en argent ; ce que nous faisons en leur envoyant nos matieres d'or & d'argent , quand elles arrivent des Indes en Espagne, au lieu de les faire venir en France ; ou en leur transportant nos Especes : ce qui appauvrit l'Etat & met hors de travail tous les ouvriers que cet argent transporté auroit pû employer *.

Le reméde au dernier cas est de retrancher l'usage des

* Comme il a été dit ci-devant , Tom. 1. pages 121. & 189.

marchandifes inutiles & fuper-
flues , qui ne fervent qu'à la
fenfualité & au luxe. L'Empire
Romain devenu fi puiffant & fi
riche , par les dépoüilles de tant
de Provinces, fe perdit en per-
mettant pendant la paix aux
Etrangers de s'établir à Rome,
& d'y apporter les Marchandifes de leur Païs , qui étant de-
venuës agréables aux Romains,
augmentérent le luxe , & à la
fin épuiférent d'argent les Citoyens & l'Empire : ce qui les
mit hors d'état d'appaifer les
féditions que ces Etrangers
mêlez avec les Citoyens , exci-
terent , pour favorifer l'ambi-
tion des plus hardis , & de re-
pouffer enfuite les Barbares qui
les attaquerent , & fe rendi-
rent maîtres de toute l'Italie.

On a vû ci-devant (*a*) que

[*a*] Art. 1. de ce Chap. pagg. 12, 14, 15
& 16 , du 2. Tom.

le cours des Changes Etrangers, qui eft le véritable BA-
ROMETRE DU COMMERCE , nous
préfente un fecond moyen de
connoître *la Balance* ou *l'etat
de ce Commerce* , infiniment plus
prompt & plus fûr , que celui
d'examiner l'entrée & la fortie
des marchandifes. Ce fecond
moyen met chaque jour le Légiflateur en état d'agir pour
foutenir ou pour conferver l'a-
vantage , fi on l'a , ou pour le
rappeller , fi on ne l'a pas. Celui qui réfulte de l'examen de
l'entrée & de la fortie des marchandifes n'a pas cet avantage.
Il ne peut fe connoître que long-
tems après ; & alors il n'eft plus
tems d'agir , la perte eft faite.

On me dira peut-être que le
cours des Changes Etrangers
ne montrant pas la forte de
marchandife qui fort de moins,

ni celle qui entre de plus, on
ne peut pas fçavoir ce qu'il faut
faire, non feulement pour éviter nos pertes, mais encore
pour nous procurer l'avantage.
On répond, fans crainte de fe
tromper, que le cours des Changes eft non feulement le moyen
le plus prompt & le plus fûr,
pour connoître l'état du Commerce : mais encore qu'il fuffit,
parce qu'il comprend les deux
dettes dont la France eft chargée envers l'Etranger. Il nous
montre journellement laquelle
de deux Nations redoit à l'autre, & conféquemment celle
qui a l'avantage du Commerce.
Si nous avons le défavantage,
ce défavantage ne peut venir
que par les caufes expliquées
ci-devant avec les principes du
Change, (*a*) ou par le trop

_____

(*a*) Art. 1. p. 3, 4, 8. & fuiv. de ce chap.

grand ufage que nous faifons
des marchandifes étrangeres
inutiles & fuperfluës , qui ne
fervent qu'à la fenfualité & au
luxe. Celles qui nous manquent
& qui nous font abfolument néceffaires, ne peuvent jamais égaler celles que l'Etranger tire de
nous. Cela étant , la premiere
& la principale caufe de notre
défavantage , eft la trop grande
confommation de ces chofes
peu utiles , & dont nous pouvons nous paffer aifément : ainfi
dès que le cours du Change
nous montre un défavantage
avec une Nation , en retran-
chant en tout , ou en partie ,
felon le cas , l'ufage des marchandifes qu'elle nous fournit ,
& qui ne nous font pas abfolument néceffaires , c'eft rappeller l'avantage en faveur de
notre Commerce , & le feul

moyen d'attirer l'or & l'argent en France.

Par le cours des Changes Etrangers, on peut voir chaque jour de l'année l'état & la situation de notre Commerce avec une Nation quelconque, l'examen des marchandiſes ſorties & entrées qui ne peuvent être calculées exactement, faute de ſçavoir les prix des unes & des autres avec la préciſion requiſe, n'eſt qu'un moyen aſſez imparfait de connoître l'avantage ou le déſavantage du Commerce. Et quand même ces denrées, Arts & Fabriques, ſortans, & entrans, pourroient être calculées avec toute la préciſion poſſible, ce moyen ne pourroit jamais balancer que les biens que nous recevons du dehors, & qui forment notre *premiere dette* * envers l'Etranger, avec ceux que nous lui livrons, & laisseroit en arriere une *seconde dette*, formée par nos dépenses semées en Païs ami ou ennemi, par les droits attribuez au S. Siege, & par les rentes dûes aux Etrangers sur l'Hôtel-de-Ville. Ces deux sortes de dettes composent tout ce que doit la France à l'Etranger : il ne lui suffit donc pas de rendre à l'Etranger en biens de son crû, Arts & Fabriques, une valeur égale à celle qu'elle reçoit de lui, ou à la premiere dette ; elle doit de plus remplir la valeur de cette seconde dette, soit en biens de son crû, soit en ses Especes : Or le moyen dont on se sert pour connoître

* Voyez ce qui a été dit ci-devant, art. 6. de ce chap. pag. 281. & suiv.

la balance du Commerce , ne comprenant pas cette feconde dette, eft infuffifant ; d'ailleurs par ce moyen on ne peut con-noître l'état du Commerce af-fez tôt pour y remédier. Le moyen que nous propofons eft l'unique, le plus prompt, & le plus fûr. Il comprend les deux dettes, ainfi il eft préferable en tout fens : fi on ne le trou-ve pas tel , on le trouvera tout au moins indifpenfable, pour ré-parer les défectuofitez de l'au-tre,

La France par fa fituation , par fon climat, par la fertilité de fes Provinces, par l'induf-trie & par le génie de fes ha-bitans, a des avantages pour le Commerce , que toutes les autres Nations n'ont pas. Mais cela ne fuffit pas pour rendre fon Commerce floriffant ; il faut que ses habitans ayent du goût & de l'inclination pour ce Commerce. J'ai déja dit , * & je le répéte , le génie du François est heureux pour le commerce ; mais il l'applique à de faux commerces.

En effet , le génie du François se plieroit au commerce , si cette profession lui présentoit des emplois où les richesses & les honneurs fussent attachez , comme dans d'autres professions infiniment moins utiles à l'Etat , & où il faut même moins de capacité & de prudence que dans le Commerce ; & si l'attrait du gain , qui est plus rapide & plus grand dans la Finance , n'en détournoit la plûpart de ceux qui y sont propres.

Tout homme qui sçait son-

* Ci-devant en cet art. pag. 296.

der & conduire une affaire d'intérêt , & en qui ce génie bien
réglé domine , eſt négociant
né , & peut réuſſir dans le Commerce : mais ſi ce génie ſe dé-
régle , ſi le déſir des fortunes
immenſes en fait un Financier,
& la vanité un Magiſtrat, (ce
qui arrive quelquefois) c'eſt ôter
du commerce les fonds d'argent & les hommes qui lui
étoient propres , & en quelque
ſorte acquis. Cependant le commerce ne peut s'étendre qu'à
proportion des forces qu'il reçoit ; & où ces forces ne peuvent arriver , il reſte néceſſairement un vuide. Qu'il feroit à
deſirer que l'on trouvât les
moyens de remédier à ces abus!
Ne pourroit-on point, par l'attrait de l'honneur & de la fortune , ramener ces ambitieux
au commerce naturel ? Qu'on

attribue aux aînez des Négocians, qui fuivront le commerce de leurs Perès, le même furcroit de partage fur les effets
mobiliers de la fucceffion, que
les Loix en faveur des nobles
ont établi fur les fiefs; ou tout
au moins qu'on faffe revivre
cette belle Ordonnance du Roy
Jean de l'an 1350. renouvellée
par Henry III le 15 Juin 1586,
celle de François I. du 12 Janvier 1538. Cette autre célébre
Ordonnance de Louis XIII. du
1 Février 1629, fi favorable à
notre Commerce; (*a*) fa Déclaration du 27 Juillet 1632 , &
les Ordonnances des 15 Juillet
& 14 Septembre 1687. Alors
nous n'aurons nul terrain qui
ne profite dans toutes fes pro-

[*a*] Elle renouvelle les Ordonnances de
Louis XII de 1504, & de Henry II, de
1556.

prietez

prietez ; plus de négligence par
rapport à la nature ; nulle pro-
duction qui ne prenne autant
de manieres d'être, que l'on peut
concevoir d'ufages qui lui conviennent : plus d'affoupiffement
dans les Arts. Quel furcroit de
force dans la Navigation ! Quelle vivacité , quelle opulence
dans les manufactures ! C'eft
alors que la félicité des Sujets
feroit au plus haut dégré , &
que comme le dit l'Auteur de
l'*Effai Politique* fur le Commerce, (a) *ils béniroient à jamais le
Légiflateur attentif à les foulager.*

Mais un préjugé malheureux ,
qui nous fait regarder le Commerce comme une profeffion
qui ne convient qu'au peuple ,
& qui en exclut la nobleffe ,
eft encore un obftacle à ce mê-

[a] Pag. 271.

Tome II.   O

me Commerce. Cette nobleſſe ne conſidére pas qu'elle eſt obligée de vivre du revenu de ſes terres ; que ce revenu augmente , ſi les denrées produites par ces terres, au-delà du néceſſaire à la conſommation des habitans , peuvent ſe répandre dans les Païs Etrangers. Or cela ne ſe peut faire que par le Commerce aidé de la Navigation, c'eſt donc le Commerce & la Navigation qui enrichiſſent les Particuliers & l'Etat, qui rendent le Prince plus puiſſant, plus reſpecté , & plus craint de ſes voiſins. C'eſt le commerce qui nous procure l'or & l'argent , premiers mobiles de toutes les actions : nous n'avons aucunes mines de ces métaux. Tout l'or & l'argent que nous avons en France eſt dû aux ſoins & au travail du Négociant : il ſert l'Etat en riſquant ſon bien , & quelquefois fa vie fur mer , pour nous procurer l'abondance de ce qui nous manque , & le débit de notre fuperflu. Son but eft de s'enrichir, il eft vrai; mais en s'enrichiffant , il enrichit le Royaume & le rend plus puiffant. La nobleffe défend l'Etat & le fert à la guerre, où elle rifque fa vie & dépenfe fon bien. Son but eft de fe fignaler & de s'avancer. Le but de la Nobleffe eft plus noble & plus genereux , il faut en convenir; mais la guerre à la longue conduiroit l'Etat à fa perte ; le Commerce au contraire le rend neceffairement plus riche & plus puiffant, le met en état de fe défendre contre les attaques de fes ennemis , & la Nobleffe en fituation de pouvoir figurer felon fon rang.

Que deviendroient la Nobleſſe & l'Etat Eccleſiaſtique, s'ils n'étoient pas ſoutenus des Laboureurs & des Marchands? C'eſt un Noble qui va nous l'apprendre, un Noble du premier ordre, un Noble, bon citoyen & grand Miniſtre ; en un mot c'eſt le Duc de Sully, qui dans ſes *Œconomies Royales & Servitudes Loyales*, (*a*) s'exprime ainſi. Après avoir fait l'apologie de la Nobleſſe, il dit que, *neanmoins il ſe verifiera, ſi toutes circonſtances ſont bien examinées en detail & par le menu, que ce corps tant plein d'éclat, de gloire & de ſplendeur, & de hautaines jactances, deviendroit non ſeulement inutile, mais dangereux à l'Etat, s'il ſe trouvoit une fois deſtitué des aydes, ſecours & aſſiſtances, qu'il tire des Mar-*

(*a*) Tom. 7. p. 273 & 274 de l'édit, in 12 Roüen 1642.

*chands, Artifans, Pafteurs &
Laboureurs.* Sully detaille ici les
utilitez des uns & des autres,
& conclut ; *qu'un Etat fouverain
fe pafferoit mieux pour les chevan-
ces & commoditez de la vie hu-
maine, de gens d'Eglife, nobles,
officiers de juftice & financiers, que
de marchands, artifans, pafteurs
& laboureurs.*

Pourquoi donc ne pas hono-
rer, eftimer & protéger davantage une profeffion qui nous eft
fi utile? Pourquoi n'a-t-elle pas
en elle des grades de diftinction
& d'honneur, qui puiffent empêcher ceux qui y font les plus
propres & les plus utiles, d'en
fortir, pour acheter des diftinc-
tions qu'ils ne trouvent point
dans leur corps? On ne s'apper-
çoit pas de ce mal ; & l'on n'y
fait point affez d'attention : il
eft cependant un obftacle à no-

treCommerce,& par confequent
à la puiffance de l'Etat. Si fur
le foible parallele que je viens
de tracer des fervices du Noble & du Negociant, on veut
les balancer avec équité & fans
prevention, on les trouvera tous
deux utiles & honorables ; on
verra qu'il ne faut pas moins
de prudence & de capacité
pour bien conduire un grand
commerce, & une navigation
étendue, qu'il faut de valeur &
de prudence pour bien conduire une Compagnie ou un Re-
giment. Je ne fçay même fi l'Etat
doit faire une fi grande difference, entre l'action d'un Offi-
cier qui à la guerre défait ou
fait defaire par fes ordres
quelques troupes de l'ennemi,
& l'action d'un Negociant, qui
fait conftruire & armer en guerre à fes frais un ou plufieurs vaif-

feaux, qu'il monte quelquefois
lui même, où qu'il fait monter
par des Capitaines qu'il choifit ,
pour courir fur les ennemis de
l'Etat , pour les chercher , afin
de les vaincre , au rifque d'être
vaincu par un combat fanglant
& opiniâtre. S'il eft vainqueur ,
il amene fa prife en France ,
fouvent très-richement chargée ; l'Etat en profite comme
ce Negociant. Il me femble
qu'il y a au moins autant de
valeur d'un côté que de l'autre ; ils affoibliffent les ennemis de l'Etat l'un & l'autre :
pourquoi donc l'honneur & la
recompenfe font-ils fi differens ?

Aurefte le Commerce en gros
& maritime n'a en lui même rien
que d'honorable. L'Antiquité
nous fournit d'illuftres temoi-
gnages en faveur de ceux qui le

faifoient. SALOMON *Roy d'Ifraël*, faifoit, felon l'Ecriture, un grand Commerce au dehors. SOLON, ce grand Legiflateur d'Athenes (*a*) qui étoit d'une des plus nobles maifons de cette floriffante Republique, & qui du côté de fon Pere defcendoit de *Codrus* dernier Roy d'Athenes, (*b*) pour rétablir les defordres caufez dans la fortune de fa famille par les trop grandes liberalitez de fon Pere, aima mieux faire le Commerce, que de recevoir de l'argent des perfonnes riches qui lui en offroient, & qui lui promettoient de ne l'en jamais laiffer manquer. *Or en ce temps-la*, dit Plutarque après Héfiode, (*c*) *Il n'y avoit ni travail des mains qui fut hon-*

(*a*) Il vivois l'an 598 avant Jefus Chrift.
(*b*) Plutarque, vie de Solon.
(*c*) Traduction de M. Dacier.

teux, ni art, ni metier, qui mît de la difference entre les hommes. La Marchandise sur tout étoit honorable, parce qu'elle ouvre le Commerce avec les Nations Barbares, qu'elle donne le moyen de faire amitié & alliance avec les Rois, & qu'elle instruit d'une infinité de choses, qu'on ignoreroit sans elle. Il y a eu même des Marchands qui ont fondé de grandes villes, comme PROTUS qui fonda Marseille, après avoir acquis l'amitié & l'estime des Gaulois qui habitent le long du Rhône. On dit aussi que le sage THALES & HIPPOCRATES le Mathematicien se mélerent de Marchandise, & que PLATON ne fournit aux frais de son voyage d'Egypte, que par le moyen de l'huile qu'il y vendit.

CATON le censeur, (a) ce

[a] Plutarque vie de Caton. Il vivoit l'an 196 avant J. C-

O v

Demosthene Romain , cet homme si austere & si delicat sur la vertu & l'honneur, ne dedaigna pas d'acquerir du bien par le Commerce : il disoit que le Commerce en gros dépendoit principalement de l'esprit, & que le Commerce en detail n'étoit qu'un ouvrage de la main. Comme tous les actes de l'esprit sont nobles, les Loix, qui ont negligé la distinction & l'illustration du *Commerce en detail* pour certaines raisons morales , ont distingué & honoré le *Commerce en gros.*

Selon *Ciceron* (*a*) le Commerce en detail est vil & sordide , & le Commerce en gros ne l'est point : celui-ci apporte de tous les lieux du monde les commoditez & l'abondan-

(*a*) Offices liv 1. vers la fin, il vivoit l'an 78 avant J. C.

ce ; il demande de l'esprit &
de la prudence, & il est aussi
utile au public, que la medeci-
ne, l'architecture &c. que Ciceron trouve honorable.

Une preuve que le Commer-
ce ne derogeoit point & n'avoit
rien de bas chez les Romains,
c'est que l'Empereur PERTINAX
l'exerça pendant la plus grande
partie de sa vie, & même depuis qu'il fut Empereur (*a*).
CARACALLA dans le cruel mas-
sacre qu'il fit faire à Alexan-
drie, eut de grands égards pour
le corps des Marchands, qui
y étoit très - grand : dans les
ordres qu'il donna pour en faire
sortir les Etrangers, il en ex-
cepta les Marchands, & les y
laissa en liberté. ALEXANDRE

[*a*] Histoire du Commerce & de la
Navigation des Anciens par M. Huet, Ch.
57. N°. 9. 11. 12. & 13.

Severe, dans la vuë de faire
fleurir le Commerce à Rome,
& d'y attirer les Marchands,
leur accorda de grandes immu-
nitez. Maximin exerça lui-même le Commerce avec les Goths
&c.

On trouveroit beaucoup d'autres exemples, fi on vouloit
les chercher, qui feroient voir
que de grands hommes n'ont
pas dédaigné d'acquerir du bien
par le Commerce : ces exemples
font communs chez les Grecs
& chez les Romains ; ces peuples étoient auffi delicats que
nous fur l'honneur. Les Anglois, les Hollandois &c. pen-
fent à ce fujet comme les Grecs
& les Romains. Je ne fçai pourquoi nous ne les imitons pas.
Les Venitiens, pour faire inftrui-
re les enfans des Nobles dans la

Marine, obligent les vaisseaux marchands, qui vont dans les Païs Etrangers, d'en prendre toujours deux, que le Capitaine est obligé de nourrir à sa table, sans qu'ils soient tenus à autre chose qu'à être temoins des manœuvres du vaisseau & des observations des Pilotes.

Enfin le Commerce maritime étoit si honorable chez les Anciens, que les Empereurs lui accordoient une protection particuliere. *Ils honoroient les villes qui s'étoient signalées dans le Commerce, ou dans la construction des vaisseaux, ou qui étoient celebres par quelque port considerable.* Ces villes faisoient marquer leurs medailles d'un Vaisseau, ou seulement d'une Prouë, ou d'un Neptune avec son trident, on d'un Dauphin. Telles

étoient les medailles de Tyr (a)
de Sidon, de Bizance, de Leu-
cate, de Chelidoine, de Syra-
cufe &c. *Hift. du Commerce &
de la Navigation des Anciens
Chap. 46. N°. 15. p. 273.*

La France, auffi bien que l'Empire Romain, a des villes maritimes & commerçantes, qui meritent des Medailles, & qui font af-
furément dans le cas d'être hono-
rées & protegées, parce qu'elles
fe font fignalées dans le Commer-

(a) L'Ecriture fainte, *Chap. 27. d'Eze-
chiel*, nous fournit un glorieux temoigna-
ge des Richeffes & des forces Maritimes
de la ville de Tyr, dont le Prophète fait
l'Eloge, ainfi que de fes Matelots, de fes
vaiffeaux, de fon grand Commerce &c.
Mais ce pourroit bien être l'ancien Tyr.
Le nouveau le furpaffa de beaucoup, Selon feu M. Huet en fon *Hifloire du Commerce & de la Navigation des Anciens, Chap.
8. N°. 4. pag. 33.* Selon Hérodote les
Tyriens viennent des Lydiens, comme
on la dit ci-devant, au commencement
de cet article Note (a). pag. 290.

ce & dans la conſtruction des
vaiſſeaux. Elle en a même qui
ont plus fait , & qui n'ayant ni
fonds de terres ni manufactures ,
ſe ſont jettées dans la Navigation. Elles ſe ſont accoûtumées
aux haſards ; leurs vaiſſeaux ont
affronté les dangers ; elles ſont
devenues formidables aux voiſins, en les harcellant ſant ceſſe ,
& en les affoibliſſant au point
que ces ennemis , pour vanger
leurs pertes jurerent celle d'une
de ces Villes,& pour cet effet inventerent cette redoutable ma-
chine, ſi celebre, qui devoit
la reduire en cendres. Que
n'ont pas fait les courageux habitans de cette fameuſe ville ,
également negociante & guer-
riere, pour braver tous les efforts des ennemis de la couronne. Bornez à quelques Rochers,
ils ont ſçu la rendre inacceſſi-

ble de toutes parts, y conſtruire des fortereſſes qui aſſurent
leur port, rendre en un mot
leurs rochers un prodige de
l'art, & un monument éternel
du genie de la guerre ; allié au
genie du commerce. Combien
cette ville, & quelques autres,
qui, comme elle, cultivent le
Negoce, n'ont-elles pas fait éclo-
re d'excellens Capitaines de mer!
Combien de vaiſſeaux n'ont-
elles pas conſtruits & armez !
Que de Matelots! Que d'ouvriers! Que de jeunes combat-
tans n'ont-elles pas mis en œuvre! (*a*) Auſſi combien d'or

[a] On me permettra de remarquer ici
que pluſieurs des armateurs & matelots,
dont la ville de ſaint Malo s'eſt ſervi du-
rant le cours des dernieres guerres, étoient
Normands. Parmi ceux qui montoient
leurs vaiſſeaux, & qui ſe diſtinguoient dans
les combats, il y en avoit beaucoup de
cette Province. Aujourd'hui pluſieurs familles Malouines en ſont originaires.

& d'argent n'ont-elles pas fait
entrer dans le Royaume ! Leurs
vaiſſeaux heureuſement arrivés
de la mer du Sud en 1709 ap-
porterent pour plus de *trente*
millions de matieres d'or & d'ar-
gent , qui furent à l'Etat d'un
ſecours d'autant plus important,
que ces villes préterent *quinze*
millions au Roy dans un beſoin
très-preſſant. C'eſt le Miniſtre
même des finances qui le dit à
la page 13 de ſon Memoire ,
dont le paſſage eſt rapporté cy-
devant, tom. 1. ch. 1. art. 4.
pag. 59. Que de dépoüilles de
l'ennemi ces Villes Negociantes
n'ont-elles pas remportées, deſo-
lant le Commerce de nos voiſins, & aſſurant le notre! La
Nobleſſe , dont une ſi grande
partie eſt oiſive dans ſes châ-
teaux , ſe croira-t-elle donc
plus utile à l'Etat , plus brave ,

plus belliqueuse, que ces Négocians militaires, que ces Heros
Bourgeois ? Que n'auroient pas
fait les Republiques de la Gré-
ce, que n'auroient pas fait les
Romains, pour combler d'honneurs & de recompenses des Citoyens si dignes de ce nom.

Les forces maritimes contribuerent beaucoup à la grande
puissance des Romains. Aussi
voit-on dans le Digeste quelques
loix, qui nous font connoître
l'application qu'ils donnerent
en certain tems aux affaires
de la Mer, même pendant le
fort de leurs guerres. Les é-
xemptions des charges munici-
pales qu'ils accorderent aux citoyens, pour les inviter à con-
struire des vaisseaux & à cultiver le Commerce, font des
preuves invincibles qu'ils sentoient parfaitement, que les for-

ces maritimes & le Commerce étoient neceſſaires à la conſervation & à l'accroiſſement de leur puiſſance.

Le Cardinal de Richelieu, qui avoit des vuës ſi étenduës pour la grandeur de l'Etat, ne trouva point de moyen plus efficace pour augmenter la puiſſance du Roy & la richeſſe de la Nation, que d'augmenter la Navigation & le Commerce ; en effet, il n'y en a point d'autre qui puiſſe nous attirer l'or & l'argent. Ce grand homme d'Etat nous montre bien la neceſſité & l'utilité d'une puiſſance ſur mer (*a*). Selon lui le Commerce eſt une dependance neceſſaire de cette puiſſance maritime. Après avoir montré les avantages que les

[*a*] Teſtament Politiq. de ce Cardinal Ch. 9. ſect. 5. & 6.

Anglois auroient fur nous, fi notre foibleffe fur mer nous ôtoit tout moyen de rien entreprendre à leur préjudice il rapporte pour exemple l'affront que fit cette Nation orgueilleufe au Duc de Sully, envoyé par Henry IV. en Angleterre en qualité d'Ambaffadeur extraordinaire, & il confeille à Louis XIII. de fe mettre en état de n'en plus fouffrir de femblables. Il fait voir tous les avantages d'une puiffante Marine; il en prouve l'utilité & celle du Commerce, par l'exemple des Hollandois, qui ne font devenus puiffans que par leur marine & leur commerce. Ce fut pendant fon miniftere que Louis XIII. fit cette belle ordonnance du premier Février 1629; dans laquelle pour engager les Sujets à faire le Commerce de

la mer, il declara par l'article
452. *Que les gentilshommes qui
feroient ce Commerce par eux-mê-
mes ou par des personnes interpo-
sées, ne derogeroient point à leur
noblesse &c.*

Ce fut sur ces mêmes principes que le grand Colbert, ce
vrai Ministre, protegea les Arts
& les Manufactures. Il y avoit
en France alors beaucoup de
facteurs & de commissionnaires
des Negocians Etrangers, &
très-peu de Negocians. Il regar-
da les Societez ou les Compa-
gnies, comme le moyen le plus
propre à engager les François
à faire le Commerce par eux-
-mêmes : Et comme entre tous
les Commerces, qui se font
dans toutes les parties du monde, il n'y en a point de plus
riche n'y de plus considerable,
que celui des Indes orientales,
il reconnut l'importance de la

Navigation & des voyages de long cours; il obferva que ces voyages étoient non feulement une marque certaine de la puiffance d'un Etat, mais encore un moyen infaillible d'y apporter l'abondance. Il crut donc qu'il étoit de la gloire du Roy & de l'intérêt de fes peuples, d'entreprendre ce Commerce, que Henry iv. & Louis xiii. n'avoient pû conduire à fa perfection. Il porta le Roy à former le même deffein en 1664 & à ne rien épargner pour l'accompliffement d'un fi grand ouvrage, qui pouvoit tenir fon rang parmi les évenemens les plus fameux du regne de Louis le grand. Il forma une Compagnie des Indes orientales, il la protegea de toute fa puiffance, il l'affifta de fes deniers, & prit fur lui les charges de l'execution les plus pefantes, fans vou-

loir participer à la felicité des
succez. On lit même dans l'histoire du Japon du pere de Char-
levoix Jesuite, que sachant que
les Japonnois ne recevoient
dans leurs ports que les vaisseaux des Hollandois, & ne vouloient commercer ni avec les
Espagnols ni avec les Por-
tugais, à cause de la Religion
Catholique dont ils font profession, & qu'on leur avoit
rendu odieuse, ce Ministre
projetta de faire dire à l'Empereur du Japon, que le Roy
de France avoit beaucoup de
Sujets qui suivoient la Religion
des Hollandois, & que s'il le
trouvoit bon, le Roy ne lui en-
voyeroit que des vaisseaux montez par ceux de cette Religion.*
Cela s'appelle penser en Ministre. Ce projet n'eut point de

* V. les Observations sur les écrits mo-
dernes Tome x. p. 305.

ſuccès à cauſe de la prevention du Gouvernement Japonnois qui redoute les Etrangers, inſtruit de ce qui s'eſt paſſé dans les Indes orientales & occidentales.

C'eſt ainſi que ce grand Miniſtre encourageoit les Negocians à ſe donner au Commerce maritime, & à faire conſtruire des vaiſſeaux propres aux voyages de long-cours. Cette Compagnie ne fut pas la ſeule qu'il forma; il en fit une pour les Indes occidentales, pour le Commerce du Levant, & pour celui du Nord. Il s'attacha à perfectionner nos anciennes manufactures; il en établit de nouvelles; enfin il protegea puiſſamment le Commerce, les Arts, & les Manufactures, qu'il regardoit avec raiſon, comme le moyen le plus efficace pour

augmenter

augmenter la puissance du Roy & la richesse du Royaume. En effet, je le repete encore, il n'y en a point d'autre qui puisse nous attirer l'or & l'argent. M. Colbert eut la satisfaction de voir que ses peines & ses soins ne furent pas inutiles ; il laissa le Commerce dans un Etat florissant : Mais depuis lui les choses changerent bien de face ; le commerce étoit aneanti, & toutes les depenses qu'il avoit faites pour l'Etablissement de la Compagnie des Indes orientales, & celles qui avoient été faites depuis lui par ses successeurs, ne suffisoient plus pour rendre ce Commerce fructueux.

Messieurs les Maloüins s'en chargerent en 1710, moyennant dix pour cent qu'ils donnoient du total de la vente des Marchandises qu'ils en rapportoient.

Tome II. P

Dabord ils n'étoient point au fait de ce Commerce, & il languissoit dans leurs mains; il étoit aussi trop foible, pour remplir tous nos besoins. En sorte qu'il nous falloit encore acheter de nos voisins une partie des Marchandises qui nous venoient des païs orientaux; servitude, dont M. Colbert avoit voulu nous affranchir, & qui étoit aussi honteuse qu'elle étoit ruineuse pour l'Etat.

Dans cette même vuë, pour profiter des grandes depenses qui avoient été faites à ce sujet depuis 55 ans, & pour ne pas laisser un si noble dessein sans effet, M. Law, gentilhomme Ecossois, qui dès le mois de May 1716 (a) avoit établi une *Banque générale* en Fran-

(a) On l'a dit ci-devant art. 4. de ce Chap. pag. 105.

ce , & une Compagnie de Commerce fous le nom de *Compagnie d'occident* avec des actions, fit ôter la Compagnie des Indes aux Maloüins, dans le tems qu'ils commençoient à entendre ce Commerce & à le bien faire ; il fit réunir cette Compagnie au mois de May 1719 à celle d'Occident , & on nomma la nouvelle Compagnie , COMPAGNIE DES INDES. Elle eft le feul veftige qui nous refte du fiftême de M. Law.

L'importance de l'établiffement de la Banque fut reconnuë par fes progrez ; l'experience fit voir l'utilité que l'on en pouvoir retirer , par la facilité de faire venir à Paris les deniers Royaux , fans frais , & fans degarnir les Provinces d'Efpeces. Ce qui procura le moyen d'établir des fonds dans tous

les lieux du Royaume & dans
les places étrangeres, en un
tems où la confiance étoit entierement perduë, & où les
operations du passé ne donnoient pas lieu d'en esperer le
retour. L'interêt modique, auquel la Banque excomptoit les
lettres de Change, fit diminuer
l'usure, & empêcha les Sujets
d'emprunter en païs étranger;&
les sommes qu'elle prêta aux ma-
nufacturiers & aux negocians,
soutinrent le credit & augmenterent les affaires.

Le succez de ces etablissement allarma nos voisins, &
nous fit ouvrir les yeux ; on
sentit qu'il convenoit au bien
général du Commerce & des
peuples, que la Banque fût pro-
tegée. On la declara donc BAN-
QUE ROYALE par Declaration
du 4 Decembre 1718, que le

Parlement refuſa d'enregiſtrer.
Cette Banque recevoit & diſ-
tribuoit toutes les Eſpeces du
Royaume, par un mouvement
perpetuel d'entrée & de ſortie; elle étoit comme le centre
de la recette & de la depenſe
de l'Etat.

Ce mouvement ne pouvoit
pas manquer de reveiller & de
recompenſer par tout le travail
& l'induſtrie; car lorſque l'argent eſt dans un mouvement
continuel, la culture des terres, les arts, & le commerce
ne ſauroient demeurer dans l'inaction. *Les degrez de l'abondance & de la diſette ſont toujours determinez, par ceux du
mouvement & du repos de l'argent.* Ce fut ce qui opera les
ſuccez de cet établiſſement, &
l'empreſſement du public à

porter fon argent à la Banque, pour avoir de fes billets.

Les 100. millions d'actions que diftribua la Compagnie d'Occident, en vertu des Arrêts du Confeil des 12 & 28. Juin, & 22. Septembre 1718. qui lui furent payées en Billets de l'Etat, perdant fur la place depuis 66 jufqu'à 72 pour cent; la ferme du tabac dont elle fe rendit adjudicataire le 4 Septembre 1718, & dont elle augmenta le prix de *deux millions vingt mille livres*; l'achat qu'elle fit en May 1719 des fonds & des Priviléges de l'ancienne Compagnie des Indes orientales, dont elle prit le nom, ne faifoient pas des fonds propres à acheter des vaiffeaux, des Marchandifes & autres chofes neceffaires, pour aller chercher les profits que les Indes

ñous offroient : elle fit donc
une feconde creation de 50.
mille nouvelles actions de 500
livres chacune (*a*) que l'on
nomma *les filles*, & qu'on lui
paya en argent avec 10 pour
100 de plus ; ce qui lui fit un
fonds de 27 *millions* 500 *mille livres* d'argent comptant.
Alors elle fait conftruire des
vaiffeaux ; elle en achete ; elle
les fait charger & partir, les
uns pour l'Afie & pour l'Afrique,
& les autres pour l'Amerique.
Le Roy lui cede le benefice
fur les Monnoyes (*b*) pour neuf
années, moyennant 50 *millions*
qu'elle s'engage de payer, en
quinze payemens égaux de mois
en mois. Et ne trouvant pas
ce fonds encore fuffifant à toutes les entreprifes de fon Com-

[*a*] En Juin 1719.
[*b*] Par arrèt du 25 Juillet 1719.

merce, vû la force des action-
naires dont la fortune crois-
soit journellement, elle fit une
troisiéme creation de 25 *mil-*
lions de nouvelles actions (*a*)
de 500 livres chacune, qui lui
furent payées à raison de 200
pour 100 ; ou de 1000 livres
l'une : elles furent nommées les
petites filles. Elle se rend adjudicataire des Fermes générales, &
en augmente le prix de 3 *millions*
cinq cent mille livres (*b*). Elle prê-
te 1200 millions au Roy pour libérer l'Etat, moyenant 3 pour
100 d'interêt par an. Sa Majesté
rembourse les rentes constituées,
lesquelles ne pouvant se convertir en argent aisement, n'é-
toient d'aucun secours au commerce. Ces remboursemens met-
toient tout le monde en état

[*a*] Le 27 Juillet 1719.
[*b*] En Août 1719.

de fe libérer , & les Proprietaires des terres en fituation de
les mieux cultiver. Pour donner
moyen de faire ufage de ces
rembourfemens , on fit une 4.
creation de 50 *millions de nouvelles actions* (*a*) , qui furent
payées , à la Compagnie à raifon de 1000 pour 100. Elle en
fait une 5 encore de 50 *millions* (*b*) comme les derniers:
une 6. auffi de 50 *millions* aux
mêmes conditions (*c*). Enfin ,
en vertu d'un ordre particulier
du Regent du 4. Octobre, elle fait une 7 creation de 24
mille actions, qui dûrent être
remplacées par un pareil nombre de celles du Roy , fuivant
la deliberation de ce jour. Ces
actions furent levées , excepté

(*a*) Le 13 Septembre.
[*b*] Le 28 Dud.
[*c*] Le 2 Octobre.

P v

celles que l'on referva à fa Majefté. Tout les papiers Royaux
étoient en valeur. Les Billets de
l'Etat, qui avoient perdu jufqu'à
72 pour cent, valoient 10, 12
& 14 pour cent de plus que l'efpece.

Voilà donc 7 creations d'actions montant à 624 mille.
Ce nombre d'actions étoit prodigieux ; mais elles n'étoient
pas des effets rembourfables par
le Roy, ni avec lefquels on pût
attaquer les caiffes de la Banque : il y avoit donc bien moins
de danger à en multiplier la
quantité, que celle des Billets
de Banque. Ce nombre d'actions
n'auroit dû charger la Compagnie, que d'un interêt à 4
pour cent par an; or 624 mille actions à 500 livres formoient un capital de 312 millions, dont l'interêt à 4 pour

100 par an , étoit 12 millions 480 mille livres : mais elle avoit promis un dividend de 200. livres par action , ce qui étoit beaucoup au deſſus de ſes forces ; auſſi furent-elles reduites à 200 mille dans la ſuite , comme on la vû ci-devant tom. I. p. 288. & ſuivantes.

Les ſix premieres creations d'actions avoient été autoriſées par des Arrêts du Conſeil, elles montoient à 600 mille, à compte deſquelles la Compagnie des Indes avoit reçu le 4 Octobre 1719. *Cent quatre vingt deux millions , cinq cens mille livres* en effets & eſpeces , qui valoient en argent , *cent onze millions , trois cens mille livres ,* comme on le voit par le detail ſuivant.

SÇAVOIR.

100,000,000 En Billets de l'Etat, pour le montant de la 1. Creation; lesquels ne valoient réellement en especes que · · 34,000,000 l.

27,500,000 en argent pour le montant de la seconde creation, nommées *les filles* cy. · · · · · · · · · · · · · · · · · · 27,500,000

5,000,000 Deux payemens à compte des *petites filles* ou de la 3 creation qui font 100 francs par action, & 5 millions en Billets de l'Etat qui valoient en especes · · 1,800,000

50,000,000 Un payement au plus fur la 4 creation, de 500 livres en Billets de l'Etat, qui valurent pendant le moins de Septembre dernier, depuis 80 jusqu'à 112, pour 100, dont la valeur commune étoit 96 ce qui faisoit en Especes · · · · · · · · · · · · · · · · 48,000,000

_____

182,500,000 D'effets valant réellement en Especes · · · · · · · 111,300,000

161,500,000 des nouritures des 624 mille action 1615 millions cy.

_____

1,797,500,000 Qui est le montant des actions.

cy contre 111,300,000
Les 4 premieres creations
valoient sur la place la som-
me de 1,350,000.000

Partant l'Etat gagnoit .. 1,238,700,000
Ledit jour 4 Octobre 1719
il y avoit des Billets de Banque ordonnez pour 520,000,000
Par consequent l'Etat étoit———— ———
plus riche de 1,758,700,000

C'étoient autant de valeurs
réelles que l'Etat gagnoit, &
dont la circulation étoit augmentée.

La Compagnie prêta encore
300 millions au Roy le 12 du
present mois Octobre aussi à 3
pour cent par an d'interêt. Elle
se chargea des recettes générales. Ainsi elle étoit chargée des
revenus, des dettes, & de l'entretien de l'Etat ; ensorte que
ces revenus qui étoient divisez
en tant de branches , tant
pour la recette que pour la de-
pense ; furent réunis en une
seule, ce qui épargnoit les frais

immenses d'une regie ou d'une
administration si composée, & les
benefices secrets attachez à chacune de ces differentes parties.

On sent aisément qu'un projet de cette espece devoit trouver beaucoup d'oppositions : il
rendoit inutile toute la science
de l'ancienne finance , au grand
soulagement des peuples , moins
foulez par les droits imposez
sur eux , que par la façon de
les imposer & de les lever.

Les progrez étonnans de la
Banque influant sur le credit
de la Compagnie des Indes ,
on vit au mois de Novembre
1719 avec une extrême surpri-
se les actions monter à 10000
livres (vingt fois plus que leur
premiere valeur) malgré la
Compagnie même , qui pour les
empêcher de monter , en répandit en une seule semaine pour
30 millions sur la place, sans

pouvoir les faire baiffer. Plufieurs
caufes contribuerent à cette prodigieufe augmentation.

1. L'union de la ferme du
tabac.

2. Celle de la Compagnie des
Indes.

3. Celle de la Monnoye &
des affinages.

4. Celle des Fermes générales.

5. Celle des Recettes générales.

6. Le défaut d'emploi de deniers provenants des rembourfemens des rentes fur la ville,
& Charges fupprimées.

7. Et enfin, le prêt de 2500
livres que faifoit la Banque fur
chaque action, moyennant 2.
pour cent par an d'interêt.

Les gains faits & le defir d'en
faire fortifioient la confiance,
& porterent les chofes au point
que nous allons effayer de re-
prefenter.

SITUATION DU CREDIT *à la fin de Novembre* 1719.

34,000,000 d'Efpeces que valoient au plus les 100 millions de Billets de l'Etat, reçus pour les 200 mille actions d'occident, qui valoient 1875 le 29 Novembre 1719. c'étoit 9375 qui avec la mife 500 faifoit 9875. livres. Les 200 mille actions formoient donc aux pôrteurs proprietaires & à l'Etat, une valeur réelle de . . 1,975,000,000 l.

27,500,000 Les 50 mille *filles* qui ont coûté 550 livres en argent, valoient autant que l'occident . . . .

10,000,000 Pour 4 payemens faits fur les 50 mille *Petites filles*, faifant 200 livres. Elles valoient 1775 led. jour 29. Novembre, c'étoit 3550 & avec les 200 de payées 493,750,000

3750. livres, ce qui faifoit 187,500,000

150,000,000 Pour le premier pàyement de 500 livres par action, des 300 mille créées les 13. 28 Septembre & 2. Octobre 1719. Elles valoient le 27 de Novembre, 1317. C'étoit 6585 livres, & avec les 500 de payées 7085. à ce prix les 500. mille faifoient 2,125,500,000

221,500,000 . . . . TOTAUX 4,781,750,000

cy contre . . . 4,781,750,000

Oſtons-en ce que ces ac-
tions avoient coûté alors . . 221,500,000

Il y avoit des Billets
de Banque ordonnés ce 4,560,250,000
jour-là pour la ſomme de . 640,000,000

Partant l'Etat étoit alors
plus riche qu'il ne l'étoit
avant , de la ſomme de . . 5,200,250,000

C'étoient autant de valeurs
réelles que le credit & la confiance avoient fait naître au
profit de l'Etat, & dont la circulation étoit augmentée, independamment de l'Eſpece qui
étoit en France.

Voilà une abondance qui
ſe répandit bien-tôt dans les
villes & dans les Campagnes.
Elle alla y tirer les uns & les autres
de l'oppreſſion des dettes que
l'indigence avoit fait contracter.
Elle reveilla l'induſtrie: elle rendit la valeur à tous les biens
fonds, qui avoit été ſuſpenduë
par ces dettes. Elle mit le Roy

en état de se libérer, & de
remettre à ses sujets plus de 52
millions d'impositions des années antérieures à 1719, &
pour plus de 35 millions de
droits éteints pendant la Regence. (*a*) Elle fit baisser l'intérêt des rentes, elle écrasa
l'usure. Elle porta les terres au
denier 80 & 100 : elle fit élever
des édifices dans les villes &
dans les Campagnes, réparer
les anciens qui tomboient en
ruine, défricher les terres, donner des valeurs à des materiaux
tirez du sein de la terre, qui
n'en avoient point auparavant.
Elle rappella nos Citoyens, que
la misere avoit forcez d'aller
ailleurs chercher à vivre (*b*).

(*a*) Voyez l'Etat des dettes à la mort de
Louis XIV, pag 27 imprimé chez Coutelier
1720. in 4.
(*b*) Voyez l'Ordonnance du Roy du 15.
Octobre 1719 qui facilite leur retour.

Enfin, cette abondance attira
les richeffes étrangeres ; les
Bijoux, les Pierres precieufes,
& tout ce qui pouvoit augmenter le luxe & la magnificen-
ce, nous vinrent des païs étrangers. Que ces prodiges, ou ces
merveilles, ayent été produits par
l'art, par la confiance, par
la crainte, ou par des chimeres, fi on le veut, on ne fauroit
s'empecher de convenir, que
cet art, que cette confiance,
que cette crainte, ou que ces
chimeres, avoient operé toutes
ces realités, que l'ancienne ad-
miniftration n'auroit jamais produites.

Quelle difference entre la
fituation où étoit la France au
commencement de la Regen-
ce, (a) à la fituation où elle

____

(a) Reprefentée ci-devant tom. & chap.
1. art. 5. depuis la pag. 71 jufqu'à la p. 109.

se trouvoit en Novembre 1719? Jusques-là, le sistême n'avoit fait que du bien ; tout étoit louable & digne d'admiration, excepté un vice qu'on y voyoit avec peine ; c'étoit l'action d'occident, qui n'avoit couté que 500 livres en Billets de l'Etat, qui n'en valoient que 150 à 160 en especes, & qui étoit de la même valeur que les autres.

Si la suite de ce sistême n'a pas été aussi brillante que ses commencemens, ce n'est point la faute du projet : il n'avoit en lui aucun principe de ruine; il n'a péri que par la défiance, qu'excita l'artifice, par la jalousie, par les intrigues, par l'avidité, par le mensonge, & par les regrets (*a*). Il étoit bon

[*a*] Voyez sur cela ce qui en a été dit ci-devant tom. & chap. 1 art. 10. pag. 242. & suiv. jusques à la page 342.

& bien-faifant; il a été outré, & precipité; c'eft notre cupi- dité qui la gâté. C'eft auffi le fentiment d'un homme d'efprit dans un ouvrage fort connu, où il parle ainfi: » Il vint un » homme en France avec des » projets vaftes, magnifiques,& » qui pouffez jufqu'à un certain » point auroient été extréme- » ment utiles. Mais notre cupidi- » té les gâta, & bien-tôt après » chaque particulier, puni d'a- » voir été avide ou pareffeux, vit » par un efpece de preftige » paffer fon bien dans les mains » d'un inconnu, qui fut étonné » & prefque honteux de fe trou- » ver riche. *Troifieme lettre fur la decadence du goût pag.* 332. *par M. R. D. S. M. à la fuite de fes Réflexions fur la Poefie. A la Haye* 1734. *in* 12.

Voyons prefentement quelle

étoit la situation du Roy, & celle de la Compagnie des Indes au mois de Novembre 1719.

Le Roy devoit à son avenement à la couronne, 2 milliars, 62 millions, 138 mille livres en principal (*a*) qui lui coûtoient annuellement en interêts 89 millions, 983 mille, 453 livres. (*b*)

La Compagnie des Indes prêta 1600 millions à Sa Majesté pour rembourser pareille somme sur les 2,062,138,000 liv. lequel remboursement, proportion gardée, a dû diminuer les interêts cy dessus de la somme de . . . . 69,836,258 l.

Le Roy ne paye à la Compagnie pour l'interêt de ce prêt, que 48,000,000

Ainsi le Roy épargne annuellement 21,836,258

[*a*] Tom. & chap. 1. art. 5. pag 95.

(*b*) Idem pag 96.

cy contre 21,836,258
Sa ferme du tabac eft au-
gmentée de 2,020,000
Les fermes generales de . . 3,500,000
Par confequent le fiftéme ————
valoit tous les ans au Roy (*a*)
independamment de la facilité procurée dans la percep-
tion de fes droits , & de tous
les autres ayantages que pro-
cure le credit . . . . 27,356.258 l.

La fituation de la Compagnie n'étoit pas moins avantageufe que celle du Roy , en la confiderant d'un certain côté. Elle retenoit par fes mains fur les revenus de Sa Majefté, pour l'interêt de fon prêt, 48 millions, non compris fon bénéfice fur les Fermes, fur le tabac , fur les Monnoyes, & fur fon Commerce des deux Indes. (*b*)

(*a*) Suivant *l'Etat général des dettes* à la mort de Louis xiv déja cité. pag. 28 les Finances du Royaume furent ameliorées pendant la Regence de 83,317,972. livres par an.

[*b*] Detaillez au Tom. & Chap. 1. art. 10 p. 290.

Elle devoit les dividendes ou l'interêt à 4 pour 100 des 624 mille actions; si on les considere à 500 livres chacune, le Capital en sera de 312 millions, dont l'interêt à 4 pour 100 ne seroit que de 12,480,000 livres, cequi lui feroit un état très-avantageux, cy . . . . . 12,480,000 l.

Mais en considerant ses dividendes à payer à raison de 200 livres par action, comme elle les avoit promis, son état n'eut pas été heureux; elle auroit dû annuellement. 124,800,000 l.

Ce qui auroit été beaucoup au dessus de ses forces, si on n'avoit pas reduit le nombre de ces actions à 200 mille. D'ailleurs, cette Compagnie avoit des frais de regie considerables, des armemens, des desarmemens, constructions & achats de vaisseaux &c. Mais ils ne pouvoient pas égaler ses bénéfices expliquez cy-dessus, & non

non compris dans fa recette.
Ainfi dans le premier cas, fa
fituation étoit très-avantageu-
fe (*a*). M. Colbert auroit eu
bien du plaifir, s'il avoit pû
pouffer la Compagnie qu'il forma en 1664, à une puiffance
égale à celle-ci. Ces avantages
ne valent-ils pas la Banqueroute propofée par l'ancienne Finance? (*b*)

Alors la fituation des Ren-
tiers n'étoit pas favorable, il faut
en convenir : ils devinrent à
leur tour la victime du bien public, comme les propriétaires
des biens fonds l'avoient été de
l'intérêt particulier : Mais le
nombre de ceux-ci étant infiniment plus grand que celui des

[*a*] Voyez l'Etat où elle étoit à la fin
du mois de May 1720. tom. & Chap. 1.
art. 10 pag. 288. & fuivantes.
[*b*] Voyez Tom. & Chap. 1. art. 5.
pag. 91. & 94.

autres, il étoit bien juste de lui donner la préference, avec d'autant plus de raison , que le rentier qui avoit des biens fonds, retrouvoit dans l'augmentation de leur prix & de ses revenus, la perte qu'il avoit soufferte sur ses rentes. Il n'y avoit donc à plaindre que ceux qui n'avoient précisément que des rentes , & qui n'ont pas été remboursez assez tôt, pour employer leur fonds en actions : ceux-là ont perdu une partie de leur revenu , j'en conviens ; mais qu'ils se souviennent qu'ils auroient perdu leur revenu en entier, par la banqueroute totale proposée par l'ancienne Finance ; au lieu qu'ici ils en conservent une partie : & ils pouvoient même esperer que l'Etat , qui devenoit riche , auroit pû dans la suite réparer leur perte de l'autre partie bien justifiée, laquelle bien examinée ne se seroit pas trouvée à beaucoup près, auſſi conſidérable qu'on le penſe. D'ailleurs *un mal particulier ne doit jamais arrêter le progrès d'un bien général.*

Il ne ſera peut-être pas hors de propos de montrer ici, quel fut le montant des Effets publics à la fin de chaque mois.

A la fin du mois de Novembre 1719. l'Etat étoit, comme on l'a vû ci-deſſus, plus riche qu'il ne l'étoit avant que le credit & la confiance euſſent donné naiſſance à ces valeurs réelles, qui augmentoient la circulation de . . . . 5,200,250,000. l.

A la fin du mois de Decembre ſuivant 1719, le montant du crédit Public y compris 769 millions de Billets de Banque, étoit de . . . . 5,056,545.000. l.

En Janvier 1720, y compris 790 millions, 520 mille livres de Billets, le crédit étoit de 5,032,169,000 l.

En Février, compris 1,069,727,090 livres de Billets, le crédit étoit de 5,231,787,090. l.

En Mars, compris 1,261,530,150 livres de Billets, le crédit étoit de 4,872,230,150. l.

En Avril, compris 2,054,004,870 livres de Billets, le crédit étoit de 6,127.184,870. l.

En May, compris 2,235,083,590 livres de Billets, le crédit public étoit de . . . . . . 6,138,243,590. l.

En Juin, compris 2,380,067,660 livres de Billets, le crédit étoit en argent de . . . . . 3,099,990,128. l.

En Juillet, compris 2,102,745,470 livres de Billets, le crédit étoit en argent de . . . . 1,973,670,600. l.

En Août, compris 2,027,808,880 livres de Billets, le crédit étoit en argent de . . . . . 1,482,320,585½ l.

En Septembre, compris 2,022,762,610 livres de Billets, le crédit étoit en argent de . . . . . . 1,214,184,252. l.

Voilà les progrès & la décadence du crédit. Les Billets furent fupprimez le 10 Octobre , & le crédit bouleverfé. Dès le mois de Juin 1720 les Billets commencerent à perdre, comme on l'a montré ci - devant au Tom. 1. Chap. 1. Art. 10 de ces Réflexions.

J'ai paffé légerement fur un grand nombre d'opérations fufceptibles de réflexions curieufes, & qui feroient peut-être de quelque utilité pour l'avenir : mais leur tems eft encore trop près de nous ; pour en pouvoir parler avec une liberté convenable. Cette raifon m'empêche de fuivre la Compagnie des Indes dans fes profpéritez & dans les malheurs que lui ont fufcité les ennemis du fyftême. On a vû ce que j'en ai dit au Tom.1.ch.1.art.

10. Je finirai cette digreffion en répondant à ceux qui dans le tems des adverfitez de cette Compagnie en propofoient la deftruction, & d'abolir le Commerce des Indes, regardant cet établiffement comme une chofe très à charge à l'Etat.

Ceux qui tenoient ce langage difoient alors, que cet établiffement nous coûtoit des fommes confidérables : ils foutenoient que ce Commerce épuifoit le Royaume d'argent, & qu'il détruifoit nos Manufactures. Cela peut avoir un fens véritable : il eft conftant qu'il faut porter de l'argent dans les Indes pour y faire le commerce : il eft certain auffi qu'on en rapporte des Toiles peintes, des étoffes de foye pure, de foye mêlée d'or ou d'argent, d'écorce d'arbre, & autres ma-

tieres, lesquelles étant débitées
dans nos Provinces, peuvent
porter quelque préjudice à nos
Manufactures ; mais ces person-
nes-là ne regardoient ce commerce que par son mauvais côté, sans faire attention qu'il
étoit aisé de remédier à tous
ces inconvéniens : qu'il y a des
moyens de rappeller au triple
l'argent qui sort du Royaume
pour les Indes, (car je veux
bien regarder les Piastres que
l'on prend en Espagne pour les y
porter, comme argent sorti de
France, parce qu'il y entreroit
si on ne l'envoyoit pas aux Indes) & que ce commerce empêche les Etrangers de tirer
beaucoup plus d'argent de nous.
En ne regardant donc ce commerce que par rapport à l'argent qu'il fait sortir, & à la
quantité des étoffes qu'il peut

introduire, il feroit conftamment nuifible à l'Etat. Mais ce
ne fera plus la même chofe, fi
on le confidere par rapport
aux Epiceries, aux drogues,
& aux autres chofes, que ce
Commerce nous procure, que
nos Provinces ne produifent
pas, dont nous ne pouvons
nous paffer, & que nous ferions
abfolument obligez de tirer de
nos voifins. Ce n'eft point l'a-
chat de ces denrées dans les
Indes qui les rend cheres; elles y coûtent peu de chofe, en
comparaifon des frais qu'il faut
faire pour les aller chercher.
Or la conftruction & l'armement de nos Vaiffeaux qui les
vont chercher, fe faifant dans
le Royaume, l'argent qu'on
y employe n'en fort point : il
occupe du monde; il éleve des
hommes à la Mer : c'eft déja un

avantage pour l'Etat. Ce commerce ne nous coûte donc que l'argent qu'il faut pour l'achat des Marchandifes dans les Indes. Il n'y a donc que cet argent qui fort du Royaume. Si au contraire nous ceffons d'aller chercher nous-mêmes ces Marchandifes, nous ferons dans la néceffité de les recevoir des Hollandois ou des autres Nations Etrangeres, qui nous les apporteront, & aufquels il faudra payer non feulement le prix du premier achat de ces Marchandifes dans les Indes, mais encore tous les frais qu'ils auront faits pour les aller chercher, & le profit qu'ils doivent faire fur la revente ; ce qui revient à 7 à 8 fois plus que le prix du premier achat. Par conféquent l'Etat perdroit 7 à 8 fois plus d'argent qu'il ne fait.

Donc, bien loin que ce Commerce nous soit à charge, nous ne sçaurions trop le proteger & l'augmenter, afin que les Etrangers ne nous apportent plus rien de ces païs-là, & qu'au contraire nous leur en portions.

A l'égard des Toiles peintes & des étoffes, que nous apportons des Indes, ce n'est pas un inconvénient, puisque nous en défendons l'usage en France, & qu'on oblige la Compagnie de les vendre en Païs étranger. Le prix de la revente de ces Marchandises, qui excede de beaucoup celui de leur achat dans les Indes, revient dans le Royaume en argent, ou en Marchandises, qu'il nous auroit fallu payer en Especes; ainsi, bien loin que ce Commerce soit à charge à l'Etat , il lui eſt avantageux , en lui procurant beaucoup plus d'argent qu'il n'en fait ſortir.

D'ailleurs , il eſt néceſſaire , & de la bonne politique , de pouvoir être informé avec certitude de tout ce qui ſe paſſe dans ces Païs-là , à cauſe des établiſſemens que nos voiſins y ont ; ce qui ne ſe peut faire qu'en y commerçant. Le grand Colbert ſentoit bien cette néceſſité : & nous voyons auſſi avec plaiſir que le Gouvernement préſent connoît l'utilité de ce Commerce , puiſqu'il le protege puiſſamment.

Cette digreſſion m'a un peu écarté de mon ſujet ; mais ayant parlé de la Compagnie de 1664. je ne pouvois pas m'empêcher de dire quelque choſe de celle qui lui a ſuccedé ; je n'en ai montré que les progrès ; je paſſe

Q vj

la fuite fous filence. Elle eft fi remplie de traverfes & de contradictions , qu'on ne pourroit pas en dire fon fentiment avec liberté fans déplaire. Reprenons notre fujet.

La Navigation, qui eft l'ame du Commerce , procure toujours beaucoup de profit à l'Etat : la conftruction des Vaiffeaux, leur avituaillement & leur équipement , dont la dépenfe eft toujours confidérable , fe faifant dans le dedans de l'Etat, fourniffent à plufieurs Habitans les moyens de vivre & de s'enrichir (*a*). Elle occupe tous les

[*a*] Rien n'eft plus contraire à l'interêt de l'Etat , que de ne pas occuper tous les Citoyens. Que penfer donc de ceux qui voudroient empêcher des particuliers de s'occuper honnêtement & utilement fuivant leurs Talens ? Celui-ci fçait faire une Comédie, celui-là un Roman, une Hiftoriette &c. Ils n'ont de génie & de talent que pour ce travail. J'avoue qu'il n'eft pas d'une

Habitans des côtes de la Mer,
inutiles presque à autre chose,
& qui, faute de Navigation,
font comme forcez de passer au
service des Etrangers ; c'est ce
qui est arrivé toutes les fois que
nous avons cessé de naviger. En
les perdant nous perdons dou-
blement ; nos Côtes deviennent
désertes, notre Navigation s'affoiblit, & celle des Etrangers
s'augmente à nos dépens. Les
défenses aux Mariniers de fortir
du Royaume font inutiles : ils
ne font nez que pour naviger,
la Mer est leur élement ; si nous
ne les occupons point, ils vont
malgré ces défenses chercher

---

grande utilité à l'Etat ; mais il peut toujours servir à faire subfister des Libraires
& des Ouvriers ; à entretenir le Commerce
d'un Marchand, & procurer plusieurs
autres avantages, qu'il est inutile de détail-
ler. Il suffit de dire que le moindre travail, qui
ne blesse ni les mœurs ni les Loix, est toujours avantageux à une Nation en général.

de l'occupation ailleurs : on s'y oppofe vainement.

Mais, dit-on, l'entretien d'une puiffante Marine coûte des fommes immenfes à l'Etat, aufquelles il ne peut atteindre.

Pour détruire ce préjugé, il faut montrer ici, par un détail éxaƌt & bien calculé, ce que coûtoit par mois en 1681 la plus floriffante Marine que la France ait euë. En voici un fommaire précis. *

Cette Marine, comme on le fçait, étoit auffi brillante qu'elle étoit puiffante. Elle étoit compofée de 115 Vaiffeaux, des premier, fecond, troifiéme, quatriéme & cinquiéme rangs ; de 24 Frégates légeres, de 8 Brulots, de 10 Barques longues, & de 22 Flûtes ; faifant en tout 179 Vaiffeaux de toutes efpeces, montez de 7080 piéces de

* Voyez le Sommaire cotté 374.

Doit regarder la page 374 du Tome II.

Rang des Vaisseaux.	Nombre	Canons.	Officiers Majors.	Officiers Mariniers.	Matelots.	Soldats.	Totaux desEquipages.	Solde par mois.	Vivres par mois.	Coût de l'armement par mois.
Premier Rang.	12	1080	108	1232	4132	2486	7850	118086 l.	65483 l. 10 f.	183569 l. 10 f.
2.	21	1518	189	1719	4470	2661	8850	142776 10 f.	74782 10	217559
3.	36	1928	251	2350	6142	3008	11500	188329	98105	286434
4.	26	1088	556	1167	2713	1570	5450	93942	46758 15	140700 15
5.	20	608	119	681	1427	682	2790	55091	24356	79447
Totaux...	115	6222	823	7149	18884	10407	36440	598224 10	309485 15	907710 5
Fregates légeres.	24	400	125	446	937	497	1880	42397 15	16721 5	59119
Brûlots.	8	74	16	80	160	....	240	6064	2130	8194
Barques longues.	10	43	20	90	190	....	280	6204	2475	8679
Flûtes.	22	341	44	190	447	....	637	14253	5838	20091
Totaux..	179	7080	1028	7955	20618	10904	39477	667143 5	336650.....	1003793 5
Galeres.	30	....	....	....	....	3010	3010	72322 15	16930	99252 15
Toute la Marine coûtoit donc	...	....	....	...	.. .	....	42987	739466	363580.......	1103046.

Canon, de 1028 Officiers Majors, de 7955 Officiers Mariniers, de 20618 Matelots, de 10904 Soldats, faisant 39477 hommes d'équipages (non compris les 1028 Officiers Majors) dont la solde par mois coûtoit, lorsqu'ils étoient armez, la somme

de 667,143 liv. ci . . . . 667,143 l.

Et les vivres coûtoient aussi par mois 336,650 l.

Ce qui fait la somme de . . . . . . 1,003793 l.

Les 30 Galeres toutes armées aussi, contenant 5600 Chiornes ou forçats, 2400 Mariniers de rang, 935 Mariniers de rambades , & 3010 Soldats, coûtoient pour leur solde & pour leurs vivres, * 99252 l. 15.

La solde & les vivres extraordinaires. . . . 108967 l. 15.

                        2,080320 l. 10

La dépense de cette Marine toute armée coûteroit donc par mois, la somme de . . . . 1,212,013 l. 10

En supposant le tout armé pendant six mois de l'année , ce qui n'arrive jamais tous les ans, cette formidable Marine coûteroit . . . . 7,272,084 l.

* La nécessité de ces Galeres n'est pas bien évidente, peut-être que la dépense qu'elles occasionnent pourroit être placée d'une façon plus utile à la France.

Si toutes choſes avoient augmenté comme les Eſpeces, on
pourroit dire que cette dépenſe monteroit aujourd'hui à 12
millions, 933 mille, 920 livres, parce que 7 millions, 272
mille, 84 liv. de ce tems-là, éga-
lent exactement 12,933,920 liv.
de ce tems-ci. Mais toutes choſes n'ont pas augmenté comme
les Eſpeces : les gages ou la ſolde des Marins ſont à - peu-près
les mêmes qu'ils étoient en 1681;
on ne donne pas plus de 15 liv.
par mois au Matelot de la
premiere claſſe ; 13 liv. 10 ſ.
à celui de la ſeconde, ainſi du
reſte. Les bleds ne ſont pas
plus chers aujourd'hui qu'ils
l'étoient. Cela étant, la ſolde
& les vivres des 39,477 hommes qui étoient dans les 179
Vaiſſeaux ſuſdits, (non compris 1028 Officiers Majors) &

des 10,985 hommes qui étoient
dans les 30 Galeres ci-deffus,
faifant 50462 hommes, qui
montent, comme on vient de
le voir, à 7 millions, 272 mille,
84 livres de ce tems-là, ne
coûteroient guéres plus aujour-
d'hui. L'augmentation de dépenfe, fi on peut dire qu'il y en
a, ne peut donc regarder que la
conftruction & les agrais des
Vaiffeaux & des Galeres, que
nous ne comprenons point dans
ce calcul, & qui à peu de chofe près pourroient fe retrouver
dans les épargnes des années, où
l'on n'arme qu'une partie de
cette Marine, ou que l'on n'arme point du tout ; car toute
une Marine n'eft pas armée toutes les années ; lorfqu'elle eft
en Mer, elle n'y eft ordinairement que fix mois de l'année ;

& lorſqu'elle n'y eſt pas , ou qu'il n'y en a qu'une partie , la dépenſe n'en eſt pas ſi forte ; ce qui s'en faut va loin , & à la longue il remplit peut-être , & au-delà , les frais de la conſtruction des agrais & armement de ces Vaiſſeaux.

A U T R E   C A L C U L.

Il eſt établi parmi ceux qui ſçavent ce que c'eſt que la conſtruction & l'armement des Vaiſſeaux , qu'un Vaiſſeau de guerre de 60 pieces de Canon , armé , & avituaillé pour un an , la ſolde payée &c. coûte 600 mille livres.

Or la ſolde & les vivres de 500 hommes d'équipage pendant un an , & la paye de l'Etat Major , montent à 160 mille

livres ; ils paſſent au moins 159
mille livres , ci . . . . 160000. l.

Cette ſomme ôtée des 600
mille livres ci-deſſus , le reſte
440 mille livres , eſt pour la
conſtruction , les agrais , les
Canons &c. de ce Vaiſſeau.
Et la durée commune d'un
Vaiſſeau eſt de 20 ans : il ne
faut donc compter par année
que . . . . 22000. l.

Un Vaiſſeau de 60 pieces de
Canon , tout armé en guerre ,
coûte donc par an au plus . . . 182000. l.

Par conſéquent 100 Vaiſ-
ſeaux de cette eſpece coûteroient par an 18 millions 200
mille livres : mais , une Marine
ſemblable n'eſt en mer , au plus
que ſix mois de l'année. Un
Vaiſſeau de guerre de cette nature , ne peut porter des vivres
à 500 hommes d'équipage, que
pour cinq à ſix mois au plus. Or
la ſolde & les vivres de ce Vaiſſeau pour ſix mois , ne montent qu'à . . . . 80000. l.

La conſtruction & les agrais ,
comme ci-deſſus . . . . . . 22000. l.

Ce ne ſeroit donc que . . . 102000. l.

Et pour 100 vaiſſeaux , 10
millions 200 mille livres par an,

en supposant le tout armé six
mois de l'année, ce qui n'arrive jamais tous les ans ; ainsi
on peut dire qu'une marine de
100 vaisseaux de 60 pieces de
canon ne coûteroit pas dix millions, année commune, pour toutes choses ; ce qui n'est pas un
objet comparable à l'honneur &
à l'utilité qui en reviendroit à
l'Etat.

En 1681 la dépense des 7
millions, 272 mille, 84 livres
n'étoit pas au dessus des forces
de la France ; cependant alors
le Roy ne jouissoit que de 116
millions, 873 mille, 476 livres
de revenu (*a*). Il jouit aujour-
d'hui de 200 millions au moins:
Donc, dira-t-on, il est mieux en
état de soutenir cette dépense

[a] Tom. 1. Chap. 2. Art. 5. pag. 412,
413 ; & Art. 6. pag. 438 & suiv. jusqu'à
441.

qu'on ne l'étoit en 1681. Cela est vrai en ne regardant que le numéraire, qui est actuellement plus fort de 83,126,524 livres qu'il ne l'étoit alors : mais si on considere que ces livres ne sont pas les mêmes, on reviendra de cette erreur ; car les 116,873,476 livres de 1681 à 28 francs le marc d'argent formoient annuellement à Louis XIV un équivalent de . . . . 4,174,05 2$\frac{5}{7}$ marcs. *

Et les 200 millions de livres dont jouit Louis XV actuellement, sont des livres, dont il en faut 49. l. 16 f. pour former le même marc d'argent ; par conséquent ce Prince ne reçoit que l'équivalent de   4,116,466   marcs.

PARTANT Louis XV reçoit annuellement l'équivalent de 7,865,825 livres de moins que ne recevoit Louis XIV, faisant . . .   57,586$\frac{5}{7}$ marcs.

* Idem . pag. 439. du Tome premier.

Louis xv. eſt donc réellement
moins riche avec ſon grand numéraire de 200 millions, que ne
l'étoit Louis xiv avec ſon foible
numéraire de 116 millions, ſans
que les Peuples en ſoient plus à
leur aiſe(*a*), indépendamment du
prix des denrées qui a augmenté.
C'eſt une preuve bien ſenſible
que *l'augmentation numéraire a
été deſavantageuſe au Roy & au
Peuple comme débiteurs.* Mais cela n'empêche pas que la France
ne puiſſe fournir aux frais d'une
puiſſante Marine ; elle peut aiſé-
ment , ſi elle le veut , & ſans
nouvelles impoſitions à charge
aux Peuples , trouver 8 , 10 &
12 millions , s'il les faut annuellement , pour l'entretien de cette
Marine. Cette dépenſe eſt d'autant plus néceſſaire à la France,

(*a*) Voyez ce qui eſt dit à ce ſujet , ci-devant, Tom. I. pag. 427. & ſuiv.

que jamais elle ne sera puissante, respectée, ni crainte de ses Voisins, si elle n'est pas la maîtresse de la mer. Toutes les forces qu'-elle peut ou qu'elle pourra avoir sur terre, ne sçauroient produi-re le même effet. Une armée de vingt mille hommes sur cette plaine liquide lui feroit plus d'honneur & de profit, que deux cens mille hommes sur terre.

Les Anciens sçavoient que leur puissance & leurs richesses dépendoient absolument des forces maritimes. Ils n'étoient pas moins persuadés que Thémisto-cle l'avoit été, & que Pompée le fut ensuite, de cette grande maxime, QUI EST LE MAÎTRE DE LA MER, EST LE MAÎTRE DE TOUT (*a*).

[*a*] Histoire du Commerce & de la Na-vigation des Anciens, Chap. 16, n°. 14. Et le Mercure François, tom. 13. pag. 226.

La réponse que fit l'Oracle
de Delphe aux Athéniens, de
fortifier leur ville avec des mu-
railles de bois, pour se garantir
de l'invasion de Xerxés, est un
conseil que tous les Conquérans
ont pris pour eux, & dont Louis
XIV s'est servi si heureusement,
que sa puissance sur mer étoit
devenuë aussi redoutable aux Anglois, aux Hollandois & aux Espagnols, que celle de son Ayeul
étoit foible & méprisable *
Témoin l'affront que le Roy Jacques fit au Duc de Sully, dont
on a parlé ci-devant page 332
de ce volume.

La nécessité indispensable où
est la France d'avoir une puissante marine, est encore bien
établie par le discours que fit à ce

* Notes d'Amelot de la Houffaye, pag.
238 du Volume 2. des Letttres du Cardinal d'Offat.

sujet

sujet un ancien Serviteur de la Couronne, rapporté au *tome* 13 *du Mercure François*, *pag.* 209 & *suivantes*; par la Lettre du *Cardinal d'Ossat* du 16 Octobre 1596, à M. de Villeroy Ministre & Sécretaire d'Etat (*a*); par le conseil que donna *Antoine Perez* à Henry IV & par celui que donna à Louis XIII le *Cardinal de Richelieu*, comme nous le voyons dans le *chap.* 9 *de la seconde partie*, *section* 5 *de son Testament politique.* Or si pour être plus puissant par terre, il faut être le plus fort par mer, & si le Prince qui est le maître de la mer est infailliblement le maître ou l'arbitre de ses Voisins, il n'y a pas à hésiter, quelque dépense que

[a] C'est la 84. du Recueil de ces Lettres donné en 5 volumes *in*-12. avec des Notes par Amelot de la Houssaye, *pag.* 237. & *suiv. du tome* 2.

puiſſe coûter une Marine puiſſante , nous la devons faire par
préférence à d'autres moins importantes , puiſque l'intérêt & la
grandeur du Roy , le bien de
ſes Peuples , & la ſûreté de l'E-
tat l'exigent.

La France peut avoir cent
mille hommes de mer, non compris les Soldats de Marine. Il eſt
de ſon intérêt d'occuper & d'entretenir ces hommes marins ; ils
lui ſont utiles & précieux. Voici
le détail de tous ceux qui ſe trou-
verent ſur toutes les Côtes du
Royaume & dans tous les départemens , ſuivant les revuës
qui en furent faites par les Com-
miſſaires au mois de Janvier
1713 montant encore à 92450
hommes,

SÇAVOIR,

Officiers mariniers.	Capitaines, Maîtres & Patrons.......... 5585	
	De Manœuvres... 3225	
	De Pilotage...... 1577	16610
	De Cannonnage ... 3329	
	De Charpentage ... 1673	
	De Calfatage..... 721	
	De Voilerie..... 230	

Mattelots*	A 15. liv. par mois 8253	
	A 13. liv. 10. fols 7153	
	A 12. liv........ 7237	41278
	A 11. liv......... 5861	
	A 10. liv........ 12764	

Novices dans tous les Départemens 11276
Mousses , idem................. 10920
Invalides , idem.................. 42366

TOTAL des Gens de mer de tous les Départemens du Royaume........... 92450

* *On ne leur donne pas plus de paye aujour-
d'hui. Les vivres ou les bleds ne font pas plus
chers qu'ils l'étoient en 1681. ainfi l'augmentation de dépenfe ne peut tomber fur la folde &
fur les vivres ; elle ne peut regarder que les
chofes néceffaires à la conftruction & aux agrais
des vaiffeaux.*

R ij

Or les Officiers Majors, comme Lieutenans Généraux des armées navales, Chefs d'Escadres, Capitaines, Lieutenans, Enseignes &c. de vaisseaux, ne sont point compris dans ce calcul; ainsi nous avons plus de cent mille hommes de mer, sans compter les Soldats & les Gardes marines.

Les Troupes de terre coutent bien plus que cette puissante marine, & elles ne peuvent nous faire ni tant d'honneur ni tant de profit; elles ne sçauroient ni faire respecter ni faire craindre si loin le Pavillon François; elles ne protegent aucunement le Commerce étranger, seul moyen de rendre l'Etat puissant & riche. Toutes les forces que nous pourrons avoir sur terre, ne nous empêcheront jamais de recevoir la loi des Puissances maritimes,

& ne nous mettront pas en état
d'abaiſſer l'orgueil de ces fiers
Inſulaires , qui ſe croyent & ſe
diſent les Roys de la mer. C'eſt
ce que nous devons attendre
d'une marine puiſſante & en état
de leur diſputer cet Empire , &
de leur faire rendre le premier
honneur au Pavillon François ,
honneur qui lui eſt dû à juſte titre , comme on va eſſayer de le
faire voir.

CESAR dans ſes Commentai-
res parle des Gaulois ſeptentrion-
naux (*a*) comme des meilleurs

(*a*) Ce ſont aujourd'hui les Habitans de
la Normandie & des Pays-Bas. Ces Peuples
ont été de tous tems de célebres Navigateurs. Voyez l'Hiſtoire du Préſident de Thou.

Selon l'état géographique de Normandie
par Maſſeville , tom. 2. pag. 688. on doit
aux Normands

La découverte de la *Guinée* que firent les
Dieppois en 1364.

La conquête des *Canaries* que fit *Jean de
Bethencourt*, Seigneur de Grainville au pays
de Caux en 1402, & non pas en 1348 com-

Commerçans & des plus habiles Navigateurs qui fuſſent alors connus, ſans même en excepter ceux de Marſeille. Il vante beaucoup l'habileté de leurs Pilotes; il ſe fait gloire d'avoir tranſmis aux Romains la maniere de conſtruire les vaiſſeaux & de navi-

me le dit l'Auteur de l'Hiſtoire de la Navigation, tom. 1. p. 69. En 1479 les Armateurs de cette Province enleverent aux Ennemis 80 vaiſſeaux chargez de bled & de harangs. *Hiſtoire de Normandie par Maſſeville tom. 4. pag. 318.*

La découverte du troiſiéme Continent du monde, connu ſous le nom de *Terre Auſtrale*, faite en 1504 par le Capitaine *Gouneville* de Liſieux.

La découverte du *Canada* faite l'an 1508 par *Thomas Aubert* de Dieppe.

Selon Mezeray, tom. 2. pag. 665. de ſa grande Hiſtoire, édition de Guilllemot , *les Dieppois ont toujours eu la gloire de la mer entre les François.* Et l'an 1556. avec 19 Vaiſſeaux ils en battirent 22 Flamans, plus grands & mieux pourvûs d'artillerie & d'artifice; ils en emmenerent pluſieurs à Dieppe. Il ajoûte que *les Normands avoient plus d'hommes, que les Hollandois étoient aſ-*

ger des Gaulois ſeptentrionaux.
Vegece a écrit de leur diſcipline
navale. *Sidonius* parle avantageuſement de leurs mariniers, il
les fait auſſi habiles que les Pilotes des autres Nations ; il dit
qu'ils ſçavent obéir , comme ils
ſçavent commander. Alors les

coutumez de ſe battre à coups de canon , &
les Normands à coups de main, & à l'abor-
dage. Le Préſident de Thou en dit autant.
Et ce fut par ordre du Roy Henry II. qu'ils
allerent attaquer cette flote. *Etat geografiq. de*
Normandie par Maſſeville. Tome I. p. 142.

Selon l'hiſtoire de la Navigation Tom. II.
p. 91. Chap. 4. *Nambue* cadet d'une bonne
maiſon de Normandie , & Capitaine d'un
Vaiſſeau de Roy , fut le premier de tous
les Européens , qui forma le deſſein avec
ſuccès , de former une Colonie aux Iſles
de l'Amérique l'an 1625.

Et enfin , la découverte de la Louiſiane
faite de l'an 1676. à l'an 1680 par la
Salle Cavelier de Rouen.

On auroit pû mettre à la tête des ex-
ploits des Normands , la conquête qu'ils
firent de l'Angleterre l'an 1066 , & celle
des Royaumes de Naples & de Sicile faite
l'an 1070. par les Seigneurs de *Houteville*
du Diocèſe de Coutances.

R iiij

Anglois ne connoiſſoient point
encore la navigation. *Ceſar* dit
qu'ils n'avoient que de petits ca-
nots d'oſier pour leurs pêches &
pour naviger le long de leurs
Côtes.

Il eſt bien glorieux à notre
Nation de voir les anciens Hiſ-
toriens trouver chez elle les plus
anciens & les plus habiles Navigateurs. Cela ne devroit-il pas
faire décerner ſans conteſtation
le premier honneur au Pavillon
François?

En ce tems-là le Commerce
n'étoit pas regardé comme dé-
rogeant à la Nobleſſe, il en étoit
l'origine & l'appui. Les Gaulois
ne faiſoient point de différence
ſur le fait de la navigation & du
Commerce; les Nobles comme
lesRoturiers commerçoient également. Les Commerçans bien
loin d'être exclus des Charges

& des Emplois, en étoient au
contraire revêtus comme plus
habiles & plus expérimentez que
les autres. Car le Commerce &
la Navigation, qui enrichiffoient
les Particuliers, les rendoient
auffi plus capables que les autres
de la conduite des affaires, &
par conféquent des Emplois &
des Charges (*a*). Mais les guerres
dont les Gaulois furent affligez
pendant plufieurs fiecles ayant
trop diftingué des autres ceux
qui portoient les armes, tant
par leurs fervices & leurs Emplois que par les richeffes que

[*a*] Le Pere Lamy dans fes *Entretiens
fur les Sciences*, dit qu'il n'y a perfonne
qui raifonne en général avec tant de bon
fens & de juftefle, que fait un Marchand
par rapport aux affaires de fon Commerce.
Les Réfléxions & les Calculs qu'il eft obligé de faire fans ceffe, l'accoutument à
penfer.

R v

leur valurent les dépouilles des Ennemis : & ces premiers ayant ceffé le Commerce pour fe donner uniquement aux armes, le Commerce refta pour le Peuple. Diftinction tellement formée par un long ufage, que quelques Ordonnances que les Rois ayent rendues pour engager ce qu'on appelle les Nobles à faire le Commerce maritime & en gros, en le rendant compatible avec le privilege de leur naiffance, cette Nobleffe a toujours préféré à un Commerce honorable les chagrins d'une honteufe pauvreté, méprifant l'exemple des Anciens, des Anglois, des Hollandois, des Genois &c. qui regardant le Commerce bien autrement que nous, vivent dans une heureufe abondance.

C'eft la Navigation & le

Commerce qui rendent la gran-
de-Bretagne fi riche , fi puiffante , & qui la mettent en
Etat de contrebalancer depuis
long-temps , toutes les puiffan-
ces de l'Europe : ce païs néanmoins n'équivaut pas à la moitié
de la France.

C'eſt auſſi la Navigation &
le Commerce qui rendent la
Hollande fi puiffante : fa domination ne s'étend néanmoins que
fur fept petites Provinces , qui
ne produifent pas la vingtiéme
partie du neceffaire aux habitans ; & cependant ils mettent
à la mer un nombre prodigieux
de vaiffeaux, & des armées confiderables fur terre : ce qui a
rendu ce petit païs comme le
trefor général de toutes les
Nations , que fa politique a fçû
réunir contre nous , & qui
fans le fecours de fon argent

R vj

n'auroient pas tardé à se desunir. (*a*)

(*a*) Cette Nation dans tous les temps
a sçu profiter de toutes les occasions qui
se font presentées en faveur de son Commerce, & nottamment de l'interêt que nous
eumes en 1678 de la desunir de ses alliez :
cette circonstance facheuse determina le
Roy à lui accorder le renouvellement des
anciens traitez, & à lui permettre de les
expliquer comme elle voudroit ; ce qu'elle
accepta avec joye, & en consequence se
fit le traité de Nimegue, le 10 Avril 1678.

Après avoir dit dans l'article 6. de ce
traité, que les sujets de part & d'autre joui-
roient d'une pleine & entiere liberté du
Commerce dans l'Europe, dans toutes les
limites des Etats de l'un & de l'autre, les
Hollandois ajouterent aux anciens ce que
l'on trouve à l'article 7 ; cet article 7 leur
est si precieux & si avantageux, qu'ils l'ont
encore étendu dans le traité du Commerce fait à Utrecht le 11 Avril 1713. L'attention particuliere que donnent les Hollandois à cet article, nous montre qu'ils
comptent presque pour rien le reste du
traité, pourvû que nous executions cet article qui leur est aussi favorable que contraire à l'interêt de notre commerce. Pour
cet article ils ne balancerent pas un moment à se desunir de leurs alliez à Nimegue, & à signer les premiers le traité
de Riswick.

En faveur de cet article les Hollandois jouiffent de la fertilité de notre païs, & de tous les avantages du François: ils en font un ufage très avantageux, au préjudice des Sujets naturels, & fans contribuer en rien au foutien de l'Etat. Outre les avantages que cet article leur procure, ils ôtent au Roy même la liberté d'accorder aucune grace particuliere à fes Sujets, à moins que d'en gratiffer à même temps les marchands Hollandois, & par l'article 9 nous renonçons en quelque façon au Commerce du Levant en faveur des Hollandois qu'on en rend les maîtres.

Les Hollandois n'ignorent pas que fur les remontrances & les plaintes des Sujets, le Souverain qui leur doit la juftice preferablement aux Etrangers, eft toujours en droit de faire pour le bien de fon Etat les reglemens qu'il lui plaît. Au refte cet article compris dans le traité d'Utrecht, a été limité pour vingt cinq ans, & il expire par confequent le 11. Avril 1738.

Genes cette fuperbe ville qui n'a qu'une petite domination, auroit-elle été en Etat de foutenir tant de guerres fans les richeffes que lui procurent le Commerce & la Navigation?

A quelles dépenses n'a-t-elle pas
été engagée pendant plusieurs
siecles, pour resister aux Venitiens & aux autres peuples de
l'Italie, à qui sa prosperité faisoit
ombrage ? Combien de sedi-
tions chez-elle entre ses habitans ? Combien de tumultes &
de mouvemens excitez par ces
noms fameux de *Guelphes* & de
Gibelins ? Combien tout cela
ne lui a-t-il pas couté ? Combien la rebellion de l'isle de
Corse ne lui coute-t-elle pas depuis dix ans ? On assure qu'elle
lui coûte plus de trente millions.
Elle est encore florissante néanmoins, & abondante en toutes choses : elle n'a cependant
de ressource que dans le Commerce.

Il y auroit encore une infinité d'autres exemples à rapporter ; mais je crois que ceux-

cy fuffifent pour nous montrer
que la France tireroit de très-
grands avantages du Commerce & de la Navigation, fi on
pouvoit étendre davantage en
France le goût du Commerce.
[*a*] Que de nobles familles feroient alors relevées !

Je dirai encore en faveur
du Commerce, que l'on ne-
glige trop les HARAS, & qu'on
ne les fait pas affez valoir en
France. Les Sujets en tireroient
un grand profit, & le Roy
une grande utilité dans le temps

_____

(*a*) L'Etabliffement de la Compagnie
des Indes eft un moyen affez fûr pour
engager les François à faire le Commerce & à leur en donner le goût ; c'eft un
bien pour l'Etat. Le Commerce maritime
qu'elle fait avec affez de fuccès, nous af-
franchit du tribut fervile que nous payions
à nos voifins avant fon Etabliffement,
pour nous fournir les chofes qui nous man-
quoient : ils profitoient de notre ne-
gligence pour s'enrichir à nos dépens.

de guerre , où l'on est exposé à la discretion des Juifs & des Etrangers , qui nous vendent les Chevaux ce qu'ils veulent. Il faudroit pour cela engager la Noblesse , & tous les autres qui possedent des Terres en fiefs , d'entretenir un tel nombre d'Etalons & de Cavales que leurs terres pourroient nourrir , au lieu de quantité de mauvais chevaux , dont ils ne tirent d'autre profit que le travail.

De tous les temps , les Anglois & les Hollandois se sont attachez à nous faire detruire les ports de mer un peu considerables, que nous avons eus dans la Manche : ces ports leur sont ombrage & gênent extrêmement leur Commerce. Mais leur opposition continuelle est une preuve invincible,qu'il seroit utile à notre Commerce, & à notre

Navigation, d'avoir au moins une retraite affûrée pour nos vaiffeaux vers le milieu de ce détroit. Le *Cardinal d'Offat* en fentoit la neceffité ; car dans fa 90. Lettre, qui eft du 18. Decembre 1596 (*a*), il dit à M. de Villeroy auquel il écrit, *qu'il nous eft très-important d'a-voir des vaiffeaux de guerre dans ce détroit.* Or on ne peut pas y avoir de vaiffeaux, fans port pour les retirer ; j'ai toujours ouï dire , qu'avec un peu de dépenfe on pourroit en faire un excellent à la *Hougue* en Baffe Normandie ; c'eft le lieu du monde le plus propre à y faire une place importante, foit pour le Commerce, foit pour des vaiffeaux de guerre. Il en con-tiendroit beaucoup ; ils y fe-roient en fureté , & à l'abri

(*a*) Tome 2 de fes lettres pag. 314.

de tous les vents les plus dangereux , en faifant faire une jettée
de deux à trois cens toifes , de la
grande ou de la petite redoute
de *Morfalines* , vers le fort de
la Hougue , laiffant au pied de
ce fort une entrée convenable
à ce port, & en creufant la Baye
que la jettée renfermeroit. On
pourroit même faire nettoyer
ce port , par la riviere de *Saire*
qui n'en eft éloignée que d'environ fix à fept cens toifes ,
& que l'on peut aifement y faire paffer. Ce port alors feroit
très-confiderable & bien placé ; la rade en eft admirable ,
& tous ceux qui font au fait de
la marine & de la Navigation,
conviennent que l'on devroit
y travailler , & profiter des
avantages de ce lieu , malgré
les oppofitions de nos voifins;
car plus ils s'y oppoferont , plus

nous devons fentir que c'eft notre avantage. Nous ne devons
point les craindre, ce feroit
leur faire trop d'honneur. En
un mot, c'eft là qu'il nous faut
un port. Feu M. le Marêchal de
Vauban l'avoit jugé ainfi ; il en
a fait, dit-on, tous les plans &
devis : la baffe jaloufie des autres ports s'y eft oppofée ; peut-
être n'a-t-on pas affez confulté
l'interêt de l'Etat & du Commerce en général, qui doit toujours l'emporter fur des raifons
particulieres : Mais l'interêt particulier a toujours un grand
nombre d'avocats, & l'interêt
général en a peu.

Faire la paix pour nous procurer tous les avantages d'un
grand Commerce, c'eft faire la
guerre à nos ennemis. Loin de
nous donc ces victoires acqui-
fes par des efforts ruineux.

Que la gloire se repose. C'est dans le sein de nos Campagnes que l'industrie va nous ouvrir des routes faciles à de plus grandes conquêtes. Que le ciel propice nous conserve un Prince, dont la sagesse mesure sa gloire sur la felicité de ses peuples, & un digne Ministre qui seconde ses vuës avec tánt de zele & de lumieres. La France, superieure par les avantages de son Commerce, fera connoître aux Etats voisins, qu'elle est aussi capable d'augmenter sa puissance par la paix, que par la guerre.

RECAPITULATION

et Conclusion.

I.

LEs loix citées par l'Auteur de *l'Effay politique fur le Commerce* ne favorifent pas plus le Debiteur que le Creancier : auffi n'y a-t-il pas plus de raifon pour l'un que pour l'autre. Jamais le debiteur ne peut-être lézé en rendant l'argent après une augmentation de Monnoye, fur le pied qu'il valoit lors du prêt ou de l'obligation contrac-tée. De même le creancier en recevant après une diminution les mêmes efpeces qu'il avoit données auparavant, ne fauroit fe plaindre : cela eft conforme au droit de la nature & des

gens & aux Ordonnances citées par l'Auteur. Elles nous ap-
prennent même que cela se pratiquoit de leur temps ; ce qui est
diamétralement opposé à la
maxime que donne notre Auteur à la page 174 de son livre : ainsi cette maxime est
mal appuyée par ces Ordonnances. Elle est contraire à la circulation de l'espece & au credit ; elle peut même introduire
l'usure (*a*).

(*a*) Chap. 1. art. 1. pag. 13. & suivantes. art. 2. pag. 23. chap. 3, art. 4. pag.
91. 92. 93. 94. & 95. art. 6. pag. 236.
& 237.

I I.

Si les debiteurs ne rendent
que ce qu'ils ont reçu , con-
formement à l'Ordonnance même de Philippe le Bel donnée

à ce fujet, ils n'ont ni pû perdre, ni pû être ruinez par confequent , par la diminution
dont l'Auteur parle : ainfi ils
ont pû & dû s'acquitter.

On ne voit pas non plus
que les Paffages de Sponde &
de Dumoulin repondent aux
plaintes que l'on faifoit contre
le furhauffement des Monnoyes
qui eut beaucoup plus de part
à la fedition que la diminution ; mais cette fedition ne
fut caufée par l'une ni par l'autre confiderée chacune en particulier, elle fut caufée par deux
valeurs inégales données en même temps à une même Efpece ;
ce qui faifoit que perfonne ne
la vouloit recevoir fur le pied
du furhauffement, ni donner
fur le pied de la diminution
(a).

(a) Chap. 1. art. 2. pag. 23. 25. & fuiv.
jufques à 45.

Le fol du temps de Charlemagne en vaut 76 ½ à 81 ¾ de notre Monnoye actuelle; ainfi la valeur numeraire eft hauffée d'un à 76 ½ ou 81 ¾. Mais de ce que cette valeur numeraire eft hauffée de 1 à 76 ½ à 81 ¾ il ne s'enfuit pas que cette augmentation nous foit indifferente, & qu'elle n'aye pas alteré notre Commerce & notre finance. Qui peut favoir ce que feroit aujourd'hui notre Commerce & notre richeffe en argent, fi nos differentes mutations de Monnoyes n'avoient pas interompu & troublé ce même Commerce. (*a*) Ce qui eft oppofé à ce que dit notre Au-

----

[*a*] Tom. & Chap. 1. art. 7. pag. 160. & 161.

Tom. 2. Chap. 3. art. 2 pag. 60. 61.

Art. 4. pag. 133. & fuiv. jufques à 158.

Art. 6. pag. 260. jufques à 268. 274. & 275.

teur

teur page 185 & fuivantes,
194 195 & page 237. N° 2.

III.

Par l'état actuel des Monnoyes de Lorraine on voit qu'il
n'y en a point de plus foibles en
poids d'un fixiéme que les nôtres, comme l'Auteur le dit aux
pages 197 & 198. Il n'y a pas
grand profit à échanger efpeces contre efpeces; ainfi dans
la fituation prefente, elles ne
s'attirent ni les unes ni les autres; cependant celles de France ont l'avantage. C'est la re-
ponfe à la queftion que fait l'Auteur à la page 198 (*a*)

(*a*) Chap. 1. art. 3. pag. 45. jufqu'à 56

IV.

Trente millions arrivés de la
mer du fud, dont on en prêta
Tome II.   S

quinze au Roy; onze millions
que produisit la refonte des
Monnoyes ; les nouvelles creations de rentes sur l'hôtel de
ville : les augmentations de
gages attribuez à differens officiers, & la recette journalie-
re des revenus de sa Majesté,
furent le salut de l'Etat en 1709
& non pas l'augmentation de
l'espece comme le dit l'Auteur
à la page 202 (*a*) *de l'Essay
politique sur le Commerce.*

(*a*) *Chap.* 1. *art.* 4. pag. 56. & suiv.
Chap. 3. *art.* 2. pag. 31 & suiv. 52. 53.
60. 80. & suiv. 91. 118. 119. 194. & suiv.
209. 210. 221. 222. 253. 254. 278.

V.

Les diminutions des Mon-
noyes ne furent point la seule
cause de la misere, du discrédit ni des Banqueroutes ar-

rivées en 1714 , & années
fuivantes , comme l'Auteur le
dit aux pages 203 & 204. Le
tableau qu'on lui prefente ici
de la fituatiou dans laquelle
étoit alors les finances de l'Etat ,
lui montre des fources beaucoup plus prochaines de tous
ces malheurs. Le défaut de
payement de la part du Roy
en fut la feule caufe , fuivant
le Miniftre même des finances ,
& Sa Majefté n'ayant point de
fonds en fes coffres ne perdit à ces diminutions , que
quelques non - valeurs dans le
recouvrement de fes revenus.
[a]

[a] Chap. 1. art. 5. pag. 69. jufqu'à
109.

V I.

L'augmentation des Monnoyes
du mois de Décembre 1715 fit

S ij

un effet bien oppofé à celui que lui attribue notre Auteur à la page 205 , *d'avoir foutenu les Finances en 1716 & 1717 malgré le difcrédit que la Chambre de Juftice entretenoit.* Elle nous mit au contraire dans un plus grand défordre encore que celui où l'on étoit fous Philippe le Bel (*a*). La différence de 25 pour cent qu'on laiffa entre l'efpece non réformée & la même efpece réformée, ou la nouvelle qui étoit de même poids & de même titre, fit que celui qui n'en vouloit pas hazarder le tranfport, garda les non réformées jufqu'à ce qu'elles fuffent hauffées au niveau des réformées & des nouvelles , ou que celles-ci fuffent décriées, afin de gagner la partie de fon ar-

[*a*] *Ch.* 1. *Art.* 6. p. 109. 113. & fuiv. jufqu'à 123.
  Ch. 3. *Art.* 4. p. 133. & fuiv. jufqu'à 158.

gent qui auroit été au profit du Roy (*a*) ; ou bien il les faifoit paffer chez l'Etranger , qui les marquoit à nos coins (*b*). Dans le premier cas , c'eft un fonds inutile au Public & même à celui auquel il appartient : & dans le fecond cas , c'eft une perte réelle pour l'Etat, & le Change baiffe ; ce qui rend notre Commerce defavantageux (*c*). Voilà quel

(*a*) *Ch. 1. Art. 6.* p. 109. 113.
Art. 7. p. 174. 175. *Art.* 8. p. 176. 186. 187. 188. 189. 211. 212.
Ch. 3 Art. 2. p. 32. 33. 34. 35. 40. 41. 45. à 50. & 56.
Art. 3. p. 81. 82. 87. 88. 89.
Art. 4. p. 89. & fuiv. jufqu'à 114. 123. 124. & 125.
Art. 5. p. 161. 162. 189. 190. 191.
Art. 6. p. 213. 247. jufqu'à 254.
[*b*] Ch. 1. Art. 6. p. 115. 116. 117. 118. 119. & fuiv.
Ch. 3. Art 4. p. 93. & fuiv. jufqu'à 109. 133. & fuiv. jufqu'à 158.
[*c*] Ch. 1. Art. 6. p. 118. 119. 120.
Art. 7. p. 171. & fuiv.
Art. 8. p. 176. jufqu'à 190.
Ch. 3. Art. 2. p. 44. 45. & 46.

fut & quel fera toujours l'effet des réformes de Monnoyes (*a*).

La refonte ordonnée par Edit du mois de Novembre 1716 ne remédie point au mal : elle laiffe toujours fubfifter cette différence ruineufe à l'Etat (*b*) ; ainfi on peut dire que nous travaillons nous-mêmes à faire perdre à notre Commerce tous les avantages que la nature & l'induftrie de nos Habitans lui donnent fur celui de nos Voifins (*c*), & que ce n'eft pas fans caufe que l'Etranger nous raille à ce fujet (*d*).

[*a*] Ch. 1. Art. 6. p. 115. 116. 117. 118. 119. & fuivantes.

Ch. 3. *Art.* 4. pag. 93. & fuiv. jufqu'*a* 109.

[*b*] Ch. 1. Art. 6. p. 115. jufqu'à 122.

Ch. 3 *Art.* 4. p. 113. & 114. 133. jufqu'à 158.

[*c*] Ch. 1. Art. 6. p. 123. & fuiv.

Ch. 3. *Art.* 4. p. 121. & fuiv. jufqu'à 158.

Art. 6. p. 277. & fuiv. jufqu'à 281.

(*d*) Ch. 1. Art. 6. p. 115. & 116.

Ch. 3. *Art.* 6. p. 278. & fuiv. jufqu'à 284.

VII.

Le revenu & les denrées s'éva-
luant par l'argent, on ne fçauroit hauffer la valeur numéraire
de l'argent, ou l'affoiblir de
façon quelconque, fans hauffer
en même tems & dans la même
proportion les revenus & les
denrées : autrement tout affoi-
bliffement de Monnoye fera toujours onéreux au Roy & à la Nation, ainfi qu'il eft démontré au
7 Art. du Chapitre premier de
ces Remarques (a).

Il eft auffi démontré que fi l'on
hauffe les revenus & les denrées
comme l'argent, l'augmentation
n'aura d'autre effet que celui

(a) Ch. 1. Art. 7. p. 131. 132. & fuivan-
tes jufqu'à 175.
Ch. 2. Art. 5. p. 416. jufqu'à 423.
Ch. 3. Art. 2. p. 55. 56. & 57.

d'augmenter les comptes(*a*).Elle
favorifera le débiteur ou le ven-
deur au préjudice du créancier
ou de l'acheteur.Au furplus,tou-
tes chofes fe trouveront comme-
elles étoient avant l'augmentation , laquelle dès - là devient
inutile : ce qui prouve qu'il ne
faut jamais hauffer l'argent ; cette opération bleffe l'équité &
abîme notre Commerce ; en ce
que toutes les fois que la Loi du
Prince attribuera aux efpeces
d'or & d'argent , qui ont cours
dans le Royaume. , une valeur
qui excede le poids & le titre
des matieres qu'elles renferment,
ces efpeces exprimant alors une
fauffe valeur envers l'Etranger,
qui n'admet en compte que le
poids & le titre , deviennent
contre nous une fauffe mefure,

[*a*] Ch. 1. Art. 7. premiere application,
p. 136. jufques & compris 142.

dans l'évaluation des biens que nous échangeons au dehors; parce que toute la valeur attribuée par la force de la loi aux Monnoyes courantes eſt reçue dans l'étendue du Royaume, pour remplir le prix auquel les biens de notre crû ſont évaluez : la valeur de nos biens naturels eſt par conſéquent remplie & meſurée par une monnoye qui n'a pas en ſoi toute la réalité de la meſure qu'elle exprime; d'où il ſuit que l'Etranger qui enleve les biens de notre crû, arts & fabriques, ſur le pied qu'elles ſont évaluez dans le Royaume, n'en remplit pas la valeur envers nous *.

* Ch. 1. Art. 7. p. 151. juſqu'à la pag 162.
Ch. 3. Art. 4. depuis la page 141. juſqu'à 158.

S v

VIII.

Les exemples que nous fourniffent les refontes & les réformes de nos Monnoyes ordonnées par les Edits du mois de
May 1709 , Decembre 1715 ,
Novembre 1716 , & Janvier
1726 nous prouvent invinciblement, que toutes les fois que nous
ferons quelque mutation dans
nos efpeces, foit en hauffant ,
foit en baiffant leur valeur numéraire , foit en les réformant ,
ou enfin en les refondant pour
en fabriquer de nouvelles , &
que dans la vuë de procurer des
fecours au Roy, on laiffera entre
le prix de l'ancienne efpece &
celui de la nouvelle une difproportion ou une différence trop
grande , l'efpece la moins pri-
fée reftera cachée , ou elle paffe-

ra chez l'Etranger (*a*). L'attrait
de ce bénéfice invitera toujours
nos Négocians , les Billonneurs
& l'Etranger même au transport
des moins cheres (*b*). D'ailleurs
les fréquentes variations dans
cette mesure , les Ordonnances
que l'on publie avant le temps
pour annoncer l'augmentation
ou la diminution , les Arrêts de
prorogation d'un terme fixé par
les précédens , fatiguent & rebutent tout le monde (*c*). Nos
Ancêtres sentoient à merveille
le poids de ce fardeau. Ce fut
pour s'en décharger & pour

[*a*] Ch. 1. Art. 6. p. 109. & suiv . jusqu'à
131.
 Ch. 3. *Art.* 2. p. 50. 51. & 55.
 Art. 4. p. 125. jusqu'à 133. & suivantes;
jusqu'à 158.
 Art. 5. p. 160. jusqu'à 164.
 Art. 6. p. 234. jusqu'à 238.
[*b*] Ch. 1. Art. 8. p. 189.
 Ch. 3. *Art.* 6. p. 221. jusqu'à 223.
 [*c*] Ch. *&* Art. 3. p. 64. 65. & 66.
 Art. 4. p. 113. & 114.

S vj

avoir une Monnoye stable &
uniforme, qu'ils préférerent l'imposition sur eux des Aydes &
des Tailles (*a*). La Nation gagneroit beaucoup aujourd'hui,
si à leur imitation, elle rache-
toit de chaque Roy pendant son
regne, le droit de Seigneuriage, que Charles VII conserva à
ses Successeurs (*b*).

Diminuer de moitié le titre
ou le poids des especes, sans en
diminuer le prix, ou surhausser
de moitié leur valeur numéraire
sans augmenter leur poids ou
leur titre, c'est exactement la
même chose. Dès-là l'Auteur de
l'*Essai politique sur le Commerce*
convient pagg. 177 & 178 que
le surhaussement de la valeur
numéraire des Monnoyes *tour-*

(*a*) Ch. 1, Art. 8. p. 190. & 193.
(*b*) Ch. 3. Art. 6 p. 267. & suiv. jusqu'à
272.

ne à la perte du Roy & à celle de l'Etat en faveur de l'Etranger. Nous sommes ici parfaitement d'accord : c'est même tout ce que nous avions dessein de lui prouver par nos observations ; mais tous les passages de son Livre indiquez dans cet Ouvrage, avant & après celui-ci, nous paroissent bien opposez & difficiles à concilier (*a*).

Ce que cet Auteur appelle *proportion exacte dans les Monnoyes* n'est autre chose qu'une *distribution*, ou une *subdivision exacte du Louis d'or ou de l'Ecu en ses parties.* Il n'a rien dit des différentes proportions que l'on doit observer avec beaucoup de précision dans les Monnoyes & dans leurs métaux. Et comme il est important de ne les pas ignorer, on parle par occasion *de la*

[*a*] Ch. 1. Art. 8. p. 178. jusqu'à 183.

*proportion entre le titre de l'or &
de l'argent*, dont il est dangé-
reux de s'écarter ; *des principes
fondamentaux qui en naissent naturellement* ; de la *proportion entre l'or & l'argent en œuvre ou
monnoyé* ; de celle entre ces deux
métaux, *hors œuvre ou en masse*,
avec les conséquences qui en ré-
sultent, & qui sont extrêmement
importantes (*a*) ; & enfin de la
*proportion entre la valeur numé-
raire donnée à l'un & à l'autre
de ces deux métaux en œuvre &
hors d'œuvre*. On montre ensuite que la haute proportion
rend l'or cher & l'argent à bon
marché, & qu'au contraire, la
proportion basse rend l'argent
cher & l'or à bon marché. C'est
de ces différences de proportions, que naît le transport du

[*a*] Chap. 1. Art. 8. p. 195. jusques &
compris 209.

métal le moins cher : ainsi on ne sçauroit les établir avec trop de précision. (*a*)

(*a*) Ch. 1. Art. 8. p. 208. jusqu'à 212.

IX.

Il y a quelques fautes legeres dans ce que dit l'Auteur pag. 247 & 248 de l'*Essai politique*. On l'en avertit ici, & on lui dit que le Change ne sçauroit être contre nous, que lorsque nous redevons par la balance du Commerce, & qu'il est pour nous & à notre avantage, lorsque l'Etranger nous redoit (*a*). Ces deux cas font l'inégalité de la balance. Si elle est égale la compensation se fait; personne ne redoit & le Change est au pair (*b*).

(*a*) Ch. 3. Art. 1. principes 2. 3. & 4. p. 3. 4. & suivantes du Tome 2.
(*b*) *idem* principe 2.
Ch. 1. Art. 9. p. 213. 216.

L'Auteur a raifon fur le tranfport de l'argent à l'Etranger. Il
dit p. 247 : *que la plûpart l'ont re-*
gardé comme pernicieux. Penfent-
ils que c'eft un prefent qu'on fait ?
Ce font fes termes ; mais comme
il en refte là , & que ce qu'il dit
ne nous paroît pas fuffifant pour
convaincre ceux qui regardent
ce tranfport comme pernicieux,
on tâche d'y fuppléer en montrant que l'unique objet du Négociant eft d'attirer ce métal ;
qu'il ne s'en défait qu'à la derniere extrémité ; que tout celui
qui eft dans le Royaume eft dû
à fes foins & à fon travail ; que
lorfqu'il le fait entrer on lui eft
favorable ; qu'on regarde la fortie comme un crime d'Etat , &
que l'Etat cependant n'en fouffre aucun préjudice ; que d'ailleurs ce défaut de liberté eft un
grand obftacle à notre Commer-

ce. Il y a de l'injuſtice à vouloir
être payé de ce qui nous eſt dû,
& ne pas payer ce que nous devons. Il vaudroit donc mieux
mettre un droit ſur la ſortie de
l'argent, comme l'Eſpagne l'a
fait ci-devant, que de la défendre inutilement (*a*).

(*a*) Ch. 1. Art. 9. p. 218. juſqu'à 222.

X

La force & la puiſſance d'un
Etat dépend du nombre de ſes
Habitans, & le nombre des Habitans eſt toujours proportionné
à la quantité des Eſpeces qui circulent dans cet Etat; & comme
il n'y a pas aſſez d'Eſpeces pour
faire circuler toutes les productions de la Nature & de l'Art,
la Monnoye de repréſentation
eſt indiſpenſable pour ſuppléer

au défaut des Efpeces, pour attirer l'abondance, & pour donner valeur aux biens fonds & à
l'induftrie, & en un mot pour
rendre le Commerce floriffant.

Or en fuppofant cette Monnoye de crédit ou repréfentati-
ve de l'argent, on ne peut pas
hauffer ni baiffer l'argent qui
doit payer ce qui le repréfente,
fans hauffer ou baiffer dans le
même tems & dans le même rapport la Monnoye de repréfenta-
tion. C'eft pourquoi on voulut
diminuer la valeur du Billet au
mois de May 1720, & cette ré-
duction ayant été rejettée, il falloit à fon défaut hauffer l'Efpece ; car hauffer l'Efpece, c'étoit
alors diminuer le Billet qui la re-
préfentoit. Le furhauffement
propofé dans l'objection auroit
été falutaire au mois de Mai 1720,
& en Juillet fuivant il ne pou-

voit plus produire le même effet. Dès-là il n'étoit plus nécessaire : ce qui fait tomber l'objection. Cela nous découvre les
fautes qui ont été faites dans
le système de M. Law. Le crédit est utile à un Etat ; mais il
doit être libre & modéré. Voyez
ce qui est dit à ce sujet, *Tom.*
& Chap. 1. *art.* 10. *pag.* 223 *&*
suivantes jusqu'à la page 350.

XI.

Les inféodations ou les redevances en argent n'ont pas haus-
sé comme l'argent ; l'argent
nous montre donc déja que le
progrès ou l'augmentation numéraire n'a pas produit, comme
le dit l'Auteur pag. 210 de son
Livre, le même progrès & la
même augmentation dans les fermes des terres & dans toutes sor-

tes de Marchandifes [*a*]. On
verra ci-après , à l'Article 15
de cette conclufion , ce que nous
dirons des denrées.

Si l'augmentation numéraire
eft favorable aux Rois , comme
le dit l'Auteur à la page 217.
Louis xv. fera plus riche qu'aucun de fes Prédéceffeurs , parce qu'il a beaucoup plus de numéraire [*b*] qu'ils n'en avoient.

(*a*) Ch. 2. Art 1. p. 350. jufques & compris 358.

(*b*) *Idem* p. 356. à 358.

XII.

Il réfulte des comparaifons
faites des revenus de Louis xii,
de François 1 , de Henry 11,
de François 11 , & de Henry iii
avec ceux de Louis xv , que ces
Princes, chacun avec leur foible
numéraire, étoient plus riches

que ne l'eft Louis xv avec fon grand numéraire , puifque ce Monarque ne fçauroit aujour-d'hui fournir aux mêmes degrés de befoins que faifoient ces Princes. On prouve ces calculs par un autre calcul , étranger aux précédens [*a*].

(*a*) Ch. 2. Art. 2. 3. 4. 5. 6. p. 358. 379. 390. 393. 430. & fuivantes , du Tom. I.

XIII.

Le prix des denrées à la longue a beaucoup plus augmenté que celui des Efpeces , quoique lors d'une augmentation de Monnoye , les denrées ne hauffent pas d'abord autant que l'efpece : le Marchand & l'Ouvrier augmentent aifément , mais ils ne diminuent pas de même (*b*).

(*b*) Ch. 1. Art 7. p. 148.
Ch. 2. Art. 5. p. 416. jufqu'à 423.

XIV.

L'abondance de l'argent & le
furhauſſement de ſa valeur numéraire , ayant fait augmenter
le prix de toutes choſes , & les
revenus & les redevances en argent , n'ayant pas hauſſé comme ces choſes , il eſt clair que
cette abondance d'argent , &
le furhauſſement de ſa valeur numéraire , ont été contraires à
tous les Propriétaires de ces revenus ou de ces redevances, &
qu'ils ſont réellement moins riches qu'ils ne l'étoient , puiſqu'ils ne peuvent pas faire aujourd'hui les mêmes dépenſes
qu'ils faiſoient alors [a].

(a) Ch. 2. Art. 5. p. 418. juſqu'à 423.

XV.

L'augmentation numéraire du revenu n'étant pas proportionnée à celle des denrées, la terre ou la maifon qui étoit affermée une piftolle fous Louis XII n'eft pas affermée 22 piftolles aujourd'hui ; ainfi le progrès ou l'augmentation des valeurs numéraires, n'a pas produit, comme le dit l'Auteur page 210., le même progrès & la même augmentation dans les fermes des terres & dans toutes fortes de marchandifes [*a*] : ce qui eft conforme à l'article XI ci-deffus.

(*b*) Ch. 2. Art. 5. p. 419, n°. 3. jufqu'à 423.

XVI.

Il eſt vrai que le Roy reçoit plus de numéraire ; mais ſes revenus n'ayant pas hauſſé dans la proportion des denrées, cette cherté de denrées lui eſt nuiſible , puiſqu'elle lui occaſionne une augmentation de dépenſe qui eſt en pure perte pour ſa Majeſté : cette augmentation de dépenſe ne lui eſt pas indifférente ; par conſéquent l'augmentation numéraire demeure toujours contraire au Roi & aux Peuples comme débiteurs [a].

D'ailleurs il y a bien plus d'acheteurs que de vendeurs, & par conſéquent plus de perdans que de gagnans. Donc la cherté

(a) Ch, 1. Art. 7. p, 137. juſqu'à 142. Ch. 2. Art. 6. p. 430. & ſuivantes.

des

des denrées n'eſt pas indifférente, non plus que l'augmentation
de dépenſe. Ce qui eſt entiérement oppoſé à ce que dit notre
Auteur aux pages 212 & 217
de ſon Livre [*a*].

(*b*) Ch. 2. Art. 5. p. 422. juſqu'à 427.

XVII.

L'augmentation & la refonte
des Monnoyes de 1709 laiſſant
entre les vieilles & les nouvelles
Eſpeces une différence de $23\frac{1}{13}$
pour cent, faiſoit un grand déſordre & une exception à cette
regle générale, que le Commerce avantageux attire les matieres d'or & d'argent dans l'Etat
qui a l'avantage [*a*].

Le décri de ces anciennes Eſ-

(*a*) Ch. 3. Art. 2. p, 29. 30. 31. 32. & 33.

peces qui fut fait au premier Janvier 1710, nous fut très-avantageux, & leur rétablissement dans le Commerce, que fit la déclaration du 7 Octobre suivant, nous fut nuisible par la différence qui subsistoit toujours entre leur prix & celui des nouvelles [*a*]. On fut un an à s'appercevoir de ce désordre; on y remédia en partie par la déclaration du 24 Octobre 1711 en augmentant la valeur de ces anciennes Especes pour les raprocher de celle des nouvelles [*b*]. Ce fait nous fournit une preuve bien évidente, QU'IL NE FAUT JAMAIS DANS UN ETAT DEUX DIFFERENS PRIX A UNE MESME ESPECE [*c*]. Il y avoit encore entre ces vieilles & ces nouvel-

[*a*] Chap. 3. art. 2. p. 41, 42 & 43.
[*b*] Id. p. 41, 42, 43 & 44.
[*c*] Id. p. 49, 50, 51 & 52 du tome 2.

les Eſpeces une différence qui faiſoit préférer les anciennes, & cette préférence les empêchoit de circuler [a].

Ces anciennes Eſpeces n'arrivoient pas dans les Hôtels des Monnoyes, auſſi promptement & en auſſi grande quantité qu'on l'auroit ſouhaité, pour les faire avancer & circuler. On avoit fait des tentatives & des menaces de les diminuer qui furent inutiles ; le véritable & l'unique moyen de faire ſortir celles qui reſtoient encore dans le Royaume, étoit d'abandonner le bénéfice de la converſion, en les rapprochant encore du prix des nouvelles qui étoient à 40 francs le marc. On le fit pour un tems ; on les mit à 39 livres le marc le 10 De-

[a] Voyez ce qui eſt dit au Tome 1. pag. 123 & ſuiy.

T ij

cembre 1712 [*a*]. Cette opération ne fut pas plûtôt faite,
que le Change & par confequent notre Commerce reprit
le deſſus ſur celui de nos voiſins (*b*). Ce qui montre avec la
derniere évidence le tort infini que nous fait cette difference tant qu'elle ſubſiſte entre l'ancienne & la nouvelle eſpece, & que la Monnoye forte n'eſt pas un obſtacle au Commerce (*c*)

[*a*] Chap. 3 art. 2 pag. 49 juſq. 57
[*b*] Idem p. 55 56 & 57
[*c*] Tom. 2 chap 3 art. 2 pag 58 juſq. 62
Art. 4 pag. 89 90 91 92 118 juſq.
122 123 124 125 126 & 127. 141 à 158
Art. 5 p. 185 juſq. 188 194 juſq. 201

XVIII.

Comme il n'y a aucun de nos
voiſins, qui ne recoive beaucoup
plus de nos denrées, arts & fa-

briques, que nous n'en recevons de lui, notre Commerce
aura toujours l'avantage sur celui de ces mêmes voisins, aussi-
tôt que l'on verra de la stabilité & de l'uniformité dans la
valeur numeraire de nos Monnoyes, soit que cette valeur
soit haute, soit qu'elle soit
basse [*a*] : ainsi l'avantage de
notre Commerce est en nos
mains [*b*] ; il ne tient qu'à
nous de le rendre perpetuel : la
fertilité de notre païs, la situation de nos ports de mer, &
l'activité de nos peuples, nous
offrent & nous assurent un Commerce superieur.

On voit les preuves de ce
qu'on dit ici, après la déclaration du 10. Decembre 1712.

(*a*) Chap. 3 art. 6 p. 263. & 264.
[*b*] Idem art. 4 pag. 121 122 123 à 127.
Art. 5 p. 194 jusq. 198.

[*a*] après la derniere des onze diminutions faites fur nos Monnoyes en 1714, & 1715, qui fut le premier Septembre de la même année 1715. La gradation des Changes qui rapprochent très-vite de leur parité & qui la furpaffent même, marquent évidemment que la confiance reprenoit vigueur & notre Commerce le deffus [*b*], malgré le vifa des effets Royaux ordonné par Arrêt du Confeil d'Etat du 28. Septembre & par la Declaration du 7. Decembre fuivant, lequel entretenoit le difcredit, faifoit un obftacle à la circulation, & par conféquent au Change & au Commerce [*c*]. Alors l'ar-

[*a*] Chap. 3 art. 2 pag. 55 jufqu'à 57.
[*b*] Idem art. 3 p. 79 jufqu'à 83 86 art. 4 p. 89.
(*c*) Art. 4. pag. 93 & 94 118 & fuiv. jufqu'à 125 du tom. 2.

gent ne valoit que 28 francs le
marc. Après l'édit du mois
d'Août 1723. qui baiſſa les eſpeces reformées, hauſſa celles
non reformées & reduiſit le
marc d'argent à 69 livres [*a*] ce
qui faiſoit une Monnoye très haute , ainſi on peut dire que notre
Commerce nous eſt avantageux,
ſoit que la Monnoye ſoit haute ,
ſoit qu'elle ſoit baſſe , ſi elle eſt
ſtable & uniforme dans ſa valeur. Après les quatre fortes diminutions faites en 1724 , qui
reduiſirent le marc d'argent de
75. livres où il étoit , à 40 &
41. livres 10 ſols [*b*]. Et enfin
après l'Arrêt du 15 Juin 1726
[*c*] qui nous remit dans l'a-
vantage , & comme depuis ce

(*a*) Art. 5 p. 164 165 166 du tom. 2
[*b*] Art. 5 p. 185 194 juſq. 198 du tom. 2
[*c*] Art. 6. p. 250 juſques à 267. 277
juſques à 284 du tom. 2

T iiij

tems nos Monnoyes ont été ftables & uniformes dans leur valeur , nous avons auffi toujours
eû l'avantage du Change &
par confequent du Commer-
ce.

L'Auteur du livre qui fait le
fujet de ces remarques , attribuera peut-être l'avantage continu où eft notre Commerce
depuis cet Arrêt du 15. Juin
1726 jufqu'aujourd'hui , Avril
1736 , au hauffement des efpeces qu'il protege : mais on a
prévu cette objeçtion , & on y
repond aux endroits citez cy-
bas [a] qu'il prenne la peine
d'y avoir recours.

(a) Art. 6 pag. 254 jufques 258. 261
jufq. 265 du tom. 2

XIX.

De toutes les mutations qui

peuvent fe faire fur les Monnoyes, celle qui influë le plus fur
notre Commerce & qui lui fait
le plus de tort, c'eft le furhauffement de leur valeur numeraire, parce qu'il n'a d'autre effet que celui d'augmenter à
notre prejudice le prix des denrées, arts & fabriques étrangeres, & de diminuer les nôtres
en faveur de l'Etranger ; & enfin parce que bien loin de
nous être avantageux, il nous
eft contraire dans tout les cas.

1°. Lorfque les denrées hauffent comme l'efpece [*a*], de
20 pour cent par exemple, ou
d'un cinquieme.

2°. Lorfque les denrées augmentent dans une proportion
plus baffe que celle du hauffe-

(*a*) Chap. 1 art. 7 premiere application
pag. 136 & Suivantes.

T v

mer t des especes [*a*] comme d'un dixiéme , lorsque les mon-noyes haussent d'un cinquieme.

3°. Lorsque les denrées res-tent au même prix , quoique les especes augmentent [*b*].

Voilà cependant tous les cas qui peuvent arriver, & qui devroient nous montrer l'avantage que l'auteur annonce dans le sur-haussement des Monnoyes aux pag. 202. 205. 235. 237. N. 2. 3. & 4. & encore page 270 de son livre : ainsi il n'est rien moins que d'accord , avec tous les faits qu'on vient de presen-ter : mais ces faits se trou-vent conformes aux sentimens de M. Mun , Locke & Law.

(*a*) Chap. 1. 2 application pag. 142 & suivantes.

[*b*] Idem 3 application pag. 148 & sui-vantes 157 & suiv. jusqu'a 171.

Chap. 3 tom. 2 art. 4 pag. 141 & suiv. jus-ques à 158.

Les preuves de ces faits re-
fultent de la comparaifon que
fait l'auteur de *l'Effai politique*
des revenus du Roy de l'année 1683 à ceux de 1733, au
chapitre 19. pag. 235. de fa feconde Edition (*a*) ; de l'augmentation du mois de May de 1709
(*b*) ; de celle du mois de Decembre 1715 (*c*). On voit en
ce lieu une faute capitale en
fait de Monnoye (*d*). La refonte du mois de Novembre 1716
laiffa fubfifter le mal fans y
remedier (*e*). Au commencement de 1723, le defordre étoit
grand : la même efpece avoit

[*a*] Chap. 2 art. 6 p. 430 & fuiv.
[*b*] Chap. 3 art. 2 pag. 29 & fuiv. jufqu'à
35 du tom. 2
[*c*] Idem art. 4 p. 93 jufqu'a 101 107
& 108 118 jufq. 127 du tom. 2
[*d*] Idem p. 95 jufqu'à 98 Ch. 1 art.
6 pag. 113 & fuiv. jufq. 117.
[*e*] Ch. 3 art. 4 p. 111 112 & 113 t. 2

trois prix differens (*a*). Le feul bruit d'une refonte & d'une augmentation , qui fe repandit au commencement du mois de Janvier 1726, nous fit un tort confiderable (*b*). La refonte & l'augmentation qui avoient fait ce bruit , parurent en effet par l'Edit de Janvier , publié le 4 Février 1726: cet Edit confirme la fixieme diminution annoncée par l'Arrêt du 4 Decembre 1725 , pour le premier Février.

Ces mouvemens fi differens de nos Monnoyes donnerent au Change un fi rude coup , que fon cours ceffa pendant quelques jours, perfonne n'ofant rien hazarder (*c*). Le Gou-

[*a*] Chap. 3. art 5 p. 139 & fuiv. jufqu'à 162.

(*a*) Idem p. 160 161 & 162 du tom. 2 art. 6 p. 276 & 278

[*a*] Ch, 3 art. 6 p. 209 jufqu'à 220, 2

vernement sentit très-bien que ce desordre alloit faire passer nos vieilles especes chez l'Etranger, attendu le bénéfice qui s'y trouvoit. Pour y remedier & pour soutenir le Change, on remit des fonds à M. le Chevalier Bernard avec ordre d'en faire passer en Hollande, & de fournir des lettres à perte pour le compte du Roy (a). On crut que le remede à ce desordre causé par l'Edit de Janvier 1726, étoit de surhausser la valeur numeraire des nouvelles Especes : en effet, on la haussa d'un cinquiéme par l'Arrêt du 26 May suivant. Ce surhaussement nous causa une perte réelle de $6\frac{96}{100}$ pour cent (b) : Et cette perte auroit été bien plus considerable encore,

[a] Chap. 3 art 6 p. 221 jusques à 230
(b) Idem p. 232 jusques à 235.

fi en hauffant de 20 pour cent
les nouvelles efpeces, on n'a-
voit pas hauffé les anciennes
de 30 pour cent, & par là rapproché leur prix de celui des
nouvelles de 10 pour cent (*a*).
L'effet de ce furhauffement fut
d'obliger le creancier de fe contenter des cinq fixiémes de ce
qui lui étoit dû. C'étoit favorifer le debiteur, comme le
veut la maxime que donne notre Auteur à la page 174 de
fon livre : Mais cette opération
en elle-même eft injufte ; en
favorifant le debiteur, elle ruine
le creancier (*b*). Les proprietaires des terres, des maifons,
des rentes &c. font dans le
cas du creancier. Le Roy même

(*a*) Chap. 3 pag. 229 & fuiv. jufques à
237 du t. 2.
[*b*] Chap. 2 art. 6 pag. 430 & fuiv.
Ch. 3 art. 6 p. 238 jufqu'e 245.

s'y trouve , parce qu'il eft
creancier de tous fesSujets, pour
tout fon revenu dont il ne re-
tire que les cinq fixiémes (*a*).
On voit ici l'Etat déplorable
dans lequel étoit notre Commerce à la fin de 1726 , & encore au commencement de 1727.
L'Arrêt du 15 Juin 1726 lui
fit un bien infini , en rapprochant le prix des anciennes Efpeces de celui des nouvelles.
Tous ces faits nous avertiffent ,
que de tous les affoibliffemens
des Monnoyes , le furhauffement, que notre Auteur confeille, eft le plus dangereux [*b*].

(*a*) Idem Tom. 2 pag. 247 & 248.
[*b*] Chap. 1. Art. 6. p. 247. jufques & compris 254.

X X.

Les diminutions d'Efpeces
ne font pas favorables au Com-

merce, mais elles n'ont pas des
suites tout-à-fait auſſi dange-
reuſes que les augmentations (*a*).
Elles ne lui ſont nuiſibles que
pendant leur paſſage (*b*) : ainſi
plus prompt ſera ce paſſage,
moins l'Etat perdra, en ce que
l'Etranger aura moins d'occa-
ſions d'en profiter (*c*). Ces diminutions feroient moins de
mal, ſi la peur qui agit toujours avec plus d'impreſſion que
l'eſperance, ne forçoit pas le
particulier à garder ſa denrée
plutôt que de la vendre à un
prix raiſonnable, par la crainte où il eſt de perdre ſur l'argent ; ce qui fait augmenter la

[*a*] Tom. 2. Ch. 3. Art. 5. p. 184. & 200.
195. & 201.

(*b*) *Idem* Art. 3. p. 62. juſqu'à 66. 83. &
ſuivantes.

Art. 4. p. 89. juſqu'à 94. 118. juſqu'à
121.

Art. 5 p. 167. juſqu'à 201.

(*c*) Ch. 1. Art. 5. p. 106. 107. & 108.

denrée, dans le tems même qu'elle devroit baiffer comme l'efpece (*a*).

D'où il fuit que les inconvéniens des diminutions n'étant pas auffi dangereux que ceux des augmentations, il y a moins de raifon & plus de défavantage à favorifer le débiteur en hauffant l'efpece, qu'il n'y en a à favorifer le creancier en la diminuant ; cependant il ne faut ni les hauffer ni les baiffer : ce qui eft encore oppofé à la maxime que donne notre Auteur à la page 174. de fon Livre.

(*a*) Ch. 3. Art. 3. p. 64. 65. & 66.

X X I.

Le Bénéfice apparent que font nos Rois fur nos fréquentes mutations de Monnoyes, est bien peu de chose, en comparaison du dommage qu'ils en reçoivent dans la suite, & des pertes qu'elles causent à la Nation (*a*). D'où il suit que si le Peuple peut supporter une imposition quelconque, mais proportionnée aux facultez d'un chacun, cette imposition telle qu'elle soit est préférable; parce qu'elle sera toujours plus avantageuse au Peuple, & au Roy même, qu'une mutation de Monnoye (*b*). Et si le Peuple est accablé au point de ne pouvoir pas même acquitter ses charges ordinaires, tout autre moyen de trouver les secours, dont Sa Majesté peut avoir besoin, est

[*a*] Ch. 1. Art. 7. premiere application, p. 136. jusqu'à 142.
Ch. 3 Art. 4. p. 118. jusqu'à 125. 133. & suivantes jusqu'à 158.
Art. 6. p. 263. & suiv. jusqu'à 269.
[*b*] Ch. 1. Art. 8. p. 183. & suiv. jusques & compris 193.

encore à préférer à la variation de l'Efpece. Il eft donc de l'intérêt du Roy & de fes Sujets, de renoncer pour jamais aux mutations de Monnoyes : ce font des moyens dangereux, qui ne font pratiquez par aucune des Nations qui entendent la nature du Commerce & des Monnoyes, & qui fe font un devoir d'obferver les regles de l'équité.

L'avantage évident, folide & continu, que procure à notre Commerce l'uniformité & la ftabilité, que le Gouvernement prefent a fi fagement maintenuë dans cette mefure depuis l'Arrêt du 15 Juin 1726. jufqu'à préfent 1736, nous doit ouvrir les yeux (*a*). On voit avec plaifir que fa maxime eft d'obferver les regles de la jufti-

---

[*a*] Ch. 3. Art. 6. p. 248. jufques & compris 285.

ce , & de ne point toucher aux
Monnoyes [a]. Il n'ignore pas
qu'elles font l'inftrument néceſſaire de nos échanges réciproques , & la meſure qui regle
la valeur des biens échangez:
& par conféquent il ne faut
pas plus y toucher qu'aux autres meſures; ſoit que l'impoſition ſuffiſe à toutes les charges de l'Etat, ou qu'elle n'y
ſuffiſe pas; ſoit que les recouvremens des Impofitions ſe faſ-
ſent avec faciliré ou avec peine [b]; ce qui eſt l'oppoſé de ce
que dit notre Auteur aux page 198, 202, 205, 237 & 270
de l'*Eſſay Politique ſur le Commerce*, & ce que nous avons en-
trepris de montrer par nos Ob-
ſervations.

En effet , nous eſtimons qu'il

[a] Chap. 3. Art. 4. p. 121. juſque & compris 139.
Art. 6. p. 264. juſqu'à 269.
[b] Ch. 1. Art. 7. p. 170. & 173.

ne faut toucher aux Efpeces,
que par des refontes indifpen-
fables & néceffitées par leur fray
ou par leur ufure , & qu'il les
faut faire fans aucune perte pour
le Public , aux frais du Roy.
Alors on verra que l'on gagne
beaucoup , quand on fçait perdre à propos [*a*].

[*a*] Tom. & Chap. *1.* Art. *6.* p. *115.* &
fuiv. Art. *7.* p. *167* & fuiv. jufqu'à *176.*
Tom. *2* Ch. *3.* Art: *6.* p. *280. 285.* &
fuiv. jufques *&* compris *288.*

XXII.

Le moyen de nous procurer
ce qui nous manque , & de nous
défaire de notre fuperflu , eft ce
qu'on appelle Commerce. Trois
caufes font varier la valeur de
tous les biens. La culture de
la terre & l'induftrie font l'origine & les principes de toutes
les richeffes dont jouiffent les
hommes , & conféquemment les

deux principes de la Finance. La fertilité d'un Etat & l'industrie des peuples, font les deux fources du Commerce;& la diverfité des biens que produit un pays fertile,fait la folidité de ce même Commerce. Le Commerce peut être avantageux ou defavantageux. Le moyen de connoître l'un & l'autre eft néceffaire. La France a des avantages pour le Commerce, que les autres Etats n'ont pas. Il feroit à fouhaiter que la Nobleffe fît le Commerce en gros & maritime : il n'a rien que d'honorable,l'antiquité nous en fournit d'illuftres témoignages. Nous avons auffi bien que les Romains des Villes maritimes & commerçantes. Les forces maritimes font néceffaires à la puiffance des Etats. Pour rétablir les nôtres , on forme une Banque générale & une Compagnie de

Commerce avec des actions.
Progrès de ces établissemens,
situations du crédit & ses effets
merveilleux. On répond à ceux
qui croyent la Compagnie des
Indes contraire au bien de l'E-
tat. La Navigation est l'ame du
Commerce & le moyen d'augmenter la puissance du Roy. On
montre ce que coûtoit la marine
en 1681. *Qui est le maître de la
mer, est le maître de tout.* Il est
donc nécessaire que la France
ait une puissante Marine. On
donne le dénombrement de nos
hommes de mer, tel qu'il étoit
en 1713. Dans les premiers
tems les Nobles & les Roturiers
commerçoient également. C'est
la Navigation & le Commerce
qui font la puissance de l'Angleterre, de la Hollande, de Genes,
de Venise &c. On fait voir que
pour le bien de notre Commerce & de notre Navigation il se-

roit néceffaire que nous euffions un port affuré vers le milieu de la Manche, & qu'il feroit très-bien placé à la Hogue en Baffe-Normandie, *Tome* 2 *art.* 7 *pag.* 289 *& fuivantes jufqu'à* 403.

Jean de Wit, dit dans fes *Mémoires, Chap.* XIV. *p.* 63. *édit. de la Haye* 1709. -in12. que » la » Navigation, la Péche, le Commerce & les Manufactures, » font les quatre colomnes de » l'Etat ; que l'on ne doit point » les affoiblir, ni les incommo-» der par aucunes charges ; car » elles font fubfifter les habi-» tans, & attirent toutes fortes »d'Etrangers, &c.* Ceux qui par le gain qu'ils tirent des païs Etrangers, font fubfifter le plus d'habitans, & par conféquent l'Etat, méritent faveur par préférence à tous autres Citoyens.

* Il prouve encore la néceffité de la navigation & d●●●commerce ●●●●qu'il dit de Sidon & de Tyr au Ch.●●de la 3 part. p. 276.

F I N.

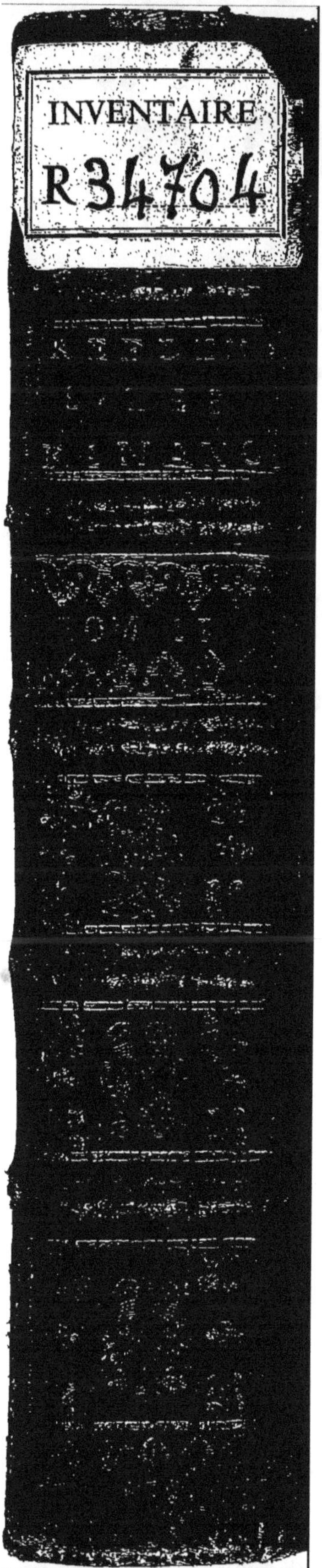
INVENTAIRE
R34704